누구를 위한 **중세**인가

역사의 오독과 오용에 대한 비판

Whose Middle Ages?
Teachable Moments for an Ill-Used Past

edited by Andrew Albin et al.

누 구 를 위 한

중세인가

역사의 오독과 오용에 대한 비판

Whose Middle Ages?

Teachable Moments
for an Ill-Used Past

앤드루 앨빈·메리 C. 에를러·토머스 오도널·니컬러스 L. 폴·니나 로 엮음

이희만 옮김

한울
아카데미

일 · 러 · 두 · 기

1. 인명과 지명은 그 나라의 발음대로 표기한다. 국립국어원의 외래어 표기법을 준용한다.
   다만 인명 가운데 출신을 나타내는 전치사(of, di, de, van 등)는 생략한다.
   ex) 얀 에이크 (○), 얀 반 에이크 (×)
2. 교황의 이름은 한국천주교주교회의, 한국천주교중앙협의회의 표기에 따른다.
3. 각주는 독자의 이해를 돕기 위해 역자가 첨부한 것이다.

차례

옮긴이의 글

#선무당이사람잡는다?

이 책은 엔드루 앨빈Andrew Albin 등이 엮은 책 *Whose Middle Ages? ─ Teachable Moments for an Ill-Used Past*(New York: Fordham University Press, 2019)를 우리말로 옮긴 것이다. 출판사로부터 이 책의 번역을 의뢰받고 일독한 후 먼저 떠오른 것이 "선무당이 사람 잡는다"라는 우리 속담이었다. 이 책은 중세와 관련하여 독자들이 전통적인 개설서나 중세 관련 책에서는 쉽게 만날 수 없었거나 무심코 지나갔을 주제와 내용을 매우 설득력 있게 그리고 흥미진진하게 설명하고 있다는 것이다. 이 책은 중세가 암흑시대였다는 신화 및 어설픈 중세주의에 대한 비판을 통해 중세의 세계를 복원하고 있을 뿐만 아니라 오늘날의 사회적 현안들도 조명하고 있다. 제목이 시사하듯이, 이 책은 억압적 이데올로기에 경도된 특정 정치적·인종적 집단의 중세, 특히 중세 유럽에 대한 오독과 오용을 일군의 전문 중세학자들이 예리하게 비판하고 있을 뿐만 아니라 이에 대한 적극적인 대안도 모색하고 있다.

이 책의 키워드는 인종주의, 제국주의. 식민주의, 남성성, 젠더, 종교 등이다. 오늘날 서구 사회의 인종주의자 내지 극우주의자들은 자신들의 슬로건이나 의제를 위해 중세의 이미지와 문구를 자의적으로 오독하고 오용함으로써, 학문적으로나 사회적으로도 심각한 폐해를 야기하고 있다. 2017년 8월 미국 버지니아주 샬러츠빌에서 곤봉과 중세의 문장이 새겨진 방패를 든 신나치주의자 시위대가 반대 시위를 하던 사람을 자동차로 살해하는 사건이 일어났다. 이는 중세를 연구하는 많은 학자들에게 커다란 충격을 주었다. 그 사건을 계기로 의기투합한 필진은 아마추어 중세주의자들의 경솔하고 무책임한 행동에 경종을 울리고 일반 독자에게는 왜곡된 중세가 아니라 사실에 기초한 중세 세계를 보여주기 위해 이 책을 집필하게 되었다. 우리도 잘 모르는 사이 인터넷, 게임, 소셜 미디어 등의 다양한 매체에서 제기되고 있는 정치, 인종, 젠더, 종교 논쟁에서 중세와 관련된 문구나 이미지가 충분히 검증되지 않은 채 소환되어 악용되는 것이 현실이기도 하다. 말하자면 이 책은 어설픈 학습을 한 '아마추어 중세주의자들'의 중세에 대한 심각한 오독과 오용에 대한 '전문 중세학자'들의 학문적 비판이자 사회적 연대의 산물인 셈이다.

이야기, 기원, #해시태그

이 책은 크게 3부로 구성되어 있다. 제1부에서는 중세에 관해 대중이 잘못 이해하고 있는 이야기들을 통해 중세의 여러 사회 계층의 실제 모습을 재구성하고, 특정 인종 내지 종교 집단에 관한 오해를 불식하고 있다. 중세 인구의 절대 다수를 차지한 농민의 노동이 중세의 문명을 가능하게 했음을 보여주며, 중세의 엘리트 예술을 대표하는 태피스트리는 장인들과 노동자는 물론 지배자들의 협업과 이용의 산물임을 지적한다. 중세에 관한 몇몇 이야기들은 오늘날의 불의와 관련하여 중세에 관해 잘못된 선례를 제공하고 있다는 것이다. 백인 우월주의자에게 영감을 제공한 '성전'으로서의 십자군 전쟁을 근대의 식민지 이데올로기나 인종적 이데올로기로 파악하는 것은 오류라고 비판하고 있다. 또한 근대의 폭력을 야기한 유대인에 관한 거짓 이야기들이 중세에 어떻게 만들어지고 지속되었는지를 보여준다. 그뿐 아니라 이슬람의 법률과 관련된 이야기는 그것이 공적 이해관계와 합리성에 기초하여 발달했음을 보여줌으로써 이슬람에 대한 현대인들의 불안과 두려움을 해소하고자 했다.

제2부에서는 서구의 국가들 및 개인들이 자신들의 주장을 변론하기 위해 활용하는 기원의 시기로서의 중세를 살펴보고 있다. 특히 이야기꾼들이 오늘날의 특정 목적에 부합하도록 중세의 문헌, 역사 및 예술 자료를 어떻게 선별적으로 수집하고 망각했는지를 알려준다. 이를 통해 필진은 중세 유럽이 자율적이고 자족적이며 고립된 사회가 아니라, 외부의 더 넓은 세계와 접촉하고 긴밀하게 연결되었으며, 기독교도는 물론 유대인과 무슬림이 함께 공존한 사회였음을 상아와 중세 스페인의 사례 등을 통해 다각도로 보여준다. 말하자면 지구적 중세의 재구성을 시도하고 있는 것이다.

제3부에서는 오늘날 미디어, 논평 내지 해시태그에서 정제되지 않고 쏟아지는 중세를 어떻게 이해해야 할 것인지를 성찰한다. 인종 및 민족(성)에 관한 논쟁을 위해 밈이나 해시태그에서 소환되고 있는 중세는 근거가 박약하고 맥락 없이 활용되고 있으며, 중세에 관한 이미지와 이념들은 그것에 대한 천박한 이해와 편견을 조장한다고 필진은 비판하고 있다. 아일랜드의 가톨릭교도나 아일랜드계 미국인들의 정체성을 대변하는 둥근 켈트 십자가는 오늘날 신나치주의자들이 사용하고 있지만, 사실 중세와는 관련이 없는 고대 켈트족의 산물로서, 중세 유럽의 백인 문화가 보편적이었다는 백인 신화와는 무관하다는 점을 예시하고 있다. 또한 소셜 미디어에서 반복되는 중세의 모티브들 가운데 십자군 이미지 및 해시태그 '#신이원하는바이다'와 '#이단이라고인정하세요'는 밈의 함의보다 훨씬 복합적이고 누군가에게는 중대한 위협이 된다고 그 위험성을 지적한다. 제3부에서는 중세 유럽이 백인만의 완전한 기독교 사회였다는 인종주의자들의 상상이 역사적 허구임을 날카롭게 드러낼 뿐만 아

니라, 이들 인종주의자가 내세우는 중세에 대한 비판적 접근도 제시한다.

#강건너불이아니다

중세의 역사와 문화에 대한 오독과 오용은 단지 서구 사회만의 문제는 아니다. 우리 사회 역시 특정 정치 이념이나 사회 이념에 경도된 사람들이 구호나 슬로건을 성찰 없이 사용함으로써 반대 진영이나 특정 계층에 대한 혐오를 조장하고 사회적인 분열을 부추기는 실정이다. 이런 점에서 이 책이 우리 사회에 던지는 메시지가 결코 가볍지가 않다. 이 책은 중세와 관련된 사회적 현안에 대해 역사, 문학, 건축, 이슬람, 젠더 등의 분야를 연구하는 중세학자들의 학제적 연구의 좋은 모델을 제공하고 있다. 또한 체제와 서술과 이미지의 활용 등에도 각별히 신경을 쓴 이 책은 중세 유럽사 내지 문화사의 훌륭한 교재이자 중세에 관심을 가진 독자를 위한 양서이기도 하다. 이 책을 통해 독자들이 낯선 중세를 보다 친근하게 탐험하기를 기대한다. 낯설지만 역동적인 중세의 세계로 역자를 안내해 주신 박은구 명예교수님께 감사드린다. 또한 역자가 중세사를 공부할 수 있도록 도움을 주신 장인어른과 형님께 감사드리며, 성원해 준 아내와 딸에게도 고마움을 전한다. 마지막으로 이 책을 출간한 한울엠플러스(주)의 김종수 사장님, 예리한 눈으로 이 책을 선정하고 출판을 기획한 윤순현 부장, 원고를 좋은 책으로 만들어준 편집진에게 감사를 드린다.

2022년 12월
이희만

머리말

데이비드 페리

중세와 같은 무엇은 없으며, 그리고 결코 없었다. 고대와 르네상스기 사이의 중간에 항상 정체되어 있는 이도 저도 아닌 중세라는 개념은 늘 허구였다. 이것은 일상적이었다. 모든 시대는 허구이다. 우리 인간은 과거의 놀라운 광경을 회고하면서 바라보며, 이해하는 데 도움이 되도록 그러한 광경을 매우 짧은 시대로 나누기를 좋아한다. 시대들이 의도한 바에 기여하고, 다양한 과거와 대비되는 현재를 정의하는 데 활용될 때, 친화성에 대한 주장을 통해서든 타자성에 대한 주장을 통해서든, 우리는 이 시기들이 우리의 문화적 상상력으로 구현되도록 용인한다. 적어도 우리가 시간에 관한 편리한 약칭이 객관적인 실체라고 잘못 이해하는 무엇으로 변형되도록 용인하기 전까지, 이러한 편리한 허구에 반드시 잘못된 것은 없다. 여기에 진리가 있으며, 적어도 우리 다수가 진리에 관해 말하는 방식에서 그러하다. 중세와 같은 무엇은 결코 없었다.

그러나 그 같은 중세가 존재하고 있다는 것은 부인할 수 없다. 지난 5~6세기 이상 다소간 일관되게 문화적 상상력을 통해 중세는 그 목소리를 지속적으로 높이고 있다. 이탈리아의 르네상스기 사상가들이 스스로 거리를 두고자 했던 시대 및 그 시대의 사람들을 하나로 묶음으로써 중세가 시작되었다. 18~19세기의 서유럽에서 상상 속의 중세는 다소 중요한 위상을 차지했다. 중세는 유럽인들의 우월성에 대한 관념을 위협했던 인종적·문화적 혼합에 대한 인식과는 대비되는 순수의 시대로 이해되었던 것이다. 그런데 오늘날의 상황은 이전과 마찬가지로 복합적이다. 그러나 중세 및 대중이 중세에 관해 어떻게 생각하고 때로는 중세를 어떻게 전용하려고 했는지를 이해하기 위해서는 과거의 역사와 현재 모두에 대한 이해라는 엄청난 대가가 지불될 수 있다. 이 시기를 연구하는 학자들은 복잡한 사료와 씨름하는 것은 물론 때로는 과거의 원사료를 다루는 일도 즐거할 뿐만 아니라, 전문적이고 이론적인 기술 및 이 기술의 광범위한 적용과 더불어 정신적 습관도 습득하고 있다.

이에 대한 증거를 찾기 위해 이 책의 글들을 살펴보도록 하자. 여기에 실린 모든 글에서 중세 및 중세주의를 연구하는 학자들이 자신의 주장이 타당한지를, 그리고 중세적 과거에 대한 근대의 탐험에 연계된 소유권과 정체성에 관한 질문을 탐구하기 위해 지렛대로 활용하는 도구를 생각해 보라(중세주의란 창안자가 '중세적'이라고 생각하는 수사修辭의 정교한 채택, 재창안 및 실행을 의미한다).

여기 이 책에는 보석과 같은 글이 있는바, 그것은 「태고 이래로 중동 사람들은 싸우지 않았다」라는 스테퍼니 멀더Stephennie Mulder의 에세이로서, 우리는 이로부터 빛을 끄집어내고 이를 검토하게 될 것이다. 멀더는 7세기 시아파와 수니파의 갈등을 근대 중동에서의 갈등의 원천으로서 인식하는 이야기들을 검토한다. 역사가들은 현존하는 핵심 기록물에 대한 분석을 통해 고대적 기원 및 지속적인 갈등에 관한 근대의 이야기를 지지하고 있다. 그러나 예술사가인 멀더는 갈등에 관한 단순한 이야기를 역동적으로 이해하기 위해 자신의 연구 분야인 건축사를 활용한다. 멀더에 따르면, 아마도 폭력이 지속적으로 일어난 7세기에 "수니파와 시아파 모두가 시아파 성지들에 기부하고 후원하며 순례자로서 이 성지들을 방문했을 것이며, 많은 경우에 이슬람의 매우 저명한 일부 수니파 지배자들이 기부, 후원 및 순례를 행했다". 현존하는 구조물과 보다 일반적인 사료에 대한 세심한 연구, 즉 이 건축물들의 재원과 수용 인원 등에 관한 정보를 통한 건축사의 기술적 전문성은 우리가 '중동'의 정치사 전반을 재고하게 한다.

이 책의 다른 글들은 매우 다양한 분석을 통해 이와 유사한 통찰을 제공하고 있다. 헬렌 영Helen Young은 심지어 백인 우월주의자가 아닌 사람들조차 중세에 관한 판타지에 유색인종이 등장하는 것에 불편해하는 이유를 설명해 준다(심지어 중세 유럽에 실제로 유색인종이 살고 있었다고 해도 말이다). 영이 활용한 도구는 기술적인 전문성이 아니라 비판적인 인종 이론이었다. 즉 지식과 방법론적 접근이라는 체계는 우리가 인종적 위계를 유지하기 위한 도구로서의 사회의 권력 구조를 검토할 수 있게 하고 있다. 코드 휘터커Cord Whitaker는 세심하게 전개된 문학 이론 및 문화 이론에 또한 의존하고 있으나, 이 책에서 그는 다른 무엇을 시도한다. 중세 문헌의 독자로서 휘터커는 자신의 지식을 할렘 르네상스Harlem Renaissance의 내부에 있는, 그가 지적하고 있듯이 아마도 그 핵심에 있을, 중세주의의 산물에 적용하고 있다. 중세주의와 중세 모두에 대한 비판적 참여 없이는 흑인 문화의 이 같은 개화를 우리가 이해할 수 없다고 휘터커는 지적한다. 19세기의 중세주의는 아마추어리즘 및 기만적 행위와 늘 결부되어 있었다. 이를테면 스코틀랜드 씨족의 타탄tartan* 문장의 고안자들, (십자군 기사단과는 무관한) 성전 기사단이라는 준準프리메이슨회의 창설자 등등이 여기에 속한다. 아마추어적인 '부흥' 운동은, 유럽의 여러 나라들이 국민국가라는 깃발 아래 다양한 정파를 통합하기 위해 과거의 특정 서사를 추구했듯이, 민족주의의 중요한 기반을 또한 제공했다. 하지만 휘터커는 문화의 혁신적인 순간에 나타난 중세의 문헌과 이미지에 대한 낭만적 사랑을 주변적인 사

---

* 소모나 방모의 격자무늬 모직.

람들의 것으로 돌리고 있다.

지난 수백 년간 '중세'에 관한 개념은 주로 두 가지 방식으로 사용되었다. 고전 그리스 및 로마의 사상가들과 자신들과의 연관성을 열렬히 추구했던 이탈리아 르네상스기 사상가들은 자신들과 보다 가까운 과거와는 거리를 두는 중세주의를 전개했다. 그 자체로 유용한 허구였던 르네상스는 정치, 문화 및 경제에서의 예외적인 격변기에 일어났으나, 고전 세계에서 영감을 추구했던 혁신적인 지적·예술적 활동을 그 특징으로 했다. 그리하여 르네상스 예술가들 및 사상가들은 로마의 위대한 문화와 자신들이 갈망했던 당시의 위대한 문화 사이에 '중세'를 설정하자고 제안했다. 사실상 역사가들은 르네상스기의 혁신을 확인하는 것 못지않게 이전의 '중세' 세기들과의 연속성을 또한 추적할 수 있다. 더욱이 우리가 르네상스기의 산물이라고 간주하는 다수의 특징이 고대 로마가 아니라 중세 이슬람 세계 내지 심지어 그보다 먼 세계에서 기원했음을 발견하게 된다.

르네상스기의 사상가들이 거리를 두고서 중세를 설정했던 것에 비해, 유럽의 식민주의와 제국주의 시대의 사상가들은 중세를 새로운 국가의 역사의 중심으로 삼았다. 광활한 세계의 다수 지역에 대한 헤게모니를 추구했던 유럽의 국민국가들은 다양한 민족을 복속시켰고, 다수를 노예화하고 다양한 형태로 노동 착취를 자행했으며, 종종 토착 문화를 박멸하려고 시도했다. 그리고 서유럽의 지식인들은 자신의 국가가 문화적으로 통합된 것으로 생각된 세기들을 지우는 데 소극적이었다. 그 대신 유럽의 사상가들은 고전기 팍스 로마나 Pax Romana의 영광을 대영제국 및 유럽 대륙의 제국들에 결부하기 위해 (중세 유럽인들이 스스로 말했던 고유한 서사들을 통해) 중세를 활용하는 역사적 유산을 발견하고자 했다. 종종 이 유산은 특히 백인 중심적이고 기독교적이었다. 위대한 유산과 인종적 우월성이라는 새로운 서사는 백인 중심적이고 기독교적인 과거를 다른 지역 및 다른 민족들의 서사와 구분할 것을 요구했다. 그리하여 18~19세기 영국인들은 고립되었지만 자신의 찬란한 섬에서 중세 초기의 백인의 유산으로서 '앵글로·색슨족'이라는 고유의 인종을 고안했던 것이다. 프랑스인들은 732년 투르에서 샤를 마르텔Charles Martel이 이슬람 세력을 격퇴한 것을 카롤링거 왕조 사람들이 유럽의 이슬람화를 저지한 역사적 증거라고 주장했다. 시간을 초월한 독일 민족 및 독일 국가라는 관념에 사로잡혀 있었던 19세기의 독일 지식인들은 서기 1000년 이후의 신성로마제국에서 기억해야 할 국가reich를 발견했다.

독일의 이들 지식인에 관해서 말하자면, 이들은 근대의 연구 중심 대학을 분주히 고안하고 오늘날에도 여전히 전문적이고 조직적인 학술 활동을 가능하게 하는 학제들을 체계화하고 있었다. 다른 어떤 거대한 문화적 힘과 마찬가지로, 학자들이 시간과 장소에 관한 이 같은 구성물을 유지하는 이유가 바로 이것이다. 이러한 방식은 유용하다. 그것은 우수한 사학과로 평가받기 위해서는 500년과 1500년 사이의 천 년의 기간을 전공한 교수가 필요한 이유를 설명해 준다. 이 천 년의 기간에는 (일어나지 않은) '로마제국의 몰락'으로부터 (서유럽에 오랫동안 존속한, 지식에 관한 아이디어들에 기초한 지속적인 정보 혁명을 통해 일어난) 인쇄술이 발명되었다. 필자가 적용한 지적 작업이 **중세사**로 정의되기 때문에 필자는 **중세** 사가이다. 이 산물들은 우리가 삶을 어떻게 꾸리고, 우리의 연구 성과를 원하는 학술지와 출판사가 어떤 부류인지, 우리가 지원하여 받을 수 있는 연구비는 어떤 것이 있으며, 우리가 참석하는 학술회의가 무슨 회의이며, 우리가 가르치고 있는 강의 과목이 무엇인지 등을 형성하고 있다. 이 모든 것이 유익하지 않은 것은 아니지만, 교수의 월급에 관한 일상적인 세부 사항이 우리가 어떤 중요한 역사적 사실로서 중세가 존재한다는 점을 믿도록 할 수도 있다. 만약 여러분이 학생이라면, 역사의 모든 시기가 여러분의 상상력 가운데 존재한다고 생각하는 것이 이상한 것처럼 보일 수도 있다. 주로 그것이 전문 학자들에게 연구 영역의 윤곽을 편리하게 설정해 주기 위한 것이기 때문이지만, 그것은 이미 그렇게 설정된 것이다. 역사적 시기로서의 중세를 믿게 하는 데에는 이보다 안 좋은 이유도 있다.

일군의 신나치주의자들이 곤봉과 중세의 문장이 새겨진 방패를 휘두르면서 버지니아주의 샬러츠빌이라는 대학 도시를 행진한 사건이 일어난 지 몇 주 내지 몇 달 후에 이 책이 구상되었다. 이 행진 도중에 신나치주의자 시위대의 한 사람이 평화롭게 반대 시위를 하고 있던 헤더 헤이어Heather Heyer에게 차로 돌진함으로써 헤이어가 사망하고 말았다. 간단히 말하자면, 그러한 시작에 대한 성찰이 없이 이 글을 마무리한다면 이는 잘못일 것이다. 미국 및 영연방 국가의 다수의 사람들은 인종적으로 동일한 백인과 보편적인 기독교도를 여전히 열망하고 있으며, 결코 존재하지 않았던 중세를 멋지게 분리했다. 유럽의 남성들은 십자군의 깃발 아래 모여들고, 공격용 소총으로 무장을 하며, 시리아 내전을 피해 온 이슬람 난민을 몰아내고자 하는 기대감에서 상상 속 중세의 이름으로 민병대를 구성하여 국경선을 순찰하고 있다. 뉴질랜드에서는 한 백인 우월주의자가 기도 중인 무슬림을 살해하기 이전에 제1차 십자군 전쟁의 수사修辭를 인용했다. 캘리포니아주의 샌디에이고에서는 또 다른 백색 우월주의자가 유대인을 살해하기에 앞서 중세의 피의 비방에 관한 글을 작성했다. 중세 유럽을 백인이 지배했다는 이야기는 세계에서 매우 위험한 이데올로기의 일부를 지지하기 위해 지속적으로 활용되고 있다.

　한편 학문 분야로서의 중세학은 억압적인 이데올로기에 맞서기 위해 서서히, 멈칫거리면서 조직되고 있다. 일군의 새로운 학자들은 중세에 관한 우리네 인식을 변화시키거나 그것을 불식하기 위한 공동체로, 그리고 자신들이 그 일원으로 참여하는 공동체로 조직되고 있다. 근년의 이와 같은 움직임은 유색인종으로 구성된 중세 연구자 집단이 주도한다. 이 집단에 속하는 다양한 배경을 지닌 학자들은 중세학의 모든 지평에서 연구에 임하고 있으며 학문적 맥락 안에서든 밖에서든 글을 쓰고 있다. 이 집단에 속한 학자들은 부상하는 백인 우월주의 시대에 대학이나 대학 이외 영역에서의 차별로 촉발된 긴급한 현안과 더불어 '중세적 과거'의 시대 구분 및 지리적 구분에 도전하고 있다. 이를테면 시에라 로무토Sierra Lomuto는 「백인 민족주의와 중세학의 윤리」라는 글에서 "우리가 중세에서 인종을 보지 않고자 한다면, 그 위험성이 어원학이나 언어학보다 훨씬 심각하다"라고 지적한다. "우리는 차이의 위계적 구조가 다문화적·초민족적 맥락을 포함한 복잡 미묘한 모든 상황에서 어떻게 작동하는지에 대해 이해하기를 거부하고 있다. 백인이 인종적 유산을 설정할 수 있는 인종주의 이전의 공간으로서 중세가 인식되는 것을 우리는 용인하고 있다." 소수자로서 다양한 배경을 가진 여러 중세주의자들에게 반향을 불러일으킨 로무토의 주장은 샬러츠빌에서의 사태, 뉴질랜드에서의 모스크 사건 및 샌디에이고에서의 유대인 회당 살인 사건이 학문적 공간에서 일어나는 일과 무관하지 않다는 점을 환기한다. 이 모든 것은 연계되어 있다. 이것들은 늘 존재했다.

학자들이 그에 관해 실제로 알고 있는 것과 관련이 있을 수도 있고 별다른 연관이 없을 수도 있는 구성된 과거에 대한 향수가 국가의 운명에 영향을 미칠 수 있는 무기가 된, 그런 시대에 우리는 살고 있다. 중세주의는 이 향수들 중 하나로서 표출될 수 있다. 향수는 정치 내지 사회 세력들이 폭력이나 심한 편견으로 변화를 거부하고 그것에 반발하는 것과 같이 억압적인 이데올로기를 촉진하거나 강화할 수도 있다. 억압에 직면한 향수는 저항이나 복원의 모델을 제공할 수도 있다. 그러나 향수는 필자가 이 글에서 언급한 과거에 대한 허구의 개념에 늘 의존한다. 중세가 존재하지 않았던 것을 여러분이 기억하고 있는 한, 중세를 믿는 것은 멋진 일이다.

더 읽을 자료

B. W. Holsinger, *Neomedievalism, Neoconservatism, and the War on Terror* (Chicago: Prickly Paradigm Press, 2007)는 오늘날 미국의 정치적 담론에서의 중세에 관한 훌륭한 저서이다. 유럽인의 다양한 인식에 관해서는 R. J. W. Evans and G. P. Pachal(eds.), *The Use of the Middle Ages in Modern European States: History, Nationhood and the Search for Origins*(Basingstoke: Pelgrave Macmillan, 2015)를 참고하기 바란다.

로무토의 논문은 *In the Medieval Middle*의 블로그 www.inthemedievalmiddle.com/2016/12/white-nationalism-and-ethics-of.html에서 찾을 수 있다. 학술지 *Postmedieval*의 특별호에 게재된 휘터커의 서문은 유색인종 학자로서의 중세 연구 경험에 대한 힘 있는 서술을 포함하고 있다. C. Whitaker, "Race-ing the Dragon: the Middle Ages, race and trippin' into the future," *Postmedieval* 6, no. 1(Spring, 2015).

제1부

이야기

※

사람들은 중세에 관해 이야기를 하면서 결코 힘든 줄 모른다. 요컨대 우리가 대부분 어려서 들었던 첫 번째 이야기는 중세를 배경으로 한 것이거나 적어도 중세에 관한 가상의 이야기, 즉 성城이 가득하거나 용이 득실거리는 이야기였다. 미신, 인종 차별과 통제되지 않는 종교적 폭력 등의, 중세에 관한 으스스한 설명도 있다. 따라서 제1부의 글들은 이야깃거리와 판타지의 대상으로서의 중세에 초점이 맞춰져 있다. 중세에 관한 우리네 이야기들은 중세인들 스스로 만들었거나 그들이 저술, 문서, 철학 및 예술에 보존하거나 반영한 이야기들과는 빈번히 상충된다. 이 책의 집필진은 이 분야의 전문가로서 이 오류들을 시정하고 때로는 스토리텔링이 오늘날 중세를 이해하는 우리네 방식에 얼마나 중요한지를 탐구하기 위해 중세에 관한 고유의 이야기들을 하고 있다.

샌디 바드슬리Sandy Bardsley의 「눈에 띄지 않는 농민」은 귀족의 향연과 기사의 마상시합에 초점을 맞춘 르네상스기의 축제가 중단되는 지점을 선택했다. 바드슬리는 중세의 농민과, 중세 문명을 가능하게 했던 '인구의 90퍼센트를 차지한 이 노동들'에 초점을 맞추었다. 중세인들의 삶에 관한 문헌적 증거의 다수가 엘리트에 의해 그리고 엘리트를 위해 만들어졌다는 점을 고려해 볼 때, 바드슬리의 글은 우리가 농촌 사회를 어떻게 이해할 것인지에 대해 각별히 관심을 기울인다. 장원의 회계, 시, 곡식을 배경으로 하는 교회 예술 등의 사료를 통해 바드슬리는 농민을 포함한 중세인들이 당시 세계의 사회경제적 기반을 어떻게 인식했는가에 대해 일별하고 있다.

「중세 유럽 예술의 숨은 이야기」에서 캐서린 A. 윌슨Katherine Anne Wilson은 중세 말기의 프랑스와 플랑드르(오늘날의 벨기에) 지배층의 회화 및 태피스트리tapestry*에 대한 고찰을 통해 오늘날 중세 엘리트 문화를 정의하고 있는 예술의 창조에서 도시 노동자가 수행한 역할을 살펴본다. 오늘날 박물관을 관람하는 사람이 한 예술가가 서명을 한 회화 작품에서 영원불멸하게 된 귀족 및 부유한 도시민에게만 초점을 맞추는 반면에, 윌슨은 예술이 어떤 것인지에 대해 다른 이해관계와 인식을 가진 사회경제적으로 상이한 집단 간의 '협업과 이용'이라는 보다 복잡한 이야기를 예술의 이 같은 외피에서 어떻게 발견할 수 있는지를 설명하고 있다.

몇몇 사례에서, 중세에 관한 이야기들은 오늘날의 불의와 관련하여 잘못된 선례를 제공한다. 「현대의 무관용과 중세의 십자군 전쟁」이라는 글에서 니컬러스 L. 폴Nicholas L. Paul은 십자군 전쟁에 대한 기억이 현대 사회에 끼친 영향을 먼저 논의한다. '서방'과 '동방'과의 '신성한 전쟁'으로서의 십자군 전쟁이 지닌 호소력은 유럽과 북미 대륙의 백인 우월주의자에게는 물론 중동의 IS(이슬람 국가)에게도 영감을 주었다. 폴은 이런 견해를 중세 유럽인들이 남긴 증거에 기초하여 역사가들이 발전시킨 견해와 비교했다. 학자들이 발견한 십자군 운동의 다양성과 복합성은 현대의 극단주의자들이 선정한 선례라는 짐을 떠맡

---

* 여러 가지 색실로 그림을 짜 넣은 직물로, 주로 벽걸이나 가리개로 활용된다. 노르만족의 잉글랜드 정복을 묘사한 바이외 태피스트리가 중세의 대표적인 작품이다.
한편 이 책의 제3부 1장에서는 태피스트리 대신 자수 벽걸이라는 용어를 사용하고 있다. 역자는 원문대로 각기 태피스트리와 자수 벽걸이로 옮겼다.

지 않는다. 폴이 결론적으로 지적했듯이, 우리가 십자군 전쟁을 근대의 식민지 이데올로기나 인종적 이데올로기에 대한 거울로 간주하게 되면, 십자군 전쟁은 "단지 우리 자신의 혼란한 이미지로 회고될 뿐이다".

「피의 비방, 거짓말 그리고 그 유산」에서 마그다 테터Magda Teter는 근대의 폭력을 야기한 거짓 이야기를 중세인들이 어떻게 만들고 지속시켰는지를 살펴본다. 테터는 피의 비방, 즉 유대인들이 무고한 기독교인 어린이를 살해하는 의식을 행했다는 거짓된 비난에 초점을 맞춘다. 이런 이야기는 중세에 최초로 유행했으며, 오늘날 반유대주의자들에게 지속적으로 관심을 끌고 있다. 테터는 세계사를 서술하고 있다는 중세 및 근대 초기의 연대기에 나타난 어휘와 이미지를 통해 이 이야기들이 확산되었음을 추적한다. 이 연대기들은 오래된 이야기들을 수동적으로 전달했을 뿐만 아니라 "'이주한 나라'의 체류자로서의 유대인 내지 '유대인 디아스포라'와 더불어 과거에 기독교인으로서의 유럽인"이라는 위험하면서 잘못된 또 다른 관념을 야기했다는 것이다.

다른 사례에서, 중세의 다른 이야기들은 현대인들의 불안과 두려움을 해소할 수도 있다. 프레드 M. 도너Fred M. Donner는 「누가 샤리아법을 두려워하는가?」에서 북아메리카 및 유럽 사회에서의 이슬람 종교법의 영향과 관련하여 서구의 언론 매체에서 표출하는 우려를 바로잡고 있다. 오늘날의 입헌적인 정부가 양심의 자유를 보장하고 있다는 사실을 환기하면서 도너는 8~10세기에 기원한 이슬람의 법률이 어떻게 공적 이해관계에, 그리고 선례 및 합리성에 기반한 공개적인 토론에 늘 기초하고 있었는가를 설명해 주고 있다. 그리고 이슬람의 몇몇 법률적 이념이 무함마드Muhammad의 생애에 대한 기억에 기초하는 한, 서사가 중세로부터 근대에 이르기까지 법률의 발전에 중요한 것으로 판명되었다는 것이다.

W. 마크 옴로드W. Mark Ormrod의 「중세 말기 잉글랜드의 이주자들」에서는 이 시기 잉글랜드에서의 자국 내로의 이주와 국외로의 이주 현상을 목격하게 된다. 옴로드는 이주자가 잉글랜드 왕국의 일부로서 다소간 수용되고 가치 있

게 받아들여지는 잉글랜드 사회에서 어떻게 안전한 장소를 발견하게 되었는지를 묘사한다. 잉글랜드 사회에서 이주자의 위상에 관한 오늘날의 논쟁은 이같은 증거를 무시함으로써 실상을 왜곡하고 있으며, 특히 당시의 잉글랜드가 매우 다양한 인종과 종교적 신념을 아우르는 이주자의 안식처가 아니었다고 오해하고 있다는 것이다.

코드 J. 휘터커Cord J. Whitaker의 「할렘 르네상스와 중세」는 사람들이 중세에 관한 이야기에 어떻게 애착을 느끼는가라는 논쟁적인 질문을 제기한다. 휘터커의 사례는 할렘 르네상스기의 다작의 작가이자 편집자였던 제시 R. 포셋 Jessie Redmon Fauset에 관한 이야기이다. 포셋은 소설과 언론에 기고한 글들에서 아프리카계 미국인으로서 자신의 이중적 의식을 표상하는 수단으로서 중세에 관한 관념을 포착하고 있다. 즉 포셋이 자신이 누구인지를 알고 있는 사람, 즉 자신과 다른 사람들이 자신을 누구로 생각하는 사람, 즉 말하자면 자신 사이에서 분열되어 있었다는 것이다. 그녀가 언론에 기고한 글 가운데 「나의 집과 그곳에서 나의 삶에 대한 일별」에서 포셋은 자신의 내밀한 방 및 개인 정원의 구체적인 모습 — 이는 중세의 기사 이야기를 연상시키는 용어로 묘사된다 — 을 대이동 이후 아프리카계 미국인들의 위상이 높아지기 시작한 산업화된 도시의 음산한 생활과 대비시켰다. 휘터커의 글은 중세에 관한 객관적인 진실을 확립하는 수단 혹은 어떤 역사적 시기나 인물보다 오늘날의 불의에 맞서기 위해 과거에 관한 새롭고 강력한 이야기의 가치에 더 관심을 기울인다. 중세에 대한 포셋의 주관적이고 창의적인 접근은 그녀가 현재의 무질서에 대한 대안을 성찰하도록 해주고 있으며, 과거에 관한 우리네 주장이 왜 그리고 어떻게 제기되었는지에 대한 질문을 제기하고 있다.

제1부의 글들을 통해 우리는 무엇보다 중세에 관한 우리네 인식의 토대에 대해 성찰하게 될 것이다. 중세에 관해 우리가 알고 있다고 생각하는 것을 어떻게 인식하게 되며, 명시적이든 그렇지 않든, 우리네 지식의 원천이 우리의 역사적 판단을 어떻게 형성하는가? 이 책의 필진이 활용하고 있는 사료와 접

근방식에 더 많은 것이 필요한 것인가, 아니면 새로운 해석이 필요한 것인가? 그것은 어떤 모습일까? 마지막으로 우리는 포셋과 더불어 중세에 관한 이야기들이 어떻게 역사라는 학문(혹은 잘못된 신념을 지닌 행위자의 판타지)의 산물일 뿐만 아니라 현재를 새로운 방식으로 경험하는 기회도 될 것인지를 질문하게 될 것이다. 허구이고 재미있고 환상적인 중세가 사실 관계가 확인이 되고 격렬한 논쟁을 거친 중세와 무엇을 공유하고 있는가? 가상의 중세와 사실로 확인된 중세가 힘을 합치는 방식으로는 무엇이 있을까?

1.1

눈에 띄지 않는 농민

샌디 바드슬리

여러분이 중세나 르네상스기의 어떤 축제장을 방문하게 되면, 흥미로운 인물을 만나게 될 것이다. 왕실을 대표하는 인물을 만나게 되는 것은 자연스러운 일이다. 군주와 왕비는 화려한 의상과 정교한 제식이 수반되는 특별 행사와 더불어 그날의 축제를 주관하는 데 일조하게 된다. 잘 훈련된 말과 용맹한 기사들이 명백한 위험을 무릅쓰고 관객을 열광시키는 마상시합을 이 왕실들 인물이 주재했다. 비단옷을 입고 멋진 보석으로 장식한 하위 귀족은 자신들의 위엄에 관심을 기울였다. 한편 초라한 도시민은, 축제 참석자들이 지갑을 열도록 하고 기념품을 구매하거나 배를 든든히 채우고 집으로 돌아가도록 마련된 노점에서 일했다. 만약 농민이 그 무대에 출연한다면, 그들은 관중으로서 열기를 고조시키고, 차꼬를 찬 채 항의의 소리를 지르거나, 선술집에서 음주를 즐기고 있을 것이다. 오늘날의 대중적인 작품에서는 농민이 종종 이 무대에 등장하지 않는다. 농민이 등장한다면, 대부분 멍청한 촌뜨기나 음탕한 농노로 묘사될 것이다.

공정하게 말하자면, 중세의 귀족은 하층민에 대해 이와 크게 다르게 생각하지 않았다. 마리 프랑스Marie de France가 귀족 연애 이야기의 작가로 잘 알려져 있기는 하지만 이솝 우화와 같은 여러 우화를 집필했는데, 그 우화에서는 아내의 간통 장면을 목격했다고 생각한 멍청한 농민 남편보다 교활하고 음탕한 그 아내가 한 수 위라고 묘사되었다. 「한 여성과 그 정부에 대하여」에서 아내는 남편이 물통을 바라보도록 하고, 물통에 비친 사람 모습이 실재가 아니며 남편이 언뜻 본 것이 정부와 같이 있던 아내 자신이 아니었다고 인내심 있게 설명했다. 또 다른 아둔한 남편은 자신이 본 아내와 함께 있던 정부가 사실상 그녀의 임박한 죽음에 대한 전조라고 믿게 되었고, 이를 발설하지 않기로 서약을 했다. 마리는 가슴이 풍만한 선술집 여성에 관해 직접 언급하지 않았으나, 정숙하지 못한 농민 아내를 위한 이 같은 판에 박힌 이야기를 즐겁게 수용했을 개연성이 있다. 마리는 마상시합이라는 주요 구경거리로부터 떨어져 있는 촌뜨기 남편이 차꼬를 차고 항의의 소리를 지르는 것을 보고서 놀라지 않았을 것이다.

하지만 마리도 중세 축제의 기획자도, 얼마나 많은 농민이 중세 유럽의 풍경을 지배했으며 이들 농민의 삶이 얼마나 다양했는지를 바로 인식하지는 못했다. 중세 전 시기에 걸쳐서 농민은 전 인구의 적어도 90퍼센트 내지 종종 95퍼센트를 차지했다. 농민의 노동으로 지배 엘리트는 축제에서 훌륭한 음식을 먹거나 장원의 저택이나 성에 정교한 태피스트리를 걸 수 있게 되는 것은 물론 비단옷과 보석으로 치장할 수 있게 된 것이다. 주로 농민의 노동에 의존하여 귀족의 삶을 유지한 제도가 장원제였다. 말하자면 농민은 장원이라고 부르는 소규모 공동체에서 생활했다. 물론 예외가 있기는 했지만, 장원의 전형적인 모습은 개방 경지로 둘러싸인 촌락들로 구성되었다. 일부 농민은 건축물과 마찬가지로 토지에 부속된 것으로 간주되었다. 그리하여 만약 땅 한 조각이 한 영주로부터 다른 영주에게로 이전된다면, 농민은 그 토지와 더불어 이전되었으며 새로운 영주에게 지세를 납부했다. 장원제에서는 현금이나 현물로 지대가 납부되었을 뿐만 아니라, 영주가 임대하지 않은 모든 토지(직영지)에서 농민은 일주일에 수일을 일했다. 이 밖에 영주는 추수기의 추가 노동이나 장원 법정에 납부해야 하는 벌금 등의 특별 수수료와 봉사를 농민에게 요구했다. 그리하여 영주는 지대, 법정, 추가 납부금 및 농민에게 임대되지 않은 토지의 소산물에서 현금이나 현물로 수입을 거둬들였다. 영주는 필요한 식재료를 무엇이든 취했고, 도시나 수도원 등에 잉여 농산물을 판매했다. 영주는 그렇게 벌어들인 돈으로 사치품을 사들였다. 멋진 의복, (생필품을 제외한) 식료품, 포도주, 태피스트리, 건축물, 하인의 고용, 기사 및 말 유지 등에 돈을 지출했다. 르네상스기 축제 때에 (혹은 중세의 필사본에 등장하는) 화려한 옷과 보석으로 치장을 한 군주의 행렬에 감탄하면서, 우리가 정말로 보게 되는 것은 인구의 90퍼센트를 차지한 농민의 노동이다.

지금까지 우리는 귀족의 관점, 즉 농민에 관한 귀족의 정형화된 시각과 영주의 시각인 농민의 경제적 기능이라는 측면에서 농민에 접근했다. 사실상 중세사에 관한 이야기의 다수는 이 같은 인식을 띠었으며, 사료가 충분하지 않다는 이유로 이를 정당화했다. 중세의 문서가 귀족에 의해서나 귀족을 위해 작성되었다는 것은 확실하다. 문자해독률은 매우 낮았고, 문서는 대개 군주, 귀족, 교회를 위해, 혹은 지배 엘리트의 즐거움을 위해 작성되었다. 영주의 저택을 제외한 많은 촌락에서는 교구 사제 외에는 누구도 글을 읽거나 쓸 줄 몰랐고, 교구 사제는 종종 농민과 관계된 문서를 작성하는 일로 불려갔지만 분명히 영주의 이익을 위해 그렇게 했다. 그럼에도 이런 문서는 인구의 90퍼센트를 차지한 농민의 삶에 대해 여러 통찰을 제공해 주며, 농민의 관점에서 중세 사회를 더 잘 이해할 수 있도록 해준다. 우리는 농민이 획일적인 집단이 아니었다는 한 가지 사실을 인식해야 한다. 수행해야 할 의무의 양이나 빈도는 농민마다 달랐으며, 그것은 심지어 동일한 촌락 내에서도 달랐다. 일부 농민(농노 내지 예농隷農)은 비자유민이었고, 후손과 더불어 동일한 토지를 늘 경작해야 했다. 즉 이들 농민은 무기를 휴대할 수 없었고, 자식을 학교에 보낼 수 없었으며, 영주의 명시적인 허가를 받고 이에 대한 비용을 지불하지 않고서는 자신의 딸을 다른 장원 출신의 남성과 결혼시킬 수도 없었다. 그러나 장원 내에서 이들 농민이 영향력을 반드시 행사하지 못한 것은 아니었다. 비록 경제적인 안전이 덜 담보되었다고 하더라도, 다른 농민은 자유민이었고 보다 많은 권리를 보유하고 있었다. 어려운 시기에, 일부 농민은 심지어 땅 한 조각을 빌리는 대가로 자신의 자유를 포기하기도 하였다. 자유농과 비자유농이, 사회적 관계에서 일상적으로 혼재되어 있었다고 하더라도, 촌락의 구성원은 다른 사람의 사회적 지위를 잘 알고 있었다.

다수의 지역에서 농민에 관한 자료가 소실되거나 파괴되었다. 장원에 관한 많은 자료가 존속한 중세 말기의 잉글랜드는 예외적이었다. 이 양피지 두루마리 문서들은 농민에의 임대, 비행에 대한 벌금, 여러 권리에 대해 부과하는 정규적인 수수료 등 귀족의 수입과 지출을 기록하기 위해 작성되었다. 하지만 원래의 의도와는 달리 이 문서들을 이해한다면 우리는 농민의 일상생활에 관한 많은 세세한 정보를 알게 되며, 풍만한 가슴을 가진 처자와 멍청한 촌놈에 관한 우리네 고정관념을 깨는 도전을 받을 수 있다. 이 사료들과 더불어 기록되지 않은 사료, 특히 예술 작품 및 고고학적 발굴물을 통해 농민에 관한 우리네 인식이 보완될 수 있을 것이다.

1970년대 이래 역사가들은 비교적 평범한 개별 농민에 관한 자료를 다수 확보하기 위해 법정 기록과 장원 문서를 수집했다. 인물 연구로 알려진 이 같은 방법론 내지 집단 전기는 특정 장소(종종 장원)에 초점을 맞추며, 매번 농민의 이름을 기록한다. 역사가들은 다수의 법정 두루마리 문서, 회계 문서, 임대 목록 및 다른 문서를 통해 개인과 공동체의 동향에 관한 중요한 정보를 누적할 수 있었다. 그리하여 우리는 가상의 농노 윌리엄 스미스가 영주의 토지(직영지)를 일주일에 3일을 경작했고, 영주의 토지에 대한 임차료로 매년 2실링을 지불했다는 사실을 알 수 있다. 우리는 스미스가 도축업에 대한 수수료를 지불했기에 도축업자라는 사실도 발견하게 된다. 또한 스미스의 아내 마틸다가 맥주를 판매하고 수수료를 지불했으며, 이들이 임차한 토지에는 배수시설이 있었으나 종종 막히기도 했고, 법정의 명령에 따라 배수로를 청소해야 했고, 윌리엄이 (존경을 받는) 배심원의 일원으로 종종 봉사했으며, 이들 부부의 장녀가 다른 장원 출신의 청년과 결혼했다는 사실도 발견하게 된다. 이는 그 자체로서 매우 흥미로운 정보이지만, 마틸다와 윌리엄의 전기가 다른 농민의 전기와 결합이 되면, 누적된 자료에 대한 분석 작업으로 성과를 거두게 된다. 예를 들어 우리는 마틸다와 윌리엄의 딸과 같이 다른 장원 출신의 남성과 결혼을 한 젊은 여성의 숫자에 주목함으로써 국지적 공동체 내에서 이루어진 혼인과 이 공동체 밖에서 이루어진 혼인 등의 유형을 이해하게 된다. 만약 수로를 정비하지 않아 스미스 부부가 비난을 단 한 차례만 받았고 다른 사람은 이와 유사한 비난을 받지 않았다면, 우리는 이를 대수롭지 않게 생각할 수도 있다. 하지만 만약 수로 막힘이 빈번하게 일어났다면, 우리는 이를 재검토할 수도 있다. 이 같은 문제가 실제로 완전히 문제가 되었는가(그것은 어쩌면 홍수를 야기했을까), 아니면 수로 막힘에 대한 비난이 공동체 주변의 물리적 환경과 질서에 대한 관심을 더 고조시킨 유형에 부합하는가? 희소하고 단편적인 정보의 유형은 역사가들이 농촌 공동체에서의 문화적 변천을 확인하도록 해주었다(물론 다수의 경우에 역사가들은 이런 변화의 정도에 관해 지속적으로 논쟁을 했다). 이를테면 14세기에 흑사병이 발발한 이후 생존자들이 살기 위해 아귀다툼을 하고 노동자들이 더 많은 임금을 받으려 주변 농촌의 다른 지역으로 이주를 하자, 공동체의 정체성이 상실되었는가? 강력한 추적의 공동체에서(누군가가 범죄자를 목격하게 되면 그를 추적하라고 다른 사람들에게 소리를 지르는) 촌락 엘리트가 치안을 유지하는 공동체로 전반적인 이동이 있었는가?

희소한 자료를 누적해서 접하게 된 역사가들은 농민이 단지 우둔한 촌뜨기가 아니라 여러 법률 체계를 조종하기까지 했음을 깨닫게 되었다. 사실상 다수의 농민은 매우 명민했다. 잉글랜드에는 장원 법정은 물론 교회 법정, 버러 borough* 법정 및 여러 층위의 군주 사법권으로 구성된 복잡한 사법 체계가 있었다. 일부의 경우 사법적 영역은 명확했다. 이를테면 교회 법정은 간통 내지 이단 문제를 결혼이나 도덕성에 관한 교회 사법권의 일부로서 다뤘다. 그러나 (누군가를 공개적으로 욕하는) '모욕'죄는 누군가에게는 도덕적인 죄로 간주될 수 있었고, 그리하여 교회 법정의 영역에 속한 것으로 이해될 수 있었으나, 다른 사람에게는 장원의 국지적인 법정이나 버러 법정에 속한 것으로 간주될 수 있었다. 그리고 또 다른 사람들에게는 셰리프sheriff**가 관리하던 군주의 하급 법정에서 다루는 것이 공정하다고 인식되었다. 만약 지방의 관리가 잠재적 비난자를 기소한다면, 그는 유죄 판결이 날 가능성이 가장 높은 법정에 사건을 회부하기 위해 영향력을 행사할 수 있었다. 토지의 상속 문제가 제기되면, 농민은 이와 비슷한 선택을 했다. 세대주인 농민이 사망하면, 사망한 사람의 상속자는 해당 토지에 대한 임차권을 유지하기 위해 영주에게 상속세를 납부해야 했다. 상속세는 농민이 보유한 가장 값비싼 가축에 부과되는 것이 일상적이었다. 물론 시간이 지남에 따라 상속세는 점차 화폐로 대체되기는 했다. 그러나 임종 직전의 농민은 상속자에게 토지를 기증하거나, 이 같은 거래에 대해 소액의 수수료를 지불함으로써 상속세를 해결했다. 때때로 젊은 세대의 구성원은 이에 상응하여 친척에게 일정 정도의 식료품, 옷, 그리고 자기 집 안에서 가장 따뜻한 자리를 마련해 주었다. 다시 말하자면 농민은 자신의 필요를 충족시키기 위해 재판 제도를 활용했으며, 심지어 자신의 편의를 위해 이를 조종하기조차 했다. 이들 농민은 자신이 처한 상황에 대한 충분한 이해가 있었고, 최상의 결과에 대한 평가에 기초하여 선택을 했던 것이다.

집단 전기는 우리에게 많은 것을 알려주고 있으며, 우리는 기록된 다른 사료나 기록되지 않은 사료를 가지고 규명되지 않은 부분의 공백을 종종 메울 수 있게 되었다. 이를테면 우리는 법정 기록물로부터 '보증' 목록을 만들 필요

---

*   군주의 특허장에 의해 특권을 부여받은 도시.
** 군주의 대리인으로서 카운티의 사법, 행정 등의 권한을 보유한 관리.

가 있었던 농민과 다음 재판에 참석하겠다고 보증하는 다른 농민 간의 협력에 관한 정보를 얻을 수 있다. 하지만 이 같은 보증 제도에서는 대개 여성이 배제되었다. 그러나 여성의 지지와 우애의 네트워크는 대체로 법정의 영역을 넘어 존재했다. 그리하여 여성의 우애의 흔적은 노아의 방주에 승선하기보다는 친구들과 어울리다가 익사하는 괄괄한 노아의 아내를 묘사한 시와 연극에서 발견된다. 농촌 여성과 남성, 특히 연례적으로 미스터리극이 공연되었던 도시 근교의 농민은, 아내가 수다스러운 친구에게 도망가 버린 노아 역의 배우가 자신에게 동정심을 가지라고 관객에게 요구하는 것을 볼 수 있었을 것이다. 도시와 촌락 간의 빈번한 상호 교류에 관한 근년의 연구를 통해 이 공연들이 단지 도시에만 존재했다고 생각하기 어렵게 되었으며, 그리하여 이 공연들이 농촌의 여성과 남성을 위해서도 열렸다고 추론할 수 있게 되었다. 또한 「남편의 물건에 관한 여덟 아낙네의 이야기」와 같은 시는 남편의 '물건'(이중적 의미를 지닌 이 단어는 여기서 매우 의도적인 것이었다. 중세인들은 내숭을 떨지 않았다)의 크기와 형태에 관해 낄낄거리는 모습을 묘사하면서 강력한 여성 공동체를 연상시켰다. 예술작품, 특히 14·15세기 길거리의 거친 벽화는 교구 교회에서 발견되었고, 일상적으로 농촌 여성과 남성의 눈에 띄었으며, 강력한 여성 우애 공동체에 대한 친숙한 담론을 시사했다. 사실상 빈번히 묘사된 한 장면은 문학적인 전형과 명백한 연계를 지니고 있었다. 시와 설교에서는 교회의 예배 시간에 잡담을 하는 여성들의 뒤에서 이들이 하는 말을 두루마리에 기록하는 악마 투티빌루스Tutivillus가 언급된다. 투티빌루스와 수다를 떠는 여성들은 여러 벽화에 등장한다. 벽화, 주교좌성당의 목조물과 석조물, 시, 설교와 같은 매우 다양한 매체를 통한 이런 주제의 묘사는 도시와 농촌 간의 광범위한 연계를 또다시 시사한다. 마지막 한 가지 사례는 여성의 우애를 보다 긍정적으로 묘사하고 있다. 교구 교회의 벽에 자주 등장하는 주제는 마리아와 성 엘리자베스로서, 이 둘이 임신 소식을 서로에게 털어놓는 모습이다. 여기서는 서성거리는 악마도 없고, 단지 자매처럼 포옹하면서 중요한 소식을 서로 교환하는 두 여성에 초점이 맞춰져 있다. 이 사료들에서 빈번하게 묘사되는 우애는 여성이 경험한 우애 및 네트워크가 남편의 그것과 매우 유사한 것처럼 보이게 하고 있다. 하지만 이는 법정의 문서에는 등장하지 않는다. 집단 전기는 이 같은 구체적인 사례를 잘 보여주지 못할 수도 있으나, 우리는 다른 유형의 사료를 검토하면서 이 같은 공백을 메울 수 있다.

근년에 역사가들이 연구하기 시작한 한 가지 중요한 일차 사료의 유형은 고고학적 유물이다. 특히 교구 예배당의 묘지에서 출토된 해골은 중세인의 건강과 수명에 관한 많은 정보를 제공해 준다. 콜라겐에 관한 안정 동위원소 연구는 바다 생선이나 담수 생선에 대한 접근 등 중세 농민의 식생활의 여러 측면을 보여주며, 이주에 관한 증거를 제공해 주기도 한다. 뼈에 남아 있는 흔적은 관절염, 결핵 및 만성 축농증 등 특정 질병의 유행을 보여주기도 한다. 위턱굴에 대한 조사를 통해 드러난 만성 축농증의 증거는 농촌의 남성과 여성이 굴뚝이 없어 연기가 가득 찬 집에서 겪은 많은 고충을 잘 보여준다. 일산화탄소와 미세 먼지의 흡입은 농민의 수명을 단축시킨 요인이었음이 분명하며, 남성보다는 여성에게 더 큰 피해를 주었을 것이다. 역사학자와 고고학자 간의 보다 빈번한 협업이 농민의 삶에 관한 매우 많은 자료를 제공해 줄 것이라는 점은 분명하다.

요컨대 중세나 르네상스기의 축제에서 농민의 모든 경험이 묘사될 수는 없지만, 우리가 농민에 관해 아는 것이 없어서 그런 것이 아니다. 오히려 우리는 누구의 삶이 서술되고 기억되어야 할 가치가 있는지에 대해 선택을 하게 되며, 칼을 휘두르는 기사가 등장하는 드라마와 속눈썹을 펄럭이는 소녀의 연애담이 12세기보다 21세기에 관해서 더욱 많은 것을 우리에게 말해주고 있다. 개인의 이야기와 역사에 대한 개인의 영향력은 우리가 실제로 중요한 순간에 있다는 느낌을 가지도록 하고, 누구나 변화를 창출하는 데 역할을 할 수 있다는 사실을 강조하는 데 일조한다. 하지만 축제에서 묘사된 지배 엘리트의 모험 모두는 눈에 띄지 않는 농민의 등 뒤에서 일어났다. 집단 전기와 같은 방법론과 기록되지 않은 사료는 중세의 농민이 결코 전적으로 촌뜨기나 음탕한 여자가 아님을 보여준다. 중세의 매우 다양한 농민은 훌륭한 선택을 했고 자원을 지혜롭게 활용했다. 중세의 농민은 물리적으로는 힘든 삶을 살았지만 우애와 유머로 고단한 삶을 위로했던 것이다.

더 읽을 자료

P. Freedman, *Images of the Medieval Peasant*(Stanford: Stanford University Press, 1999)는 농민에 대한 중세 지배 엘리트의 다양한 인식을 잘 요약해 주고 있다. 검시관의 문서에서 주로 추정된, 농민과 도시민의 가정생활에 대한 논의는 Barbara A. Hanawalt, *The Ties That Bound: Peasant Families in Medieval England*(Oxford: Oxford University Press, 1986)를 보기 바란다. Judith M. Bennett, *A Medieval Life: Cecilia Penifader of Brigstock c. 1295~1344*(Boston: McGraw-Hill College, 1998)는 잉글랜드의 개별 농민의 삶을 활용했으며,[*] 농민 가족을 농민 공동체 주변의 삶의 구조를 설명하는 출발점으로 삼고 있다. 이에 비해 Marjorie K. McIntosh, *Controlling Misbehavior in England, 1370~1600*(Cambridge: Cambridge University Press, 1997)는 흑사병 이후의 지역적 통제와 법정의 변화를 고려하고 있다.

---

[*] 잉글랜드 농민의 삶에 관한 국내 저술로는 홍성표, 『중세 영국농민의 생활수준 연구』(탐구당, 1987)가 대표적이다.

중세 유럽 예술의 숨은 이야기

캐서린 A. 윌슨

15세기 중엽에 유행하던 매우 멋진 옷을 입은 두 사람이 런던 국립미술관에 소장된 아르놀피니Arnolfini* 부부의 초상화를 압도하고 있다. 브뤼주에 있는 자신의 사저에 있던 조반니 니콜라오 아르놀피니Giovanni di Nicolao Arnolfini* (1400~1460년대)와 그 아내를 묘사한 것으로 알려진 이 초상화는 15세기 예술의 훌륭한 작품 중 하나이자 초기 유화 작품의 하나로 간주된다. 조반니 니콜라오는 부르고뉴 궁정에 물건을 납품하던 상인이었다. 이 그림에는 브뤼주 출신으로 사실주의와 원근법의 대가였던 얀 에이크Jan van Eyck의 서명이 있으며, 에이크는 이들 부부의 배후에 있는 거울에 희미하게 묘사되어 있다. 19세기의 학자들은 이런 그림을 '순수 예술'로 분류했다. 이러한 그림은 부상하던 미술 시장에서 선망의 대상이자 관심을 받은 경이로운 작품이었으며, 대학의 교수들은 숨겨진 다양한 이야기와 해석 가능한 상징에 대한 독점적인 이해를 주장했다.

---

* 이탈리아 루카 출신의 직물 상인으로, 플랑드르 지방에서 주로 활동했다.

프랑스 앙제Angers의 성에는 「요한계시록」을 묘사한 태피스트리가 전시되어 있다. 이를 보기 위해 그 성을 방문한 사람은 엄청난 규모에 압도당하게 된다. 심지어 미완성임에도 약 44평에 이를 정도로 매우 큰 작품이다. 1377년과 1392년 사이에 파리의 태피스트리 공급업자 니콜라스 바타유Nicholas Bataille를 통해 앙주Anjou 공작 루이 1세Louis I(1339~1384)가 의뢰한 이 태피스트리 작품은 성 요한의 계시록을 묘사하고 있다. 단지 문헌상으로만 알려진 또 다른 태피스트리는 당대의 전투를 묘사하기 위해 주문되었다. 부르고뉴의 공작 용맹공 장Jean(1371~1419)이 1411년 작품 의뢰비를 지불한 다섯 개의 태피스트리는 리에주에 대한 1408년의 승리를 기념하기 위해 제작되었다. 각각의 태피스트리에서 금실과 은실은 용맹공 장을 핵심 인물로 만들었다. 이 태피스트리들은 가로 11미터, 세로 5미터에 달했다. 19세기의 학자들은 '순수 예술'이었던 회화와는 달리 중세의 태피스트리를 '장식 예술'로 분류했다. 그리하여 우리는 직물 작품보다는 유화를 가치 있게 여기게 된 듯하다. 심지어 중세 후기에 태피스트리가 훨씬 더 많이 제작되었고, 중산층과 지배 계급의 가정에서 방석, 벤치, 테이블 덮개로 사용되었음에도 말이다.

오늘날의 관람객 및 독자에게 아르놀피니 부부의 초상화, 앙제의 「요한계시록」 태피스트리 시리즈 및 리에주의 태피스트리 구매 기록에 관한 문서는 중세 말기의 소비자였던 지배 엘리트의 생산 및 보존에 관한 기록처럼 보인다. 아르놀피니 가문의 구성원들은 서유럽에서 매우 강력한 지배자였던 부르고뉴의 공작 선량공 필리프Philippe(1419~1467)의 궁정에 화려한 직물을 공급했다. 얀 에이크는 부르고뉴의 궁정 화가이자 부르고뉴 가문의 구성원들의 초상화를 그리기도 했다. 앙주 공작이었던 루이 1세는 프랑스의 군주 샤를 4세 Charles IV(1380~1422)의 섭정으로 조카들(용담공 필리프Philippe 부르고뉴와 베리 공작)과 더불어 통치했다. 루이의 조카 용담공 필리프는 용맹공 장의 부친이었다. 우리는 소유자의 사회적 지위라는 관점에서 그림과 태피스트리를 해석하곤 한다. 우리는 아르놀피니 부부의 초상화를 이 부부의 사회적 지위와 부의 투사로 이해하고 있다. 우리는 루이, 용맹공 장과 이 귀족 가문들의 다양한 사치품 구매를 이들 간의 '예술적' 경쟁으로 이해하며, 이들이 주문한 태피스트리의 규모와 크기를 지배와 지위에 관한 '선전'물로 인식하고 있다.

그러나 이 작품들에 대한 우리네 분석이 전적으로 혹은 아마도 심지어 압도적으로 이들 지배 엘리트에 초점을 맞춰져서는 안 될 것이다. 이 대상들을 중시하려는 경향은 개인의 다층적인 네트워크를 모호하게 했다. 이들 개인의 노동은 이 작품들의 생산에 결정적이었으며, 종국적으로 국경을 넘어 이 품목들에 대한 수요를 창출했다. 이 작품들 배후에 있는 노동자에게 '목소리'와 '자리'를 부여하면서 시작되는 이 글은 이 작품들의 생산을 뒷받침한 경제적 불확실성과 고용의 불안정성을 검토한다. 또한 중세의 궁정과 엘리트 고객을 상업적인 활용의 기회로서 인식한 사업가를 고려한다. 아울러 이 작품들의 소비에 관한 이야기에 역동성을 부여하기 위해 그것들을 이용했던 엘리트에 대한 분석과 더불어 이 글을 맺고자 한다. 이 작품들의 소유자의 권력과 지위에 대한 단순한 반영과는 거리가 먼 아르놀피니 부부 초상화나 「요한계시록」 태피스트리 등의 작품은 중세의 일상생활의 불안정성과 제후의 지배의 취약성을 또한 보여주고 있다.

회화나 태피스트리 등의 중세의 작품에 대한 잘못되고 위험한 인식의 하나는 한 남성 '명장 예술가'가 이 작품들을 만들었다는 생각이다. 하지만 14·15세기에 '예술가'에 대한 인식은 오늘날의 인식과는 상이했다. 근년의 연구에서는 작업장에서 주문을 받아 작업을 하는 '명장'이라는 개념이 중세 말기의 모직물 작품 내지 회화 작품을 이해하는 데 적절하지 않다는 점이 강조되고 있다. 사실상 지리적 경계와 언어적 경계를 뛰어넘어 여러 사람의 협업과 경쟁으로 아르놀피니 부부의 초상화와 「요한계시록」에 관한 태피스트리가 생산되었다. 개인은 초상화와 태피스트리를 제작하기 위해 사회적 지위를 초월하여 협업했다. 학자들이 한때 주장했던 것처럼 야코포 치오네Jacopo di Cione라는 남성 화가 혼자서가 아니라 다수의 디자이너, 화가, 목수 및 도금사가

1370~1371년에 피렌체의 산 피에르 마조레 교회의 제단화를 제작했다. 상인은 새로운 회화의 제작을 위해 알렉산드리아 및 아시아로부터 북부 이탈리아로 원석, (짙푸른) 인디고 등의 원재료를 교역했다. 다수의 사람들과 여러 과정은 거대한 태피스트리를 포함한 직물 생산을 뒷받침했다. 사업가나 동업조합의 장인은 주문 생산의 과정을 감독했다. 화가나 데생 화가는 최초의 그림을 그렸다. 직공은 완성된 직물을 짜기 위해 대형 밑그림을 걸었다. 여러 대의 직기를 작동하고 직물을 마무리한 직공 팀과 마무리 팀은 주문받은 대형 작품을 완성했다. 키프로스산 금실과 은실 및 이탈리아, 중국, 중앙아시아산 비단은 값비싼 직물에 많은 빛과 광택을 제공했다. 잉글랜드, 스코틀랜드 및 스페인의 소모공과 염색공은 모직을 풀고 세척하며 염색했다. 상인은 이 모직을 수입했고, 직조공은 직물에 구조적인 안정성을 더했으며, 시각적인 형태를 익숙하게 선정했다. 마지막으로 마무리공, 축융공, 안감공 및 직물을 거는 작업공은 직물을 완성하고, 세척하고, 안감을 대며, 테두리를 두르고, 최종 마무리 준비를 했으며, 줄과 고리를 추가했다. 이런 공정이 최종 생산물의 완성에 필수적이기는 했지만, 관련 노동자는 고객의 요구에 따라 고용되거나 해고되었으며, 공식적인 조직으로부터 배제되었다. 이들 개인은 중세의 '긱 경제gig economy'* 노동자였으며, 이들 노동자의 참여 없이는 '예술 작품'이 완성될 수 없었다.

이들 생산자 가운데 여성은 근대의 서술에서 종종 사라졌다. 1250년부터 1500년에 이르기까지 남성이 생산 방식과 직물 제조에 필요한 원료를 통제하는 것이 일반적이었다. 하지만 직물 생산에 참여한 여성이 사료에 등장하고 있다. 13세기에 쾰른, 파리 및 루앙에서 활동했던 비단 제조 여성 동업조합의 희소한 사례가 종종 인용된다. 남편이나 아버지가 사망한 이후 여성은 개별적으로 몇몇 분야에 종사했다. 1407년과 1419년 사이에 부르고뉴와 오를레앙의

---

* 산업 현장에서 필요에 따라 임시로 계약을 맺고 일을 맡기는 형태의 경제 방식.

귀족 가문들은 태피스트리 공급업자 콜랭 바타유Colin Bataille의 아내 마르그리트Marguerite에게 벽이나 침대 덮개로 사용할 직물을 주문했다. 실을 잣는 일이나 직물의 마감 작업에 값싼 여성 노동력이 또한 제공되었다. 하지만 여성이 작업장에서 일할 수 있는 자격은 성공한 남성 동업조합원과의 관계에 달려 있었으며 그 아내나 딸이어야 했다. 심지어 여성이 귀족 가문에 직물을 공급할 때조차도 계약서에 단지 "누구누구의 아내"로 명기되었다. 일부 여성이 직물 분야에서 여성으로서의 이점을 활용했다는 것은 분명하다. 심지어 남성 주도하의 산업에서 기회가 제한적이었고 기록물에 개별 여성의 실체가 없다고 하더라도, 여성의 기여는 마땅히 인정을 받아야 한다.

생산의 여러 과정을 감독하는 장인의 조합이었던 도시의 동업조합은 직물의 여러 생산 과정을 세밀하게 감독했다. 동업조합은 추가 노동이나 일용 노동 내지 품삯 노동이 필요할 경우 하청을 주거나 외주를 주었다. 물론 이 하청 계약은 고용주에게 변동 폭이 심한 시장의 수요에 탄력성을 제공했지만, 삯일에 의존한 사람에게 반드시 이득이 된 것은 아니었다. 1270년에 제정된 메헬런시의 직조공 규정에 따르면, 일이 필요한 직조공, 장인 및 직인은 일자리를 얻기 위해 지역 교구 교회의 묘지에서 매주 서서 기다려야 했으며, 하청 작업에서의 잠재적 고용주에 대한 어떠한 주도권도 없었다. 이 규정들은 필요에 따라 고용되고 해고되며, 동업조합의 공식적인 구성원이 될 수 없었던 남성 및 여성 직물 노동자의 세계를 어렴풋이 보여주고 있다. 이들은 특히 경제적으로 어려운 시기에 유용했던 동업조합의 재정 지원을 전혀 받지 못했다. 1281년 이프르 반란, 1307년 투르네 축융공의 반란, 1360년 브뤼주 직조공 및 축융공의 반란, 1371년 시에나의 모직물 노동자 및 소모梳毛 노동자의 반란은 이들 '각' 노동자의 다수가 직면한 불안정한 환경의 징후로서 이해될 수 있다. 동업조합이나 도시 정부로부터 대표성을 얻고자 하거나 많은 임금을 받기 위해 노력했던 노동자들은 중세 말기 유럽 전역에서 반란을 도모했다. 이 반란들은 종종 애초의 목표를 달성했다. 하지만 다수의 반란은 죽음과 더불어 종말을 고했다. 1280년 12월 4일 수요일, 하네턴 로위어Haneton Lauwier, 주앙 부서리Jehan Boucery, 콜라트 콜릿Collart Caullet은 작업 중단 및 작업 방해는 물론 도시의 지배 엘리트에 대한 상해 혐의로 참수형을 당했다. 이들의 최후는 노동자가 감내해야 했던 고단한 현실과 엘리트에게 자신의 목소리를 들려주기 위해 노동자가 감수해야 했던 위험을 충분히 상기시켜 준다.

그림이나 태피스트리를 주문하는 고객과의 접촉을 담당한 동업조합의 상부에 위치한 개인은 조직의 훨씬 많은 보호를 받았다. 개인은 복수의 동업조합원이 될 수 있었고, 종종 도시 재산의 소유주이자 임대자이기도 했으며, 국지적인 정부의 위원회에서 일했다. 하지만 그 구성원은 또한 불확실한 항해를 했다. 오늘날의 다수의 경제와 마찬가지로 중세의 세계는 사회적 안전망을 제공하지 못했으며, 심지어 도시의 교역 및 상업 분야에서 정상에 오른 사람조차도 추락의 가능성을 고려해야 했다. 기록에 따르면, 13세기에 가난으로 인해 고향을 떠난 베로나 출신의 포목상 장인이 있었으며, 1272년 파리의 동업조합 조례에는 재정난으로 직인의 지위로 추락한 장인도 있었다. 사실상 대규모 태피스트리나 그림 등의 복잡한 작업 주문은 필연적으로 재정적·인적 위기를 야기했다. 고객, 특히 귀족 고객이 채무를 늦게 변제하는 경우가 빈번했다. 그리하여 「요한계시록」이나 리에주 태피스트리 등의 대규모 작품에서의 협업은 당연히 위험을 확산시켰다. 직조 비용과 관련하여 존속하고 있는 대금 지불 자료는 대규모 직물을 생산하기 위해 두 사람과 체결된 계약을 보여주고 있다. 14세기 브뤼주의 동업조합 규정에 따르면, 동업조합의 장인에게는 재료와 직조기의 공유가 금지되었다. 이런 공유가 매우 빈번하게 일어났기에 이 같은 금지 규정이 마련된 것처럼 보인다.

만약 이 품목들의 생산에 위험이 수반되었다면, 그럼에도 이 같은 위험을 감수한 이유는 무엇인가? 어떤 의미에서 생산자는 자신의 경제적 안전망을 만들기 위해 고객을 활용하고 있었다. 귀족 가문은 예술 생산과 후원의 중심이라기보다는 많은 돈과 명성을 제공할 다수의 부유한 고객과 이어줄 상업적 네트워크의 한 결절점으로 간주될 수 있다. 중세의 궁정은 포부가 큰 사치품 공급업자에게 상업적 기회를 제공했다. 궁정 네트워크 내의 귀족에게 단 한 번이라도 훌륭한 품질의 제품을 제공하는 것은 공급업자 개인—남자든 여자든—의 상업적 명성을 제고할 수 있는 수단이었다. 그 이후 이들은 보다 많은 신용을 그리고 나아가 보다 많은 주문과 네트워크 및 경제적 안전을 확보하는 데 이 같은 명성을 활용할 수 있었다. 제품의 품질을 유지할 수 있었던 중세의 개인은 일부 궁정에서 공급을 독점할 수도 있었다. 아르놀피니 부부의 초상화를 그린 얀 에이크가 한 사례이며, 그 그림의 주인공이었던 조반니 아르놀피니가 또 다른 사례였다. 에이크는 부르고뉴 궁정으로부터 공식적인 지위를 부여받았으며, 외교 특사로 파견되기도 했다. 아르놀피니 가문은 부르고뉴 궁정에 대한 비단 공급을 독점했다.

그렇다면 직물 및 그림의 이용자는 누구였던가? 이 작품들의 생산에 관여한 모든 개인, 노동력 및 재료 등을 고려해 볼 때, 후원자가 자신의 권력과 권위를 투사하기 위해 이 작품들을 주문하고 이용했다. 하지만 작품의 소비, 활용 및 전시는 이보다 훨씬 복잡한 양상을 띠고 있었다. 여기서 고려해야 할 사항이 두 가지가 있다. 첫째, 일단 작품이 만들어지고 나면, 그 작품은 결코 정적이지 않았다는 점이다. 둘째, 작품은 그것을 만든 사람의 의도를 벗어날 수가 있었다는 점이다. 지금 우리가 중세의 작품 앞에 서 있다고 가정한다면, 그런 그림이나 태피스트리가 그것을 소유하거나 전시한 사람을 둘러싼 사회정치적 실체는 물론 그 집의 방문객이 그 작품에 대해 지니는 인식과 상충될 수 있다는 주장을 인정해야 한다. 두 가지 사례가 이 같은 사실을 명확히 하는 데 기여하고 있다.

첫 번째 사례인 아르놀피니 부부 초상화는 아르놀피니 가문의 권력과 성공을 반영하는 것 못지않게 일상생활의 불확실성을 보여주고 있다. 이 가문의 구성원에는 조반니 니콜라오 아르놀피니 외에도 그의 젊은 조카 조반니 아리고 아르놀피니Giovanni de Arrigo Arnolfini가 있었다. 부르고뉴 가문에 몇몇 물품을 최초로 공급한 이후에 1420년대에 화려한 직물을 공급했고 1430년대에는 브뤼주에서 비단 가게를 운영했던 아르놀피니 가문은 부르고뉴 가문에 비단과 벨벳을 독점적으로 공급했다. 1439년과 1455년 사이에 조반니 아리고 아르놀피니는 직물 1만 9352엘(통틀어 약 2만 1000미터)을 13만 1568파운드에 판매했다. 아르놀피니 부부 초상화에 등장하는 방 안의 물건은 이 가문의 상업적 성공을 가시적으로 보여주고 있다. 직물은 그 방의 핵심 품목이다. 피처럼 붉은 침대 후면, 커튼 및 천장 그리고 침구가 침대 위에, 의자와 쿠션 덮개가 의자에, 그리고 직물이 마루에 있다. 이 부부는 모직물로 된 무거운 브로드를 걸치고 있으며, 이는 저지대 지방에서 생산되던 최상의 직물 중 하나이다. 창문 아래에 있는 신선한 오렌지는 아르놀피니 가문이 규모 있는 시장에 접근할 수 있었음을 상징하고 있다. 이 가문이 부르고뉴 가문에서 독점을 강화하던 시점에 그려진 이 초상화는 아르놀피니 가문의 권력과 지위에 관한 '스냅숏'이라고 불릴 수 있다.

하지만 우리는 이 그림에서 중세 말기 상인의 좌우명을 읽어낼 수도 있다. 즉 인생에서 의지할 수 있는 유일한 것은 '불확실성의 확실성'이었다. 학자들은 이 초상화에 등장하는 여성의 정체성에 관해 논의했다. 이 초상화는 조반니 니콜라오 아르놀피니의 첫 번째 부인으로 1433년 (아마도 출산 도중) 사망한 콘스탄자 트렌타Constanza Trenta를 기념한 그림일 수도 있다. 이 부인이 콘스탄자이든 콘스탄자와 사별한 이후에 맞이한 아내이든, 삶의 불확실성에 관한 첫 번째 힌트가 여기에 있다. 상업적 성공의 이야기가 이 초상화에서 구현되었음에도, 아내와 자식은 비극적으로 죽음을 맞았다. 또 다른 '불확실성'은 아르놀피니 가문의 이력에 관한 이야기에서 유래한다. 아르놀피니 가문이 성공의 정점에 이르렀던 1461년에 조반니 아리고 아르놀피니가 프랑스의 군주 루이 11세Louis XI가 된 부르고뉴 공작의 '대적'이 되었다는 것이다. 이 같은 반전이 야기된 이유가 무엇인지는 여전히 명확하지 않다.

두 번째 사례는 그림의 내용이 정치적 실체와 부합하지 않는 예술 작품에 관한 것으로, 1411년 부르고뉴의 용맹공 장이 1408년에 있었던 리에주시에 대한 승리를 기념하기 위해 주문한 태피스트리였다. 「요한계시록」에 관한 태피스트리와는 달리, 용맹공 장의 태피스트리는 이제 존재하지 않고 있다. 하지만 그것의 구매 기록 및 가시적 내용이 문헌상으로는 남아 있다. 중세의 작품이 존속하지 않는다고 하더라도, 문헌상의 증거가 그 작품을 더욱 깊이 있게 인식하고 그것의 다양한 용도에 대한 이해를 제고하는 데 활용될 필요가 있다. 시리즈로 된 첫 번째 작품은 군대를 소집하는 용맹공 장을 표현하고 있고, 두 번째 작품은 마스트리흐트 포위를, 세 번째 작품은 전투와 "리에주인들을 어떻게 격퇴했는지를", 네 번째 작품은 연루된 도시들의 항복 장면을, 그리고 다섯 번째 작품은 반란을 주도한 핵심 인물들의 참회와 도시 특권의 폐지를 묘사하고 있다. 금실과 은실로 짜인 각각의 작품의 크기는 55제곱미터(약 17평)이다. 이 작품들은 '선전 소재'를 묘사하는 것으로 간주되거나, 관람자에게 부르고뉴의 권위와 그 지배에 도전할 경우 맞이하게 될 비참한 결과라는 핵심 메시지를 강요하는 '운반 가능한 선전물'로 기능하는 것처럼 보인다.

하지만 주문자는 그 작품이 완성될 즈음 심각한 정치적 불안정에 직면하게 되었다. 당시 부르고뉴 공작에 대한 강력한 반발이 있었기 때문이다. 1411년 용맹공 장은 프랑스 왕권을 둘러싸고서 권력 투쟁을 하고 있었다. 정신 이상으로 군주 샤를 6세Charles VI의 통치가 불가능하게 되었다. 프랑스 왕실의 다른 구성원은 프랑스 군주 및 계승자에 대한 장의 지배력을 찬탈하려고 시도했으며, 파리의 정치적 상황은 공공연한 내전 상황으로까지 치닫고 있었다. 1419년 용맹공 장은 이런 정치적 갈등으로 인해 살해되었다. 이상적 과거를 표상하기 위해 이 직물 작품들이 주문되었을 것이지만, 그것은 제후의 지배의 정치적 불확실성과 불안정성을 또한 반영했다. 중세의 감상자는 시각적 서사의 수동적 소비자가 결코 아니었다.

존속하고 있는 아르놀피니 부부 초상화나 「요한계시록」 태피스트리 등의 작품을 검토하면서, 우리는 이 작품들의 생산, 이용 및 수용에 관여한 여러 사람을 고려할 필요가 있다. 이들 관여자는 권력, 부 및 엘리트주의의 승리와 수동적 수용보다는 과거를 훨씬 굴절시키며 보여주고 있다. 오히려 이들은 우리에게 중세인들의 협업과 이용, 수용과 배척, 안정과 불안정이라는 보다 흥미로운 주제를 보여준다. 이 작품들을 이해하고자 하는 학생으로서 우리는 보다 신중하게 질문하기 위해서 생산, 수용 및 이용에 관련된 모든 개인이나 이야기를 대변해야 한다. 이 작품들이 누구의 중세를 반영하고 있는가?

더 읽을 자료

학생들은 S. K. Cohn, *Popular Protest in Late Medieval Europe, Italy, France and Flanders*(Manchester, UK; Manchester University Press, 2004)에서 중세 말기 유럽의 반란에 관한 유용한 증거를 확인하게 될 것이다. 생산자이자 노동자로서의 여성에 관해서는 M. Howell, *Women, Production and Patriarchy in Late Medieval Cities* (Chicago: Chicago University Press, 1986) 및 S. Farmer, *The Silk Industries of Medieval Paris: Artisanal Migration, Technological Innovation, and General Experience*(Philadelphia: University of Penssylvania Press, 2016)를 또한 참고하기 바란다.

상인 아르놀피니 가문 및 아르놀피니 부부 초상화에 관한 해석과 이에 대한 유용한 논의는 B. Lambert, *The City, the Duke and Their Banker: The Rapondi Family and the Formation of the Burgundian State(1384~1430)*(Turnhout, Belgium: Brepolis, 2006); M. D. Caroll, "In the name of God and Profit: Jan Van Eyck's Arnolfini Portrait," *Representations* 44(1993), 96~132; C. Harbison, *Jan Van Eyck: The Play of Realism*, 2nd Expanded Edition(London, UK; Reaktion Books, 2011)에서 발견할 수 있다.

중세의 예술 작품 생산 배후에 있는 협업 과정, 동업조합 생산자, 도제 및 다른 노동에 관한 유용한 정보는 G. Rosser, "Crafts, Guilds and the Negotiation of Work in the Medieval Town," *Past and Present* 154(1997), 3~31; P. Stabel, "The Move to Quality Cloth: Luxury Textiles Labour Markets and Middle Class Identity in a Medieval Textile City. Mechelen in the Late Thirteenth and Early Fourteenth Centuries," in B. Lambert and K. A. Wilson, *Europe's Rich Fabric: The Consumption, Commercialization, and Production of Luxury Textiles in Italy, the Low Countries and Neighbouring Territories(Fourteenth-Sixteenth Centuries)* (Farnham, UK; Ashgate Books, 2016)에 실려 있다.

'장식 예술'로서 태피스트리의 개념에 대한 도전과 문헌상의 직물에 대해서는 L. Weigert, "Tapestry Exposed," *The Art Bulletin* 4(1994): 784~796; K. A. Wilson, *The Power of Textiles: Tapestries of the Burgundian Dominions(1363-1477)*(Turnhout, Belgium: Brepolis, 2018)를 참고하기 바란다.

1.3

현대의 무관용과 중세의 십자군 전쟁

니컬러스 L. 폴

중세와 관련되는 사건이나 이념 가운데 십자군 전쟁으로 알려진 기독교의 성전만큼 여러 면에서 우리를 빈번히, 강하게 그리고 당혹스럽게 하는 것은 아무것도 없다. 먼지가 휘날리는 곳에서 투구를 쓴 기사가 터번을 두른 적군에 맞서 싸우는 서사적인 전투는 대중 영화, 텔레비전 쇼, 소설 및 인기 있는 전자 게임의 배경이 되고 있다. 십자군 전쟁에 참여했던 사람은 스포츠 팀의 마스코트로서 그리고 국가와 종교 집단 및 문화 집단의 역사에서 아이콘과 같은 존재로 등장하고 있다. 십자군 전쟁에 대한 회상은 인기가 있을 뿐만 아니라 강력하며, 십자군 전쟁의 의미와 유산에 관한 주장이 오늘날처럼 논쟁적이고 잠재적인 폭발력을 지닌 적은 없었다.

비록 십자군 전쟁이 중세에 관한 대중의 인식에서 과도한 위상을 늘 차지하기는 했지만, 서구 세계에서 '십자군 전쟁'이라는 용어는 2001년 9월 11일 미국에서 일어난 테러리스트 공격 이후 새로운 정치적 기류가 되었다. 그로부터 5일 후, 미국의 조지 W. 부시George W. Bush 대통령은 "테러와의 전쟁인 이 십자군 전쟁은 시간이 좀 걸릴 것"이라는 유명한 말을 했다. 이 발언은 원고에 없던 내용인 것처럼 보였으며, 오래지 않아 부시 행정부는 사과를 했지만 그 사과 중 어느 것도 부시 발언의 중대성을 희석하지는 못했다. 우선, 부시 대통령의 발언은 이슬람과 기독교 및 서구 세계와의 관계에 대한 극단적인 진술이 가득했던 시기에 나왔다. 이 발언이 나오기 이틀 전에 칼럼니스트 앤 쿨터Ann Coulter―미국의 여러 대학으로부터 초청을 받아 강연을 하고 있다―는《내셔널 리뷰 온라인National Review Online》에서 공항에서 인종 혹은 종교를 기준으로 사람을 분류함으로써 무슬림의 기분을 상하게 할까 두려워하기보다 "우리는 이 국가들을 침략하고, 이들의 지도자를 살해하며, 이들을 기독교도로 개종시켜야 한다"라고 주장했다. 부시의 발언 또한 불길한 징조였다. 부시의 언급은 되살아난 이슬람의 위협에 맞서 세계적인 전투를 피할 수 없다고 생각하는 유럽과 미국의 일부 백인들에게 새로운 십자군의 승인을 예고했기 때문이다.

유럽과 미국의 반이민 활동가와 백인 우월주의자는 명백히 자신들의 행위를 십자군 전쟁에 결부시키고 있다. 노르웨이의 인종주의적 민족주의자이자 테러리스트로서 2011년 77명을 살해한 아네르스 B. 브레이비크Anders Behring Breivik는 십자군 전쟁을 폭넓게 언급한 신조를 작성했다. 브레이비크는 자신이 중세의 한 십자군 기사단을 모방한 '성전 기사단'이라고 부르는 조직의 일원이라고 주장했다. 2016년 자칭 '십자군들'이라는 캔자스의 호전적인 무장 집단이 미국의 모스크를 공격하려던 음모로 체포되었다. 이 글을 집필하는 순간에도, 온라인상의 신나치 논쟁 포럼에는 십자군 전쟁의 역사에 관한 논쟁으로 가득 차 있다. 십자가 깃발을 자랑스럽게 내보이는 무장한 기사들에 관한 이미지는 사회적 미디어에 빈번히 등장하는 밈meme*이며, 반이민론자 내지 파시스트의 표상과 더불어 종종 등장한다.

십자군 전쟁을 '문명 간의 충돌', 즉 유럽의 백인들이 비백인들, 비기독교인

---

* 온라인에서 유행하는 말을 다시 제작한 그림이나 사진, 영상 등.

들 그리고 특히 무슬림들에 저항하거나 심지어 이들을 복속시킨 운동으로 보는 광범위하게 확산된 인식은 인종주의적 이데올로기에 경도된 사람들에게 영감을 불어넣고 있다. 실재하는 갈등이라는 측면에서 과거의 십자군 운동에 대한 이와 유사한 발언의 강화는 극단적이고 호전적인 이슬람주의 세력의 미디어에서도 발견되고 있다. '십자군 전쟁'과 '십자군'이 오랫동안 무슬림 세계에서 적으로 인식된 자들에 대한 친숙한 욕설이었던 반면에, 국제적인 테러가 자행되는 시대에 이 용어들은 '십자군'이자 적으로서 인지되는 미국, 유럽 및 이스라엘 등을 향했다. 미국에서 신중세적인 이슬람주의자 집단으로 알려진 ISIS*는 자신들에 대한 서방의 "실패한 십자군 운동"을 기관지 《다비크Dabiq》의 2014년 10월 호의 표지 기사로 장식했다.

　이슬람 극단주의자 및 유럽의 인종주의적 민족주의자들의 격분에 찬 이 같은 언사는 십자군 전쟁의 오용과 재해석에 관한 장구한 서사에서 가장 최근에 만들어진 하나의 장에 지나지 않는다. 오늘날의 가장 극단적인 수사로서 십자군 전쟁의 재현은 종종 중세의 사료에 대한 직접적인 이해에서 유래된 것이 아니라, 근대의 몇백 년에 걸친 회상, 재평가 및 재해석에서 유래되었으며, 이들 중 다수는 예술 및 문학의 형태로 이루어졌다. 18세기에 프랑스의 계몽주의 철학자들은 전통 종교의 무지와 미신의 한 사례로 십자군 전쟁을 활용했다. 19세기 중엽의 독자들은 영국의 작가 월터 스콧Walter Scott**의 소설에 열광했다. 스콧은 기사 및 낭만적 모험에 관한 이야기의 배경으로서 십자군 전쟁을 활용했다. 그로부터 머지않아, 유럽의 작가들은 자국의 군대를 십자군 정복자에 비교하고, 십자군 선조가 시작한 식민화라는 과업을 완수했다는 식으로 북아프리카, 중동 및 (독일의 경우) 중부 및 동부 유럽에서 새롭게 건설된 제

---

* 　극단주의 무장 세력의 '이슬람 국가'.
** 　1772~1832. 영국의 역사소설가·시인·역사가로 유럽의 낭만주의 소설의 대표적 작가 중 한 사람으로 평가받고 있다. 「최후의 음유 시인의 노래」, 「마미온」 등의 서사시로 유명하며 『아이반호』, 『웨이벌리』, 『가이 매너링』 등의 역사소설도 집필했다.

국을 축하했다. 그러나 동일한 증거를 통해서, 식민지 점령하에서 교육을 받은 어린이는 성장하면서 유럽의 강국이 자신의 의지대로 다른 약소국가를 정복하고 복속하려는 끊임없는 추동력의 증거로 십자군 전쟁을 이해하게 되었다. '십자군화'되었다는 이 같은 인식은 그리스 정교를 신봉하는 기독교 세계에서 분명히 중요하다. 그 세계에서 1240년 독일의 튜턴 기사단이 그리스 정교를 신봉하던 슬라브족 영토를 침략한 사건에 대한 기억은 제2차 세계대전 중 소련이 행한 선전의 핵심 요소였다. 또한 1204년 제4차 십자군 전쟁에 의한 콘스탄티노플의 약탈 및 십자군이 오스만 제국의 공격으로부터 비잔틴 제국을 보호하는 데 실패한 사건은 근대 그리스의 역사와 정체성에서 중요한 역할을 수행했다.

십자군 전쟁을 중세 기독교의 성전으로 보는 이 모든 해석, 즉 합리주의자와 낭만주의자, 식민주의자와 민족주의자의 해석은 십자군 전쟁에 대한 근대적 인식이 형성된 일종의 진흙탕에 이제 공존하고 있다. 심지어 학계조차도 20세기 말엽에 진창에 빠짐으로써 어느 중세 사가는 '십자군 전쟁이란 무엇이었는가?'라는 핵심 질문으로 되돌아갈 필요가 있다고 생각하기에 이르렀다. 이것은 언뜻 보이는 것보다 훨씬 도전적인 질문이다. 설령 우리가 십자군 전쟁이라는 어휘의 근원이, 그 전사가 "십자가 표시로 서약을 했기에" 중세 말기에 등장한 용어(cruzada, crozada 내지 crucesignati)에서 발견한다고 하더라도, 이 중세 용어는 일관되게 적용되지 못했다. 이른바 '제1차 십자군 전쟁' 혹은 '제3차 십자군 전쟁' 등의 대규모 군사 원정은 당시의 사람들에게는 '여정' 혹은 '순례자들' 내지 '그리스도의 군사들'의 '바다 건너기'로만 알려졌던 것처럼 보인다.

여느 중요한 역사적 질문과 마찬가지로 우리는 십자군에 대한 최상의 정의가 무엇인지를 둘러싸고 여전히 논쟁하고 있지만, 대다수 전문가는 십자군의 네 가지 주요 특징에 합의했다.

① 십자군 전쟁은 교회의 권위와 더불어 기원했다.

② 동원령은 교황이 내렸으며 교회의 설교를 통해 공포되었다.

③ 수도회로의 입회와 마찬가지로, 십자군이 된다는 것은 의례를 통해 표출되는 사회적 지위에서의 중요한 변화를 의미했다.

④ 십자군은 종종 근엄한 서약을 했으며, 옷에 착용한 십자가는 그 상징물이었다.

십자군이라는 사회적 지위의 획득은 중요한 특권의 확대를 통해 인정을 받게 되었다.

세속의 재물과 관련하여, 십자군은 성지로의 출발을 준비하면서 그리고 가장 중요하게는 자신이 떠나 있는 동안 가족과 재산을 보호받을 수 있다고 기대했다. 논쟁적이기는 하지만 이 모든 특권 가운데 가장 중요한 것은 무조건적인 면벌*이었다. 서약을 완수하거나 사망한 십자군에게 주어지는 면벌은 십자군이 고해한 어떤 죄에 대해 신의 징벌을 두려워할 필요가 없다는 것을 의미했다.

십자군만큼 난데없이 등장한 복잡하고 새로운 것은 없었고, 그 핵심 이념이 발전되고 관행이 확산되기까지 시간이 걸렸다. 서약, 의복과 지위의 변화, 면벌 등의 몇몇 요소는 명백히 순례 관행과 결부되어 있었다. 십자군 이념이라는 핵심 이념의 설계자는 교황 우르바노 2세Urbanus II(재위1088~1099)였다. 1095년 11월 27일 오늘날의 프랑스 영토인 클레르몽에서 개최된 공의회에서 동방으로의 진군을 위해 라틴 기독교도들을 최초로 소집한 이가 우르바노 2세였다. 우르바노 2세의 그날의 언행이 정확하게 알려져 있지 않지만, 그는 동

---

* 십자군에 참여한 군인은 불가피하게 십계명의 살인죄를 범할 수밖에 없게 될 것이고, 이는 심각한 문제가 되었다. 이에 교회는 십자군이 살인죄의 형벌에서 벗어나도록 면벌을 부여했다.

방 기독교 교회의 수호와 참회 개념(악한 행위의 결과를 경감하기 위한 고통)을 결합했다. 참회는 이미 매우 대중적인 개념으로서, 순례를 통해 광범위하게 퍼져 있었다. 이는 참회와 폭력, 순례와 전쟁의 잠재적인 결합이었다. 그 같은 인식은 즉각적인 성공을 거두었으며, 이른바 '제1차 십자군 전쟁'의 일련의 사건에서 대중의 광범위한 호응을 얻었다.

여기서 제시된 **십자군 전쟁**에 관한 ('다의적인' 정의로 알려진) 네 가지 정의와 관련하여 우리는 그것에 포함되지 **않는** 것을 아마도 가장 주목해야 할 것이다. 이를테면 특정 지역(성지), 신성한 장소(예루살렘) 내지 공공연한 적(이슬람 추종자들) 등의 특정 목표를 지향하는 십자군 원정에 대해서는 아무것도 언급되지 않는다. 십자군 운동은 이베리아반도, 발트해 지역, 북아프리카 및 북대서양의 카나리 제도 등을 포함한 기독교도의 손길이 닿는 중세 세계 어디에서든 일어날 수 있었고 일어났다. 그것은 비잔틴 제국의 그리스 정교 신자들과 같이 분열주의자로 간주된 사람들, 프랑스 남부의 가톨릭 신자들과 같은 이단의 지지자로 간주된 사람들, 그리고 신성로마제국의 황제 프리드리히 2세 Friedrich II와 같은 로마 교회의 정적에 대항하기 위해 기독교 왕국 내에서도 일어날 수 있었다. 후자의 경우 십자군 전쟁이 기독교도는 물론 심지어 다른 십자군에 대항하기 위해 동원되었음을 상기시킨다.

그런데 중세인들이 경험한 십자군 운동은 근대의 다수의 표상과는 매우 상이했고, 오늘날 인종주의자의 이데올로기와도 매우 현저하게 다르다. 인종적 증오와 종교적 증오는 중세에도 존재했으며, 특히 십자군 원정을 위한 군대 모집의 도구로서 활용되었던 것은 확실하다. 그러나 '우리 대 그들'이라는 차이에 관한 이 같은 인식을 이용하면서 수차례에 걸친 십자군 전쟁의 독려자들은 다른 시대에 그리고 전 세계에 걸쳐서 전쟁을 조장한 사람들과 크게 다르지 않았다. 십자군의 모집 캠페인과 십자군 부대는 그들의 경로에 있던, 혹은 십자군 전쟁에 합류하거나 그들을 지원하려던 준군사 집단의 경로에 있던 취약한 공동체에 대해 심각한 폭력을 야기할 수 있었다. 이를테면 동방을 향한

다수의 주요 십자군 전쟁 원정에 관한 설교와 교황의 재가 없이 이루어진 풀뿌리 운동으로서의 '대중 십자군 전쟁'은 유럽 내의 유대인 공동체에 대한 집단 학살을 고무했다. 그러나 비기독교도에 대해 공포, 분노 및 증오 등을 지속적으로 퍼뜨린 수사修辭와 같이 소수 집단에 대한 이 같은 폭력은 제1차 십자군 전쟁 이전에 그리고 교황이 새로운 십자군 전쟁을 더는 요청하지 않게 된 후에도 오랫동안 존재했다. 십자군 전쟁은 자신의 사적 이익을 확대하려는 개인이나 신민에 대한 권력을 확대하고 공고히 하려는 국가와 지배 엘리트에 의해 국지적으로 수행되었던(여전히 수행되고 있는) 폭력과 무관용의 기회를 제공하는 한 가지 수단이었을 뿐이다. 폭력과 억압은 십자군 역사의 주요 특징이지만, 보다 광범위한 십자군 전쟁 현상의 매우 현저한 특징과는 상당히 거리가 멀다. 이런 십자군 현상의 오랜 생명력과 인기는 개별 기독교인의 헌신적인 삶, 죄악된 삶의 함의에 대한 관심과 자신의 삶을 서사적 무대에 오른 구원의 드라마에 바치고 거기에 참여하려던 열망에서 기인했다.

근대적 시각에서 볼 때, 십자군 전쟁이라는 서사적 무대는 사자심왕 리처드 1세Richard I, 붉은수염왕 프리드리히 1세Friedrich I, 혹은 성 루이로 알려진 루이 9세Louis IX 등의 군주들의 명령 아래 수행된 유명한 대규모 군사 원정으로 이루어져 있었다. 이 원정들은 '제1차', '제2차', '제3차' 등의 숫자로 표기되고 있으며, 아랍의 무슬림과 튀르크군에 대항한 라틴(로마 가톨릭) 기독교도에 의해 주도되었다. 로마 가톨릭의 종교적 전통에 대한 추종이라는 공통점과는 별개로, 매우 다양한 지역과 왕국들로 구성된 십자군 군대에는 공통점이 거의 없었고, 종종 원정의 목표 내지 기본 전략에 대한 합의도 없었다. 무슬림 군대와 기독교인 군대 모두 용병을 고용했고, 상이한 신앙을 가진 동맹군을 모집했다. 근동의 십자군은 인종적으로 아르메니아의 공병, 아랍의 필경사 및 '튀르크병'이라는 혼종적인 보조군으로 다양하게 구성되어 있었다. 1250년 이집트에서 포로가 된 이후 수십 년간 집필한 장 주앵빌Jean de Joinville은 가장 암울한 시기에 그에게 안전과 위로를 제공했던 '나의 사라센인'을 회상했다. 1187년 예루살렘을 재점령함으로써 십자군의 철천지원수가 되었던 살라딘Saladin에게 장 주 앵빌이 헌정한 한 작품에서, 시리아의 무슬림 작가 우사마 이븐 문끼드Usama ibn Munqidh는 십자군 왕국들에서 생활한 라틴 유럽인들과의 여러 우정을 회상했으며, 이 작품에는 성전 기사단과의 우애도 포함되어 있다. 십자군 운동은 범유럽적인 현상이었으나, 유럽인이나 유럽을 방어하는 프로젝트가 아니었고, 십자군은 자신과 외모가 다르거나 다른 종교를 신봉하는 사람들과 협력했으며, 심지어는 우애를 쌓기도 했다.

장기적인 관점에서 볼 때, 십자군 전쟁이 후대 유럽의 식민화와 정복이라는 친숙한 이야기와 어떻게 결합하게 되었는지를 이해하는 것은 어렵지 않다. 해외에서 유럽인들의 정복과 지배라는 통합 프로젝트는 사실상 당시의 일부 무슬림 관찰자들이 십자군의 도래를 어떻게 인식했던가에 다름 아니다. (오늘날 유명한 저서의 제목인 『유럽의 형성Making of Europe』의) 기독교 공화국의 경계를 따라 명백한 팽창과 영토적 공고화가 있었던 시기에 활동했던 법률학자 알리 이븐 타히르 알 술라미Ali ibn Tahir al-Sulami(1106년 사망) 등의 근동의 무슬림들이 제1차 십자군 전쟁이 세계의 지배를 위한 추동력의 또 다른 요소였다고 주장한 것은 이해될 법하다. 그러나 알 술라미는 십자군들보다 지중해를 따라 일어난 사건에 관한 훨씬 정확한 정보를 가지고 있었다. 십자군의 다수는 자신들과 동일한 종교를 믿는 사람들이 스페인 북동 지역이나 시칠리아에서 무엇을 하고 있는지를 단지 어렴풋이 알고 있었을 것이다. 십자군들은 협력하려고 하지 않았다. 십자군이 협력했던 곳에서는 교회 개혁이라는 보다 거대한 시도의 일부로서 십자군이 합리화되거나 세계에 대한 교황의 주권이 확고하게 되었다. 말하자면 지상의 제국보다는 천상의 왕국의 주권을 확고히 한 것이었다. 일부 사람들에게 십자군 전쟁은 세계의 종말의 대리자이자 징후였으며, 이는 십자군이 인류의 부패한 제국들을 대신하여 천상의 왕국을 수립하려고 했다는 인식을 더욱더 강화한다.

십자군 전쟁의 지휘관들(적어도 근동에서 전투에 참여한 지휘관들)의 거의가 하나의 분명한 전략에 동의하지 않았다고 필자는 앞서 지적했으나, 그럼에도 동부 지중해에서 십자군이 오늘날의 시리아, 팔레스타인, 튀르키예, 레바논, 이스라엘, 이집트, 그리스 및 키프로스의 영토를 정복했다는 것은 사실이다. 근대 말의 식민주의의 역사는 십자군 지배하에서 생활했던 사람들의 경험에 관해 우리에게 다수의 것을 가르쳐줄 수 있을 것이다. 그럼에도, 이 영토들에 대한 전문가들은 십자군의 정복과 후대 유럽의 식민지 건설 사이의 연속성 혹은 유사성마저 강력하게 비판하고 있다. 십자군이 자신들을 지지했던 다양한 공동체들에 분명한 경제적 이득을 가져다주지 못했던 반면에, 후대의 식민지 건설은 경제적 착취와 함께 조직화되고 중앙집권화된 민족 국가들에 의한 방대한 해외 제국의 건설과 맥을 같이했다.

십자군 전쟁의 낭만과 공포 그리고 매력은 부정될 수 없으며 지속되고 있다. 역사학도가 종교적 폭력에 관한 이데올로기의 형성에 관해 보다 많은 것을 습득할 경우에만, 이 같은 매력이 증가하게 된다. 말하자면 장거리 여행에 수반되는 도전, 상이한 문화와 언어와 종교에 대한 경험 그리고 중세 최초의 진정한 전 세계적 드라마에 등장하는 많은 사람들의 이야기를 보다 많이 이해할 수 있게 되는 것이다. 하지만 십자군의 기억이 세계의 무수히 많은 공동체들에 속해 있듯이, '십자군' 및 '십자군화된 사람들'의 정체성은 멀리 떨어져 있다. 십자군 운동을 가능하게 했던 복합적인 종교적 프레임은, 영주들을 돌탑에 거주하게 했던 사회정치적 구조나 기병을 전투의 핵심으로 만들었던 기술처럼, 오늘날의 우리에게는 낯설다. 오늘날의 폭력이나 무관용을 정당화하거나 변론하려는 사람들에게 과거의 이야기는 위안이나 변명거리를 제공하지 못한다. 중세의 거울에서 바라보게 되면, 우리 자신의 이데올로기적 요구들이 문제 많은 우리 자신의 모습만을 비추고 있을 뿐이다.

더 읽을 자료

근년에 S. Throope, *The Crusades: An Epitome*(Leeds, UK: Kismet Press, 2018)에서 십자군의 역사에 관한 사려 깊은 서문이 제공되었다. Riley-Smith, *The Crusades: A History* 3rd ed.(New York: Bloomsbury, 2014)는 '다원적인' 관점에서 십자군을 포괄적으로 설명한 매우 뛰어난 저술이다. 이슬람 세계의 관점에서 십자군의 역사를 또다시 기술할 수도 있으며, P. Cobb, *The Race for Paradise: An Islamic History of the Crusades*(Oxford: Oxford University Press, 2014)는 이에 대한 대표적인 저술이다.[*]

중세로부터 근대에 이르기까지의 십자군에 대한 역사가들의 인식의 변화는 C. Tyerman, *The Debate on the Crusades*(Manchester: Manchester University Press, 2011)에 서술되어 있다. 19세기와 20세기 초엽의 십자군의 수용에 관한 집중적인 연구에 대해서는 M. Horsell, *The Rise and Fall of British Crusader Medievalism: c. 1825-1945*(Andover: Routledge, 2018)를 참고하기 바란다.

M. Gabriele, "Debating the 'Crusade' in Contemporary America," in *The Medieval Journal*(2016)은 오늘날 십자군에 관한 도전적인 논의를 이해하는 데 매우 중요한 기여를 했다. 오늘날 언론과 정치에 등장하는 십자군에 관해서는 B. Holsinger, *Neomedievalism, Neoconservatism, and the War on Terror*(Chicago: Prickly Paradigm Press, 2007)와 Andrew B. R. Elliot, *Medievalism, Politics, and Mass Media: Appropriating the Middles Ages in the Twenty-First Century*(Cambridge: D. S. Brewer, 2017)를 참고하기 바란다.

필자의 이 글에 대해 좋은 코멘트를 해준 윌리엄 퍼키스William Purkis와 매슈 가브리엘 Matthew Gabriele에게 감사를 표하고자 한다.

---

[*] 국내 논문으로는 안상준, 「중세 유럽의 교황군주제와 십자군」, 《서양사론》, 101호(2009), 5~32쪽이 대표적이다.

1.4

피의 비방, 거짓말 그리고 그 유산

마그다 테터

2014년 반명예훼손연맹*은 "유대인의 제의 살인"이라는 제목의 페이지를 내려달라고 페이스북에 항의를 했다. 그로부터 1년 후인 2015년 5월 영국의 백인 우월주의자 단체인 영국운동**의 대원들은 '중세 잉글랜드의 전통 부활을 위해' 링컨시에 모였다. 이들은 링컨의 주교좌성당으로 행진했으며, 그곳에서 1255년에 사망한 9세 소년 '링컨의 어린 휴Little Hugh'를 기리고자 했다. 유대인들이 어린 휴를 죽였다고 비난을 받았던 이 사건은 잉글랜드에서 유대인이 처형되는 첫 번째 사례가 되었다. 물론 휴 사건은 유대인에 대한 그와 같은 비난

---

* Anti-Defamation League. 1913년에 유대인의 명예 훼손을 방지하고, 모든 사람에 대한 정의와 공정한 대우를 위해 설립된 국제적인 유대인 비영리단체. 미국에 본부를 두고, 세계여러 나라에 지부를 두고 있다.
** 영국운동British Movement은 1968년 콜린 조르단Colin Jordan이 창설한 영국의 신나치 조직이다. 1962년 창설된 국가사회주의 운동NSM으로부터 성장했으며, 극우주의 운동 단체로 폭력과 극단적 행동마저 자행하고 있다.

의 첫 번째 사례는 아니었다. '어린 휴'에게 봉헌된 감실龕室*이 조성되었으며, 그 이야기는 베네딕트 수도회의 연대기 작가 매슈 패리스Matthew Paris 등이 저술한 당시의 연대기들과 국지적인 담시譚詩**에 포함되었다. 14세기에 어린 휴 이야기는 보다 대중적인 문학 작품들에 실렸으며, 제프리 초서Geoffrey Chaucer 의 「수녀원장 이야기」가 가장 널리 알려진 작품이다. '링컨의 어린 휴'는 대중 신앙의 한 장이 되었지만, 교회 당국, 즉 가톨릭이나 후대의 영국 성공회에서 성인으로 공식 인정을 받지는 못했다.

링컨의 주교좌성당에 도착한 영국운동의 대원들은 한 사제와 마주쳤으며, 그로부터 '링컨의 어린 휴'가 성인은 아니었다는 말을 듣게 되었다. 사실 유럽이 나치에 의한 유대인 대량 학살을 성찰하고 문화와 기도문에서 기독교의 반유대인 정서를 재검토하기 시작한 1959년 이래, 어린 휴의 무덤에 작은 현판이 놓여 있었다. 그 현판은 '링컨의 어린 휴'와 관련된 유대인에 대한 비난을 "무고한 다수 유대인의 생명을 앗아간" "날조된 이야기"이자 "허구"라고 주장했으며, 거기에는 다음과 같은 기도가 포함되어 있다. "그 같은 이야기들은 기독교 세계의 자랑거리가 되지 못합니다. 그러하오니 주님, 우리가 행한 잘못을 용서해 주시고, 우리가 행하고 있는 잘못을 고쳐주시며, 우리의 앞길을 인도하소서."

링컨의 신나치주의자들은 이 같은 반박을 거부했고, 이에 대응하는 그들 자신의 기도를 드렸으며, 잔존하는 '링컨의 어린 성 휴'의 무덤에 (붉은 장미와 흰 장미를) 헌화했다. "어린 성 휴를 기념하고자 오늘 우리는 여기에 모였습니다. 성 휴는 1255년 유대인들에게 살해되었으며, 당시 그의 나이는 아홉 살밖에 되지 않았습니다. 중세의 역사가 매슈 패리스는 이 사건을 기록했습니다. 조핀Jopin이라는 유대인이 휴를 살해했다고 자백했고 이 사건에 당시의 유대인

---

* 성당 안에 성체를 모셔둔 곳.
** 자유로운 형식의 짧은 서사시.

공동체가 연루되었으며, 조핀은 휴가 유대인의 제식을 위한 희생양이었음을 시사했습니다. 오늘날 여기에 있는 진술은 어린 성 휴에 대한 혐오와 모욕입니다." 비록 링컨 주교좌성당에는 존경을 받던 링컨의 휴Hugh와 에드워드 킹 Edward King이라는 두 주교의 묘역이 있기는 하지만(1200년 세상을 떠난 주교 휴는 1220년 공식적으로 성인의 반열에 올랐으며, 주교 에드워드 킹은 1910년에 사망했다), 영국운동의 대원들이 링컨의 어린 휴의 감실로 향했다는 사실은 중세 유럽사의 반유대적 요소가 지닌 지속적인 힘과 매력을 보여주고 있다.

축성된 성찬식 빵에 대한 모독이나 우물에 독을 뿌렸다는 등의 이야기가 그러했듯이, 중세의 다른 반유대적인 이야기들의 인기는 시들해진 반면에 '제의 살인' 내지 '피의 비방'으로 알려진 유대인이 기독교도 어린이를 살해했다는 이야기는 문화적·정치적 환경 변화에 따라 각색되면서 21세기에도 살아남았다. 중동에서는 제의 살인을 상징하는 이미지들이 반이스라엘 정서를 자극하는 만평들의 시각적인 도구가 되었다. 유럽에서는 이 이야기들 및 이와 결부된 장소가, 2015년 5월 링컨의 시위대가 보여주었듯이, 극우주의자 및 백인 우월주의자 집단에게 매력적이게 되었다. 영국운동은 기독교도 어린이를 살해한 유대인을 비난하는 반유대인 이야기에 근거한 의식을 부활시키기 위해 중세라는 과거의 이같이 단편적인 사건을 이용하는 유일한 집단이 아니다. 2007년에는 한 집단이 1965년 폐지된 시몬 트렌토*에 대한 숭배를 부활시키고자 모습을 드러냈다. 1475년 시몬의 죽음은 매우 악명 높은 유대인 탄압을 초래했다. 그 이야기는 지속적으로 문학적·시각적인 그리고 심지어는 법제적인 유산을 남겼다.

피의 비방 전설이 파시스트 및 백인 우월주의자들에게 지닌 매력은 21세기에 그것이 부활한 것보다 더 역사가 오래되었다. 1934년 5월 1일 나치의 선전

---

* 시몬 트렌토(1472~1475)는 이탈리아 트렌토의 기독교도 유아로서 실종된 이후 살해되었으며, 이 사건에 유대인이 연루되었다는 설이 퍼졌다.

지《슈튀르머Der Stürmer(돌격대)》는 '제의 살해'에 관한 특별호를 발행했다. 붉은색의 헤드라인은 "비유대인들을 살해하고자 하는 유대인의 기도가 발각되었다"라고 주장했다. 이 헤드라인 아래에는 기독교도 어린이의 것으로 보이는 피를 대야에 가득 채우는 유대인의 이미지가 있고 그 뒤로 세 개의 십자가가 보인다. 이 그림에는 이러한 설명이 달려 있다. "천 년 내내 은밀한 제식을 준수해 온 유대인들은 인간의 피를 흘렸다. 악마는 오늘날 우리의 목덜미에 여전히 앉아 있고 악마의 무리를 막는 것은 당신에게 달려 있다." 거의 20페이지에 달하는 이 기사의 나머지 내용에는 기독교도를 살해하는 유대인에 관한 이야기와 그림이 채워져 있다(☞ 일러스트 1.4.1). 1937년, 1939년 및 1942년에 특별호가 세 차례 더 간행되었다. 곧이어 이탈리아의 파시스트 기관지《라 디페사 델라 라자La difesa della razza(민족의 보호)》도 지면의 일부를 제의 살인과 피의 비방에 할애했다.

1934년에 간행된《슈튀르머》의 특별호에 대한 반응은 신속했다. 1934년 5월 11일부터 수일간 런던에서 발간되던《타임스Times》는 한 편의 기사와 "중세의 가장 극단적인 광기"의 '부활'에 놀란 캔터베리 대주교, 유대교 최고 지도자, 영국 민속학회 회장 등의 유력 인사의 항의 서한을 다수 게재했다. 링컨시의 시장과 링컨 주교좌성당의 법률상서위원장 또한 "'어린 성 휴'의 전설에 반대"하는 데 합류했다.

그러나《슈튀르머》는 제의 살인에 대한 매우 뿌리 깊은 비유를 활용했지만, 그 비유를 고안하지는 않았다. 사실상 1934년 5월 1일 자《슈튀르머》는 "인류를 살해하려는 유대인의 기도"에 대한 역사적 증거라고 여겨지는 것을 제시하기 위해 각별한 노력을 기울였다. 그 호에는 그것의 정당성을 부여하기 위한 자료와 함께 131개의 사례가 포함된 "그리스도의 시대로부터 1932년까지의 유대인의 제식을 위한 살인 편찬"이 포함되었다.《슈튀르머》는 중세 및 근대 초기의 사료로 근대 초에 간행된 책들, 즉 연대기, 연보, 논쟁적인 반유대적인 저술들 및 성인전 등을 제시했다. 이 중에는 유명한 알폰소 에스피나Alfonso

일러스트 1.4.1

《슈튀르머》, 1934년 5월 1일, 7쪽.

Espina의 『신앙의 숲Fortalitium Fidei』, 많은 존경을 받았던 체사레 바로니오Cesare Baronio의 『교회 연보Annales Ecclesiastici』, 볼란드 성인 편찬회의 『성인 열전Acta Sanctorum』 그리고 보다 국지적으로 유통되었던 마테우스 라더Matthäus Rader의 『신성한 바바리아Bavaria Sacra』 등이 포함되었다. 언론 보도와 예수회에서 간행하는 『가톨릭의 문명』 등 현대 저작물에서 많은 사례가 지지를 받았다. 이러한 자료를 제시하면서 율리우스 슈트라이허Julius Streicher는 독자에게 '천 년'이라는 오랜 시간 동안 기독교에 대한 유대인의 '음모'를 강조하고자 했다. 그리고 슈트라이허는 보다 정교한 선전 운동에서 유대인이 기독교도를 살해하는 여러 역사적 이미지를 '시각적 증거'로 제시했다. 이 증거들 가운데는 이를테면 베르너 오버베젤Werner of Oberwesel과 안드레아스 린Andreas von Rinn에 관한 교회의 그림 및 조각도 있었다. 전근대 서적들—이 중에는 하트만 셰델 Hartmann Schedel의 1493년 연대기로부터 시몬 트렌토에 관한 상징적 이미지가 포함된 바, 이는 1933년 라이프치히에서 훌륭하게 복제되어 재간행되었다. 그리고 『신성한 바바리아』에 실린 레겐스부르크에서의 비난에 관한 생생한 그림도 있었다—로부터 목판화와 동판화가 재생산되었고, 19세기 언론 보도에는 헝가리의 티서에슬라시와 폴란드의 코니츠의 살인자를 다룬 만평이 실렸다. 《슈튀르머》는 역사적 증거를 제시하면서 선전하기 위해 전근대적인 문헌만이 아니라 전근대적인 방법론에도 관심을 가졌다. 실제로 《슈튀르머》가 확보한 자료들은 1934년 5월의 기사에는 포함되지 않았다. 그러나 전근대의 많은 사람들이 그러했듯이, 《슈튀르머》는 이 자료들을 역사적 지식의 가장 권위 있는 사료로 간주했다.

역사가 하인리히 슈미트Heinrich Schmidt에 따르면, 이런 전근대의 연대기가 "자신의 존재를 지속적이게 할" "미래로 이어지는" 사건을 기록했기 때문에, 이 연대기들은 미래 세대가 과거를 기억하는 방식을 다양하게 형성했다. 성서 및 로마의 모델에 뿌리를 둔 유럽의 연대기들은 주디스 폴만Judith Pollmann이 말한 "'참된 것'으로 간주되는 유용한 지식"의 "문서고"를 형성했다. 이 연대기들은 "기억될 만하고, 그러므로 중요한 것"을 기록했거나 심지어 등록된 중요한 문서를 기록했으며, 권력관계를 서술했다. 이 연대기들은 사건이나 이야기를 선택적으로 누락하거나 포함할 수도 있었고, 그것들을 후손들에게 남겨두거나 망각되도록 할 수도 있었다. 연대기의 서술은 무질서에 관한 이야기를 통해 해결과 질서로의 복귀로 늘 귀결되었고, 도덕적인 교훈을 또한 제공했다.

때로는 창조로부터 동시대에 이르는 수많은 사건과 이야기 가운데 언뜻 보기에는 자의적으로 선정된 유대인에 관한 이야기가 산재되어 있었으며, 이 이야기들은 딱히 유대인 관련 주제에 관심이 없는 독자에게 말로 때로는 이미지로 유대인을 보여주고 있다. 많은 경우 모든 이야기를 포괄하지는 못하는 전근대의 색인어를 잠시 보는 것만으로도, 유대인이 역사적으로 '행한 행위'를 유럽의 독자가 어떻게 인식할 수 있었는가에 대한, 그리고 유대인에게 무슨 일이 일어났는지에 대한 이해를 독자에게 제공하고 있다. 하트만 셰델이 집필하여 1493년 뉘른베르크에서 간행된 세계의 연대기인 『연대기Liber chronicarum』에는 성서 시대 이후의 유대인들에 관한 이야기 열한 가지가 들어 있다. 논쟁적인 이 연대기는, 비록 매우 대중적인 연대기는 아니었지만, 다수의 목판화로 매우 유명했다. '유대인'이라는 색인어 항목 아래에는 이야기 열 가지가 정리되어 있다. 여기에는 다음과 같은 것들이 포함된다. ① "유대인들이 프랑스에서 축출되었다", ② "데켄도르프의 유대인들이 신성한 성사를 불경하게 대했다", ③ "기독교도의 우물들에 독을 뿌린 유대인들이 독일 전역에서 화형을 당했다", ④ "프라하 주민들에게 유대인들이 살해되고 약탈당했다", ⑤ "오스트리아의 공작 알베르트가 유대인들을 화형시켰다", ⑥ "유대인들이 시몬 트렌토라는 소년을 살해했다", ⑦ "당시 유대인들은 성체에 구멍을 내고 피를 부었다", ⑧ "뉘른베르크 및 인접 지역의 유대인들이 화형을 당했다", ⑨ "한 유대인이 그리스도의 성상을 칼로 찔렀으며, 피가 흘렀다", ⑩ "세례를 받은 유대인이 유대교로 복귀했으며, 화형을 당했다". 요컨대 셰델의 세계 연대기에 따르면 성서 시대 이후의 유대인들은 살인을 하고, 기독교의 성상과 성체를 훼손했고, 우물과 샘물에 독을 뿌렸고, 기독교로 개종했다가 유대교로 복귀했다. 그리하여 유대인들은 추방되고, 화형을 당하고, 약탈을 당했으며, 살해되었다는 것이다. 유대인을 묘사하기 위해 사용된 동사들은 불길하다. 유대인들은 간헐적으로만 기독교로 개종을 했고 페트루스 알폰시Petrus Alphonsi와 같이 선한 기독교인이 되기도 했다. 기독교인의 연대기에 등장하는 유대인들은 도시와 동네와 심지어 집을 공유한다 할지라도 매일같이 만나는 이웃은 아니었다. 유대인은 규제되고 처벌받아야 할 위험하고 악마와 같은 존재이자 적이었다. 중세가 제의 살해와 피의 비방에 대한 비난(기독교인 아이들을 살해하는 유대인에 대한 기독교인의 서사와 지속적인 신념)의 시작으로 특징지어지는 반면에, 세속의 당국자와 교회 당국자 모두가 이런 비난을 비판하며 유대인들을 매우 명백하게 변론했다는 점 또한 주목할 만한 시기라는 사실은 잊혔다.

유대인에 관한 이 괴기한 이야기들의 영향력을 확대 과장한 하르트만 셰델과 그의 책을 간행한 인쇄업자 안톤 코베르거Anton Koberger는 유대인에 관한 이미지를 추가했다. 이들 이미지는 책에서 다른 이미지에 비해 크고 자세하게 부각되었다. 이를테면 7세기 초엽에 십자가를 모독한 어느 유대인에 관한 이야기는 겨우 7줄밖에 되지 않았으나, 이에 관한 그림은 해당 페이지에서 매우 크게 부각되었고, 세로 길이가 19줄이나 된다. 이와 마찬가지로 제의적 희생을 비난하는 유럽 최초의 이야기의 인물인 윌리엄 노리치는 단 한 줄만 언급되었다. 즉 "잉글랜드의 어린 윌리엄은 노리치에서 성 금요일에 유대인에게 십자가형을 당했으며, 우리는 이후의 놀라운 광경을 읽을 수 있다". 이는 뱅상 보베Vincent de Beauvais*의 『역사의 거울Speculum historiale』에 실린 저명한 기독교인들에 관한 이야기가 포함된 페이지에 대한 암시이다. 이들 유력 인물은 힐데가르트 빙겐Hildegard von Bingen**(7줄), 그라티아누스Gratianus***(15줄), 피에르 롱바르Pierre Lombard****(9줄), (지식의) 대식가 피에르Pierre*****(11줄)이다. 그러나 그 페

---

* 약 1184/1194년~약 1264년. 도미니크회의 탁발 수사로, 일종의 백과사전인 『커다란 거울』을 간행했다. 이 책은 자연과학을 다루고 있는 『자연의 거울』, 철학을 논하는 『학문의 거울』, 역사를 기술한 『역사의 거울』로 세분되었다.

** 1098~1179. 베네딕트 수도회의 수녀. 2012년 교황 베네딕토 16세 때 성인으로 시성되었다. 문학, 자연학, 철학, 음악 등의 다양한 분야에서 활동을 했으며, 루페르츠베르크 수도원, 아이빙겐 수도원 등을 건립했다.

*** 12세기의 교회법학자. 『교회법령집』을 간행하여 교회법의 발전에 크게 기여했다.

**** 1096~1160. 파리의 주교이자 스콜라 신학자. 중세 신학의 교과서로 기여한 『명제집』을 간행했다.

***** ?~1178. 12세기 프랑스의 신학자이자 저술가. 『성서의 역사』, 『성서론』 등의 저술을 남겼고, 지식에 대한 열정이 대단하여 (지식의) 대식가로 불렸다.

일러스트 1.4.2

하트만 셰델의 『세계의 연대기』(『연대기』의 독일어 판본)에서 윌리엄 노리치에 관한 묘사(뉘른베르크: 안톤 코베르거, 1493). 폴리오. 255.

이지에서 윌리엄의 십자가형을 묘사하는 그림이 가장 크며, 세로 길이가 23줄이나 된다(☞일러스트 1.4.2). 세 가지 이야기가 화형을 당하는 유대인에 관한 눈에 잘 띄는 그림과 함께 배치되어 있으며, 이는 그 페이지에서 가장 큰 그림이기도 하다(세로 길이 23줄). 이 세 가지 이야기는 1298년 알베르트 1세Albert I에 의한 탄압, 흑사병이 발발한 1348년의 탄압과 더불어 언급되는 1337년 데켄도르프에서의 성체 모독 그리고 1492년 슈테른베르크에서의 성체 모독이다. 그리고 물론 시몬 트렌토에 관한 상징적인 이미지가 있으며, 세로 길이 37

줄로 반 페이지 이상을 차지한다(☞ 일러스트 1.4.3).

일러스트 1.4.3

하트만 셰델의 『세계의 연대기』(『연대기』의 독일어 판본)에서 시몬 트렌토에 대한 묘사 (뉘른베르크: 안톤 코베르거, 1493). 폴리오, 254.

Das sechst alter

　셰델은 유대인을 묘사하기 위해 그림을 활용한 최초의 인물이 아니었다. 인쇄물로 된 유대인에 관한 초기 묘사 중 일부는 1475년에 열린 트렌토 재판의 여파로 간행된 저작으로부터 유래했다. 그러나 셰델은 유대인들이 단지 주변적인 주제로 등장하는 책에서 유대인에 관한 유명하고 세밀한 그림을 최초로 활용했다(셰델의『연대기』의 덜 화려한 해적판에는 원그림에 대한 거친 복제본이 포함되어 있다). 그럼에도 이미지를 통해 이야기를 알리는 셰델의 방식은 그 뒤로도 영향을 미치게 된다. 이후 16세기에 세바스티안 뮌스터Sebastian Münster의『우주 구조학Cosmographia』을 간행한 출판업자는 독자에게 유대인에 관한 이야기들에 주의를 환기하기 위해 다수의 그림을 반복적으로 포함시켰다.

비록 유대인에 관한 이런 이야기들의 일부가 셰델의『연대기』에서만 등장했다고 하더라도, 셰델이 이 같은 추세를 선도하지는 않았다. 14세기 중엽에 가동 활자의 발명으로 인쇄를 통한 책의 활용이 증가한 덕분에, 작가들은 이전에 간행된 저작과 더불어 더 많은 영향을 서로 주고받았으며, 진정으로 연속되는 역사적 기억을 창출했다. 셰델의 작품은 이전의 연대기들, 주로 매우 대중적이었던 베르너 롤레빈크Werner Rolevinck의『시대의 묶음Fasciculus temporum』*과 야콥 포레스티 베르가모의『연대기의 보완Supplementum chronicarum』에서 발견되었던 자료에 기초해 있었다.『시대의 묶음』은 초판이 간행된 1474년과 롤레빈크가 사망한 1502년 사이에 거의 40판이나 거듭하여 발행되었으며, 1483년 베네치아에서 처음 간행된『연대기의 보완』은 1483년과 1581년 사이에 20판이 발행될 정도로 인기가 있었다. 이 두 책은 중세의 뱅상 보베의 저작『역사의 거울Speculum historiale』로부터 많은 도움을 받았다.『역사의 거울』은 1473년에 초판이 간행되었고, 1474년 재간행된 판본이 1475년 악명 높은 유대인 재판에서 트렌토의 힌데르바흐Hinderbach 주교가 소장하고 활용했다. 이 책에 언급된 유대인에 관한 이야기는 이 재판을 정당화하기 위해 활용되었다. 셰델의 책에 포함된 이야기의 일부는 뱅상 보베의 책에 이미 등장했고, 그 이후 롤

---

* 이 책은 1474년 독일에서 목판으로 간행된 세계사에 관한 책이다. 창세로부터 15세기의 교황 식스토 4세에 이르는 기간의 종교사와 세속사를 아우르고 있으며, 노아의 방주 등의 아름다운 그림으로도 유명하다.

레빈크의 책에 그리고 간혹 포레스티의 작품에도 등장했다. 이를테면『역사의 거울』에 언급되었던 윌리엄 노리치, 리샤르 퐁투아(혹은 파리) 및 베르너 바흐라흐가 단지 롤레빈크와 셰델의 책에만 등장하고 포레스티의 책에는 언급되지 않았던 반면에, 십자가 훼손 사건은 단지 포레스티와 셰델의 책에만 등장하고 롤레빈크의 책에는 등장하지 않는다.

셰델 이전의 작가들에게 성서 시대 이후의 유대인들이 사악한 살인자, 기독교의 적, 때로는 악마의 꾐에 넘어간 자의 역할에 또한 국한되었다는 것은 놀라운 일이 아니다. 이제 유대인들은 살해되고, 화형을 당하거나, 만약 거주를 허락받을 경우에는 기독교로 개종을 해야 했다. 예를 들어 롤레빈크의 책에는 유대인에 관한 이야기가 꼬리를 물고 이어진다. 즉 십자가의 훼손, 자신의 아들이 기독교도 어린이와 어울리자 아들을 불태우는 유대인 아버지, 윌리엄 노리치, 리사르 퐁투아, 톨레도에서의 어느 유대인의 개종, 베르너 바흐라흐, 프랑스에서 유대인의 축출 및 우물에 독을 뿌린 유대인의 화형 등의 이야기이다.

16세기 후반에, 인쇄업자들과 학자들은 문서고를 뒤지기 시작했으며, 중세적 과거의 국지적 기억이 담긴 중세의 연대기를 발견했다. 이제는 인쇄물로 이용이 가능한 중세의 이 수도원 연대기들은 19세기에 국가의 역사를 기록하기 위한 핵심적인 역사 자료로 활용되었다. 이를테면 16세기 후반에 크리스티안 부르티젠Christian Wurtisen이 간행한 수도원 연대기는, 신성로마제국이 해체된 이후인 1819년에 인쇄된 역사적 자료의 보고로서 구상되었으며 1826년 이후에야 간행되기 시작한 독일 중세사 사료집MGH에 포함되었다. 이같이 권위 있는 인쇄물에서 이런 자료를 이용한 것은 새롭게 부상한 국가의 서사에서 유대인에 관한 이미지를 형성하고 재강화하는 데 영향을 주었다. 중세 연대기 작가들의 관심을 유발한 무섭고 이상한 이야기들은 끔찍한 만행을 저질렀다고 알려진 유대인들—연대기 작가들이 주장하듯이, 이런 유대인들은 이 같은 사악한 행동에 대해 '정당한' 처벌을 받았다—과 더불어 이제 주지의 기록의 일부가 되었다. 한 국가의 역사에 대해 독자나 학자는 유대인의 집단 학살과 화형에 관한 이야기에, 그리고 기독교로 개종한 유대인보다는 자살을 하고 우물에 독을 뿌리며 기독교도를 살해하거나 신성을 모독하는 유대인들에 관한 이야기에 반복적으로 노출되었다. 이 사료들이 국가의 새로운 기억을 창출함에 따라, 유대인들은 새롭게 부상하던 국가의 완전한 구성원이 되기에는 부적절했다. 오히려 이들 유대인은 역사적으로 내부의 적이었고, 증오하고 증오를 받으며 살해하고 살해를 당하는 사람이었다. 그리하여 1934년 율리우스 슈트라이허Julius Streicher는 기존의 인식론적 틀 중 하나에 손을 뻗어, 이를 선전용으로 활용했다. 그러나 슈트라이허는 이 같은 유산의 가장 극단적인 사례에 지나지 않았다.

오늘날의 역사가들도 이 같은 인식론적 구조에 함몰되어 있다. 교과서를 포함한 학문적 성과물에서 중세는 기독교의 이야기로 표상되고 있다. 만약 유대인들이 등장한다면, 이들은 고리대금이나 명예롭지 못한 다른 일에 종사하고, 미움을 받고 탄압을 받는 소수자로서 등장하게 된다. 예를 들어 최근인 2009년에 간행된 『중세 말기 유럽의 사회경제사Economic and Social History of Later Medieval Europe』라는 저서에서 스티븐 엡스타인Stephen Epstein은 유대인을 자신들의 고유한 언어와 문화를 고수하는 분리된 집단으로 묘사했다. 이 책에서는 유대인이 '배제된 집단'으로 강조되었고, "희생양"이라고 표현되었으며, 유대인의 '학살'에 주목했다. 이를테면 군주는 "유대인들이 굴복하고 추방되지 않았을 때는 이득을 얻기 위해 이들을 쥐어짰다". 이는 영국과 프랑스에서도 그러했다. 프랑스에서는 루이 9세 시대에 관료제가 "작동하여 정규적인 세수를 증가시켰다. 특히 유대인들은 많은 핍박을 받았으며, 전주錢主가 몰수를 당하고 추방되었다". 엡스타인은 아마도 무의식적으로 중세 및 근대 초기의 연대기 작가들과 거의 동일한 동사를 사용했으며, 유럽 역사의 핵심적이고 필수적인 행위자로서 유대인을 보다 거대한 이야기에 통합하지 않았다. (하지만 이를테면 1215년 대헌장 등 유럽 헌정사의 핵심 문서의 몇몇 조항이 영국의 경제에서 유대인이 차지한 위상에 관한 분별력 있는 논의도 없이 이해될 수 있겠는가?)

Jewish Ritual Murder Revisited: The Hidden Cult

📅 March 30, 2017   👤 renegade   💬 12 Comments

This is an in-depth study that cites Dals study of this matter, as well as many other respected investigators who have researched this rather grisly topic. Many people have written about this topic: Dr. Arnold Leese, Dr. Hellmutt Schramm, Dr. Philip DeVier, Dr. Harrell Rhome, Dr. Edward Fields, Attorney and Duma Member G.G. Zamyslovsky, Russian Poet V.V. Rozanov, numerous Popes, Martin Luther (the founder of the Lutheran Church), King Ferdinand of Spain, and many other well-respected people throughout the course of time. Were they merely "hate mongers," as Jews might say, or was there something more?

일러스트 1.4.4
15세기의 동일한 목판화를 2017년 한 온라인 포럼에서 재사용한 사례이다.

이 같은 학문적 접근이 영향이 없지는 않다. 보수적인 극우주의 집단은 유럽의 '기독교적 뿌리'를 빈번히 강조한다. 유럽의 역사에 대한 이 집단들의 선택적이고 편협한 시각은 간행되고 그러므로 접근이 가능한 사료—대개 기독교의—에 의해, 그리고 중세 유럽의 기독교 문화에 압도적으로 초점이 맞춰진 학문에 의해 무심코 강화되고 있다. 이 학문적 성과물들 가운데 극소수의 예외를 제외하면, 중세 유럽 사회에 자리를 잡은 역사적인 주체로서의 유대인은 거의 실종되고 있다. 오히려 유대인은 증오의 대상으로서의 소수자이자, 탄압의 희생양 그리고 경제적 활동에서 주변적인 고리대금업자에 지나지 않는다. 백인 우월주의자들 가운데서 달리 그리고 보다 극단적으로 해석된 유대인들은, 전근대의 연대기에서 그러했듯이, 기독교적 유럽의 적이다(☞일러스트 1.4.4).

이렇게 중세 및 근대 초기의 인식론은 오늘날의 학문과 교육에 그 흔적을 계속해서 남기고 있으며, '숙주 국가'의 체류자로서의 유대인들(이들은 때로 '유대인 디아스포라'로 묘사되기도 한다) 그리고 유럽 대륙에서 환영받지 못하는 침략자로서의 무슬림과 더불어 기독교적인 유럽의 역사에 대한 이해와 표상을 영속화하고 있다. 단지 근년에 들어서야, 일부 중세 사가들이 과거의 역사를 보다 완전하게 인식하기 위해 그리고 유대인들과 다른 비기독교도들을 유럽의 역사와 문화에 통합하기 위해 문서고와 사료적 대상을 발굴함으로써, 중세사의 보다 복합적인 양상을 인식하기 시작했다.

더 읽을 자료

이 글에서 활용된 인용문의 출처는 다음과 같다. S. A. Epstein, *An Economic and Social History of Later Medieval Europe: 1000~1500*(Cambridge: Cambridge University Press, 2009); J. Pollmann, "Archiving the Present and Chronicling for the Future in Early Modern Europe," *Past & Present* 230, Supplement 11(2016): 213~252; N. Sagovsky, "What Makes a Saint? A Lincoln Case Study in the Communion of the Local and the Universal Church," *International Journal for the Study of the Christian Church* 17. no.30(2017): 173~183; "Christians and Jews: Towards Better Understanding," *The Wiener Library Bulletin* 13, no.3-4(1959). 셰델의 『연대기』 및 이미지의 현대판을 원한다면 Hartmann Schedel and Stephan Füssel, *Chronicle of the World: The Complete and Annotated Nuremberg Chronicle of 1493* (Köln, London, New York: Taschen, 2001)를 보라.

중세 및 근대 초기의 반유대주의적 비난에 관한 문헌은 R. Po-chia Hsia, *The Myth of Ritual Murder: Jews and Magic in Reformation Germany*(New Haven: Yale University Press, 1988); *Trent 1475: Stories of a Ritual Murder Trial*(New Haven: Yeshiva University Library and Yale University Press, 1992); Gavin I. Langmuir, *History, Religion, and Antisemitism*(Berkeley: University of California Press, 1990); Israel Yuval, *Two Nations in Your Womb: Perceptions of Jew and Christians in Late Antiquity and the Middle Ages*(Berkeley: University of California Press, 2006)를 참고하기 바란다.

유럽의 기독교 사회에서의 유대인에 관한 근년의 저술과 유대인을 유럽의 기독교 문화에 대한 폭넓은 시각에서 통합하려는 시도에 관해서는 William C. Jordan, "Jewish Studies and the Medieval Historian," *Exemplaria* 12, no.1(2000): 7~20; Ivan G. Marcus, *Rituals of Childhood: Jewish Culture and Acculturation in the Middle Ages* (New Haven: Yale University Press, 1996); David Nirenberg, *Communities of Violence: Persecution of Minorities in the Middle Ages*, 2nd ed.(Princeton: N.J., Princeton University Press, 1998); Epharaim Shoham-Steiner, *Intricate Interfaith Networks in the Middle Ages: Quotidian Jewish-Christian Contracts*(Turnhout, Belgium: Brepols, 2016)를 참고하기 바란다.

1.5

누가 샤리아법을 두려워하는가?

프레드 M. 도너

근년에 서구 언론은 샤리아법—보다 단순하게는 우리가 이슬람법이라고 부르는 것—의 위험에 대해 깊은 우려를 표명했다. 일부 비판가들은 여성이 베일을 쓰거나 격리되는 등의 무슬림 일부 사회에서 발견되는 몇 가지 독특한 관행이 서구에 거주하는 무슬림들의 노력을 통해 다소간 서구인의 일상생활의 일부가 될 수도 있다고 말한다. 이들 비판가는 더 나아가 무슬림의 망령이 서구 국가들을 샤리아법—중세의 엄격한 법률 유형으로 간주되고 있다—이 지배하는 신정적인 이슬람 국가로 변모시킬 수 있다는 가능성을 제기하기도 한다. 미국과 영국의 크리핑 샤리아Creeping Shari'a 및 샤리아 와치Shari'a Watch 등의 웹사이트는 개인의 극단적인 상황이나 악습의 섬뜩한 사례를 강조함으로써 이 주제와 관련하여 대중의 경각심을 확산시키려 하고 있다. 이 웹사이트들은 이런 상황이나 사례가 샤리아법에서 규범적이거나 바로 이 법에 의해 야기되었음을 시사한다.

이러한 경고는 선정적이고 과도하다. 우선, 이들의 주장은 미국에서 적어도 미국의 헌법이 어떠한 종교도 국가의 공식 종교로 확립되는 것을 금지하고 있다는 핵심 사실을 부정한다. 대부분의 서구 국가에서 샤리아는 음식, 의식 준수(금식, 기도), 의복, 성적 지향 등의 개인적인 문제에서 자발적으로 이를 따르기로 한 무슬림에게만 영향을 줄 수 있는 무엇이다. 마치 서구의 유대인 공동체에서 랍비의 율법과 유사한 것이다. 그것은 비무슬림이나 심지어 그것의 준수를 원하지 않는 무슬림에게조차 강제될 수가 없다. 하지만 이 외에도 이와 같은 언명은 이슬람법의 성격이나 역사적 발전 그리고 무슬림 사회와 이슬람법의 관련성에 대한 심각한 오해에 기초한다. 중세에 기원하여 오늘날에 이르기까지 무슬림 사회의 사회적 관행은 매우 다양하며, 지속적으로 진화하고 있다. 이슬람의 법률이 어떻게 발전했는지에 대한, 그리고 그것이 다양성과 탄력성을 지니게 된 이유에 대한 간략한 이해를 제공하는 것이 이 글의 목적이다.

이슬람의 신성한 경전인 쿠란Qur'an의 어휘로부터 유래하는 샤리아shari'a라는 용어는 신의 명령을 의미하며, 그리하여 무슬림은 이슬람의 법률을 '신의 법률'로 인식한다. 이는 사람들에게 이슬람의 법률이 돌에 새겨진 십계명처럼 엄격하고 탄력성이 없는 규정들의 목록이라고 생각하게 할 수도 있다. 그러나 이슬람의 법률은 폐쇄적인 규범 체계가 아니며, 단일한 체계와도 거리가 매우 멀다. 오히려 그것은 법률을 제정하기 위한 규범뿐만 아니라 그것을 재고하고 수정하기 위한 규범도 제공하는 역동적인 체계이며, 그리하여 거의 모든 특정 문제에 대한 다수의 상이한, 심지어 상충적이기까지 한 법률적 견해를 포함하고 있다.

먼저 이슬람의 법률은 8~10세기에 발전했으나, 그 이래로 지속적인 논쟁이 되었고 정교해졌으며 여느 법률 체계와 마찬가지로, 늘 더욱 진화하게 될 것이었다. 무함마드Muhammad(632년 사망) 시대에 아라비아 서부에 거주했던 초기의 무슬림들은 아마도 예언자의 가르침과 쿠란의 명령에 의해 직접 수정된 아랍의 사회적 관행에 기초하여 자신들이 어떻게 생활해야 할지에 대한 명확한 인식을 가지고 있었을 것이다. 무슬림의 초기 공동체가 아라비아로부터 그 세력을 확장하여 시리아, 이라크, 이란, 이집트 및 다른 인접한 지역을 정치적으로 통제함에 따라, 아라비아의 여러 지역들에서 매우 상이한 다수의 사회적 관행으로 대중을 지배하게 되었다. 이를테면 아랍의 부족적 관습이 요구하고 있듯이, 과부의 재혼에 자신의 가문의 남성 '보호자'의 허가 여부는 많은 논쟁이 되었다. 왜냐하면 아랍 이외 지역의 과부에게는 종종 남성 '보호자'가 필요 없었기 때문에, 그 같은 허락은 불필요한 것이었다. 시간이 지나, 이슬람으로 새롭게 개종한 사람들이 무슬림 공동체의 중심에 이 같은 관행을 끌어들임에 따라, 이는 샤리아가 되었다.

이렇게 이슬람의 법률은 무슬림의 고유한 생활에 핵심 규범을 확립할 필요성으로부터 탄생했다. 만약 쿠란이 적절한 지침을 제공한다면 하등 문제가 발생하지 않았다. 이를테면 쿠란은 무슬림이 기도를 하기 이전에 청결을 요구했으며, 여기에 수반되는 몇 가지 지침을 제공했다. 즉 손과 발을 씻음으로써 정결하게 하는 것 등이었다. 그러나 다수의 일상적이고 사회적인 관행과 심지어 다수의 제식적 관행—기도 혹은 성지 순례 등의—과 관련하여 쿠란에는 일반적인 지침만이 언급되어 있다. 이를테면 베일이라는 시끄러운 문제에 관해 쿠란에는 단지 여성이 수수한 옷을 입고, 가슴 및 은밀한 부분을 가려야 한다고만 언급되어 있다. 얼굴 가리개, 히잡 및 다른 복식 규범은 규정되어 있지 않다. 그러므로 무슬림의 지식인들은 매우 적절하고 올바른 '이슬람' 방식에 따라 생활하기 위해 다양한 상황에서 어떻게 처신해야 할지를 결정해야 하는 도전에 직면했다.

많은 시간을 거치면서, 무슬림 학자들은 이 같은 도전에 대응할 수 있는 체계적인 방법을 개발했다. 피크fiqh로 알려져 있고, 대개 '법학'으로 번역되는 이 같은 제도는 어떤 관행이 이슬람 사회에서 수용될 수 있는지 아닐지를 결정하는 자료의 위계를 확립했다. 이 같은 체계에서 지침의 가장 명백한 원천은 물론 쿠란이지만, 두 번째로 중요한 원천은 하디스hadith라고 부르는 예언자 무함마드의 말로 이루어져 있다. 하디스는 무함마드를 알고 있었고 그의 행위와 말을 기억하는 사람들에 의해 다음 세대에 전달되었으며, 쿠란에서 모호하게 언급되어 있거나 (언급되지 않은) 어떤 사안에 대한 명확한 지침을 때때로 제공했다. 세 번째 중요한 원천은 유추적인 추론, 즉 비교될 수 있는 것처럼 보이는 한 사례와 다른 사례들 간의 논리적인 추론이다(물론 이 같은 관행은 유럽의 법학에서 법률적 분석의 핵심이기도 하다). 예를 들어 쿠란에는 포도주(하므르 khamr)가 유해하기에 신자들은 이를 피해야 한다고 명백히 언급되어 있다. 쿠란은 맥주나 위스키 혹은 마약류를 언급하지는 않지만, 다수의 법학자들은 이것들이 포도주와 유사한 영향을 미치기에 이런 것들 또한 피해야 하고 금지되어야 한다고 주장했다. 네 번째 원천은 쿠란과 하디스와 기존 이슬람 교리에 정통한 지식인들의 합의(이즈마ijma)로 알려져 있다. 만약 선의를 가진 학자들이 어떤 관행의 용인에 동의를 했다면, 그렇다면 그 관행은 법률의 지위를 확립하기에 충분했다. 다섯 번째 원칙은 때때로 공익(마슬라하maslaha)을 위해 적용되었다. 만약 어떤 것이 무슬림 공동체에 유익하다고 한다면, 공동체의 이익에 의해 그것이 용인될 수 있었다[이는 합의(이즈마)의 부분 집합이라 할 수 있다. 왜냐하면 그것은 무엇이 이슬람 공동체의 이익에 부합하는지에 대한 다수 학자들의 합의를 필요로 하기 때문이다].

그리하여 이 다섯 가지 원천, 즉 쿠란, 예언자의 하디스, 유추, 합의 그리고 공익은 수 세기 동안 이슬람 법률이 발전할 수 있었던 토대가 되었다. 이슬람식으로 말하면, 이 다섯 가지 원천은 이슬람 법체계의 '뿌리'(우술usul)라고 부른다. 하지만 이 뿌리들이 명확한 지침이나 손쉬운 해답을 제공하지 않는다는 사실을 인식하는 것은 어렵지 않다. 많은 쟁점, 사실상 대다수의 쟁점은 끊임없는 논쟁이 될 수 있다. 왜냐하면 실제로 이 원천들은 개별 학자의 해석과 재해석의 대상이 되기 때문이다. 심지어 가장 덜 논쟁적인 쿠란의 직접적인 가르침에 기초한 것도 명확하지 않을 수 있다. 우리가 살펴보았듯이, 쿠란에는 포도주가 유해하기에 피해야 한다고 명확하게 언급되어 있지만, 쿠란이 말하는 '포도주'가 정확히 무엇을 말하는지에 대해 의문을 제기할 수도 있고, 그 같은 금지가 유해한 결과를 가져다줄 수 있다는 점에 주목할 수도 있다. 포도주가 의학적으로 이롭다면 그 같은 규제는 적용되지 않을 수 있다. 이와 마찬가지로 법률가들은 특정 사례에 유비적 추론을 적용하는 것에 때로는 견해를 매우 달리했다. 예를 들어 포도주가 용인되지 않는다고 이들 법률가가 합의했다고 하더라도, 그 같은 금지가 커피에까지 적용될 수 있는가? 담배나 마리화나에도 적용되는가? 오랜 세월에 걸쳐, 여러 법학자들은 유비적 추론을 적용하기를 원하는 방식에 좌우되는 이런 문제들에 대해(그리고 보다 근년에는 결과적으로 건강에 좋지 않다는 측면에서) 찬반 논쟁을 했다. 더욱이 쿠란의 가르침의 일부는 불완전하거나 전적으로 명확하지가 않다. 이를테면 쿠란에서는 신자에게 반복적으로 기도를 요구하지만, 신자가 얼마나 자주 기도를 해야 하는지는 명확하게 언급되어 있지 않다. 쿠란은 하루의 시작과 저녁에 드리는 기도를 바람직한 기도라고 언급하고 있으며, 단 한 번 언급되어 있는 '중간 기도'는 하루에 드리는 기도 횟수가 홀수여야 함을 의미하지만, 이는 다수의 가능성을 남겨두고 있다. 이를테면 오랫동안 표준이 되어온 하루 다섯 번의 기도라는 관행은 법률가들 사이에서 거듭된 논쟁의 산물이었다. 이슬람이 대두하기 오래전부터 근동의 관행이었던 베일로 얼굴 가리기는 유대인의 성서 및 초기 기독교 문헌에서 언급되었으며, 쿠란은 이에 관해 거의 지침을 제공하지 않는다. 여러 무슬림 법률가들은 얼굴, 머리, 몸, 손, 발을 모두 감싸는 것으로부터 머리를 전혀 감싸지 않는 관행에 이르기까지 폭넓은 관행을 추천했다.

하디스에 기초한 법률은 해석과 법적 논쟁에 보다 많은 여지를 제공한다. 예언자 무함마드에게서 기인하는 이 언명이나 행위들을 예언자의 순나sunna, 즉 예언자가 선호한 관행을 보여주는 것으로 보인다. 쿠란이 비교적 짧은 경전이기 때문에 그것이 지침을 제공하지 않는 무수히 많은 일상적 사안이 있으며, 그리하여 8세기 및 이후 세기들의 무슬림 사상가들은 법률적 지침의 원천으로서 점점 더 하디스에 의존하게 되었다. 이들은 예언자의 모든 행위, 즉 예언자의 순나가 사실상 후대의 무슬림을 위한 법적 선례라고 생각했다. 중세의 무슬림 학자들이 명확하게 인식했듯이, 문제는 유통되고 있던 예언자 무함마드에 관한 무수히 많은 전승 가운데 어떤 것이 실제로 신뢰할 만한지를 판단하기가 어렵다는 점이다. 이 같은 전승의 초기 수합본은 예언자 무함마드가 사망한 지 한 세기 이후에서야 등장했고, 그때까지 다수의 가짜 전승이 만들어졌으며, 종종 특정한 법적 논쟁의 근거를 제공하고자 만들어지기도 했다. 중세의 무슬림 학자들은 위조된 하디스가 문제가 된다는 사실을 인식했으며, 무함마드의 시대로부터 당대에 이르기까지 그것들을 전한 것으로 알려진 사람들의 이름을 확인함으로써 하디스를 평가하는 정교한 체계를 발전시켰다 (이는 이른바 자르 와 타딜jar wa ta'dil로, "신뢰할 만한지 도전하고 확증하는 과정"이다). 근거가 취약하거나 적절하지 않은 어떤 전승은 무시되었다. 왜냐하면 그것의 전달자 중 한 사람이 전달자들의 추정된 연결망에서 다른 알려진 전달자를 갖지 못했거나 그 같은 연결망에 속한 한 전달자의 기억이 신뢰할 수 없거나, 그 사람이 말을 지어냈을 가능성이 있거나, 도덕성에 문제가 있는 것으로 알려졌기 때문이다. 그리하여 예언자의 순나를 확립하기 위한 하디스의 조사는 어떤 전달자—초기의 학자들—가 누구를 가르쳤으며, 그리하여 자신의 제자에게 과연 전승을 제대로 전수했는지에 대한 지식이 필요했다. 이는 하디스를 전수한 이들 학자에 대한 매우 방대한 전기 관련 정보의 집대성으로 이어졌고, 결국에는 여러 권의 인명사전으로 편찬되어 수 세기에 걸친 무슬림 공동체의 지성사에 대한 풍요로운 정보를 제공해 주고 있다.

이렇게 하디스에 대한 비판적 검토는 무엇이 예언자 무함마드의 말과 행위인지, 즉 무엇이 순나인지에 관한 신뢰할 만한 정보이고 그렇지 않은 정보인지를 결정하는 핵심 방법이었다. 단지 '건전한'(사히sahih) 하디스만이 법적 추론의 토대로서 수용되었으며, 사실상 유통되던 수많은 하디스의 일부만이 믿을 만한 것으로 수용되었다. 9세기 중엽, 법학(피크)을 연구하는 여러 저명한 학자들이 자신들이 생각하기에 신뢰할 만한 하디스의 선집—이 유명한 책들에 알 부하리al-Bukhari와 무슬림은 '사히'라는 제목을 붙였다—과, 다른 네 개의 선집을 편찬했으며, 이것들은 수니파 무슬림이 인정한 권위 있는 하디스의 '여섯 책'을 구성한다. (수니파 무슬림은 법률에 대한 접근에서 하디스 연구로 확립된 순나, 즉 예언자의 관행에 기초했기에 이같이 부르게 되었다. 시아파 무슬림은 하디스에 대해 수니파와는 다른 접근법을 채택했으며, 이맘imam*의 말이나 초기 종교 지도자들의 언명이 법적 선례로서 가치가 있다고 생각했다.) 비록 쿠란이 대체로 이슬람 법률의 핵심 원천으로 간주되기는 했지만, 하디스에 있는 풍부한 재료는 어떤 특정 문제에서 쿠란의 언급이 모호한 경우 예언자 무함마드의 말과 행위를 참고하여 그 의미를 추론할 수 있다는 것을 종종 의미하게 되었다. 그리하여 사실상 하디스가 무슬림의 법률적 관행 형성에 보다 많은 영향력을 행사하게 되었다. 법률적 원천으로서 합의(이즈마)의 수용은 학자들 간의 견해차에 대한 여지를 열어두게 되었다. 왜냐하면 어느 한 도시, 어느 하나의 법적 전통 혹은 어느 한 시기의 학자들이 특정 관행에 대해 모두가 동의하더라도, 또 다른 배경의 학자들은 다른 견해를 가지기 마련이기 때문이다.

그리하여 이슬람 법률의 정교화는 이슬람 법률이 쿠란에 대한 단순하고 일관된 인식에 기초해 있다는 통속적인 오해와는 달리 늘 매우 복잡한 문제였다. 사안을 여러 방식으로 이해하려는 여러 학자들의 자연스러운 성향과 이 재료들이 다양한 해석을 제공할 개연성은 법률의 정교화에 대한 여러 접근이 8세기 중엽과 9세기 사이에 수니파 무슬림 사이에서 대두했음을 의미한다. 이런 접근으로부터 법률 해석에 관한 네 개의 주요 '학파', 즉 말리키Maliki, 하나피Hanafi, 한발리Hanbali 및 샤피이Shafi'i 학파가 형성되어 마침내 통합되었다. 그 창설자의 이름으로부터 명명된 이들 학파는 법학에 대한 접근에 다소 차이가 있었다. 이를테면 보수적인 한발리 학파는 유추에 의한 추론을 전적으로 거부했는데, 그것이 해석자의 변덕에 좌우된다고 주장하기 때문이었다. 한발리의 법학은 법률적 권위의 원천으로서 신뢰할 만한 하디스의 역할을 다른 학파들

---

* 무함마드의 후계자를 가리키거나 이슬람의 종교 지도자를 지칭한다.

보다 강조했다.

이 모든 것이 함의하는 바는, 신은 한 분이며 무함마드가 신의 사자라는 무슬림의 확고한 신념을 제외한 이 종교의 어떤 가르침도 사실상 도전을 받거나 재해석될 수 있다는 것이다. 그리고 역사적으로 거의 모든 가르침이 여러 시대에 걸쳐 그런 일을 겪었다. 이를테면 오랜 세기 동안 모든 학파에서 이슬람 법률에 관한 매우 일관된 한 가지 가르침은 고리대금을 금하는 쿠란의 문구에서 유래된 것으로 대부에 대한 이자의 금지였다. 그러나 1900년경 이집트의 개혁지향적인 법률학자로서 카이로에 있는 유명한 알아자르 대학의 총장이자 당시 수니파의 주요 성직자였던 무함마드 아브두흐Muhammad 'Abduh는 마슬라하(공익)를 근거로 이자를 제공하는 저축은행이 설립되어야 한다고 설득력 있게 주장했다. 무엇보다 그는 이슬람의 법률이 독실한 무슬림들이 준수하는 규범에 비해 무슬림 여성에 대해 훨씬 개방적인 태도를 취해야 한다고도 주장했다.

이슬람 법률과 이슬람 사회의 사회적 관행 간의 관계를 정확하게 이해하기란 쉽지 않으며, 심지어 불가능할 수도 있다. 예언자 무함마드와 최초의 무슬림들이 아라비아 출신이었기 때문에, 7세기 아라비아 사회의 매우 보수적인 관행들(특히 여성을 제한하는 견해)이, 이슬람 법률이 발전할 때 중요한 위상을 차지하게 되었다는 것은 분명하다. 그리고 이슬람의 법률이 무슬림 세계의 다른 지역들에서 사회적 관행에 종종 보수적인 영향력을 행사했다고 우리는 확실하게 언급할 수 있다. 결국 모든 법률 체계의 기능은 모두가 살기로 동의한다면 받아들여야 하는 일련의 규범, 즉 본질적으로 보수적인 의제를 제공하는 것이다. 그러나 앞서 살펴보았듯이, 전 세계에 걸친 이슬람의 다양한 사회에는 수 세기 동안 여러 상이한 사회적 관행이 있었고, 때로는 그 차이가 매우 컸던 것 또한 사실이다. 우리가 앞서 살펴보았듯이, 실상은 이슬람의 법률에 규정된 거의 모든 원칙이나 관행이 그 자체의 해석 체계가 작동함에 따라 도전을 받을 수 있다. 특정 주제에 관해 어떤 특정한 법률적 입장이 선호되느냐는 그것이 논의되고 적용되는 공동체의 사회적 가치에 종종 의존한다. 그리하여 역설적이게도 이슬람의 법률은, 심지어 이슬람 사회가 바로 그 법에 의해 형성되는 것이라 하더라도, 지배적인 사회 규범에 의해 형성되었다.

다수의 사회에서와 마찬가지로, 이슬람 공동체에는 보수적인 견해를 가진 자들과 진보적인 견해를 가진 자들 간의 지속적인 긴장이 있었으며, 사회적 관행은 수 세대에 걸쳐서 시계의 추처럼 왔다 갔다 했다. 우리는 이 같은 흐름의 한 예로 여성의 격리를 들 수 있다. 19세기 말과 20세기 전반기에 다수의 이슬람 사회는 차츰 보다 완화된 사회적 관행을 수용했으며, 20세기 중엽 이슬람 세계의 주요 대도시들에서 여성 다수가 심지어 공공장소에서 베일을 벗고 노동 현장에 참여했다. 이슬람의 보다 '진보적인' 이 같은 흐름은 부분적으로 서구 열강들의 강제로 야기되었으며, 식민지의 지배국으로서 이 열강들의 가치가 이슬람 세계의 여러 분야에 침투했다. 약 1970년 이후 베일로 얼굴 가리기가 점점 더 널리 유행하게 되었으며, 보다 '전통적인' 부류의 이슬람이 부활한 것처럼 보인다. 이는 부분적으로 이슬람 세계를 오랫동안 지배했던 서구 세계의 가치에 대한 무슬림들의 자연스러운 반발에서 기인했을 수 있다. 그러나 이는 또한 반세기에 걸쳐 사우디아라비아가 펼친 공격적인 개종 활동의 산물이기도 했다. 사우디아라비아는 세계 전역에서 매우 보수적인 와하브파Wahhabi*의 이슬람 해석(한발리 법률의 파생물)을 확산시켰다.

국제이슬람구호기구IIRO와 무슬림세계연맹MWL 등의 조직—두 기구 모두 석유로 막대한 부를 획득한 사우디아라비아로부터 재정 지원을 받았다—을 매개로 활동한 사우디아라비아 정부는 전 세계에 걸쳐서 1000개 이상의 모스크, 수백 개의 학교, 이슬람 센터 및 이슬람 대학을 건립했으며, 사우디아라비아의 보수적인 수니파에서 훈련받은 성직자들을 이 기관들에 배치했다. 이것은 여러 나라에서 뿌리를 내린 보다 자유주의적인 이슬람 해석을 잠식하거나 폄하하

---

* 18세기 중엽에 대두한 이슬람의 복고주의적 운동이자 사회정치적 운동.

고 특히 시아파를 무너뜨리기 위한 사우디아라비아의 결의에 찬 노력이다. 하지만 이 같은 전개는 고유한 역사적 상황의 산물이지만, 이슬람에 대해 그와 같은 제한적인 해석을 고수해야 한다는 증거는 아니다. 인도네시아 등 다수 국가의 무슬림 학자들은 이슬람에 대한 보다 개방적이고 진보적인 해석을 동시에 진전시키고 있다. 이슬람 사회는 와하비 성직자들—이들의 접근방식은 이슬람의 어떤 가상의 '정수'보다 아라비아의 전통적인 사회적 환경을 반영하고 있다—에 의해 선호된 매우 보수적인 관행만큼이나 중세의 법률 해석 관행에 매우 많은 영향을 받았다. 다수의 사회에서와 마찬가지로, 보수적인 흐름과 진보적인 흐름 간의 지속적인 긴장이 이슬람 법률의 영역에서도 지속적으로 작용할 것이라는 점은 의문의 여지가 없다. 기억해야 될 중요한 사실은 무슬림 사회가 매우 다양하며, 그리하여 관행에서 '이슬람의 법률'과 같은 단일한 무엇이 실제로는 존재하지 않는다는 것이다. 오히려 이슬람의 생활 방식에 도전하기 위해 무슬림들이 발전시킨 여러 상이한 접근이 공존하고 있다. 이 다양한 접근 모두는 이슬람 법률의 핵심 원천과 해석 원리를 매우 다양하게 반영하고 있다.

더 읽을 자료

W. Hallaq, *Introduction to Islamic Law*(Cambridge: Cambridge University Press, 2009)는 이슬람의 법률을 간략하게 소개하고 있다. J. A. C. Brown, *Hadith: Muhammad's legacy in the medieval and modern world*(Oxford: Oneworld, 2008)는 법률적 추론의 중요한 원천인 하디스에 관해 훌륭하게 소개하고 있다.[*]
사회정치적 맥락에서의 샤리아법의 초기 발전 사례에 관해서는 A. El- Shamsy, *The Canonization of Islamic Law*(New York: Cambridge University Press, 2013)를 참고하기 바란다. 이 주제에 대한 인식의 종합에 관해서는 B. Weiss, *The Spirit of Islamic Law*(Athens: University of Georgia Press, 1998)를 참고하기 바란다.
A. K. Reinhart and R. Gleave(eds.), *Islamic Law in theory: Studies on jurisprudence in honor of Bernard weiss*(Leiden: Brill, 2014)는 이슬람 법률의 다양한 측면에 관한 뛰어난 논문 선집이다. 이슬람의 법률이 어떻게 발전하고 지속되고 있는지에 관해 정통하고 오늘날의 사례 다수를 제공하는 매력적인 입문서로는 R. Ahmed, *Sharia Compliant: A User's Guide to Hacking Islamic Law*(Stanford: Stanford University Press, 2018)가 있다.

---

[*] 이슬람의 법률에 관해 국내에 번역 소개된 대표적 저서로는 무스피리 빈 알리-알-까흐타니, 『이슬람법 샤리아 이해』, 곽동훈 옮김(쌀람누리출판, 2018); 조셉 샤흐트, 『이슬람법입문』, 명순구 옮김(경인문화사, 2021)이 있다.

중세 말기 잉글랜드의 이주자들

W. 마크 옴로드

전근대적 맥락에서의 이주 연구는 방법론상으로 커다란 도전이다. 중세 유럽에는, 오늘날 인구 조사로 수집된 정착한 이주민에 관한 통계 정보와 문화 정보는 말할 것도 없거니와 오늘날의 이민 관련 부서에서 편집하는 기록물과 유사한 무엇이 결여되어 있다. 그러므로 중세의 이주에 관한 연구는 매우 종종 간접적인 추론으로 이루어질 수밖에 없다. 이를테면 유물과 건축 양식의 분석 그리고 언어나 속어에서 외래어를 확인하는 작업을 통해 우리는 특정 집단에 대한 외부적 영향력을 발견하게 되며, 이주민의 존재에 대한 가설을 설정하게 된다.

하지만 다행히도 15세기부터 잉글랜드의 사례 한 가지가 있다. 잉글랜드에서는 한 가지 정치적 구상에 의해 전 왕국에 걸쳐 이주민의 존재에 관한 자세한 스냅 사진을 제공하기에 충분한 문서고를 남겼다. 1440년 잉글랜드 정부는 외국에서 태어나 잉글랜드에 거주하던 사람들에게 새로운 세금을 부과하기로 결정했다. 이 시기의 자세한 재정 문서의 다수가 오늘날 영국 문서보관소에 보존되어 있기에, 우리는 이 조세 관련 자료를 활용하여, 중세 말기에 모든 세대에 걸쳐 잉글랜드로 향한 많은 사람의 이름, 국적, 거주지, 직업 그리고 가문과 가구 구조를 복원할 수 있게 되었다.

하지만 우리는 자세한 증거를 논의하기에 앞서, 이주 과정을 실증하는 데 중요한 개념에 대한 명확한 인식과 잉글랜드 사료의 해독을 위해 요구되는 보다 폭넓은 중세적 맥락에 대한 이해가 필요하다.

중세 유럽에서의 이주: 개관

근대 세계에서 **이민**immigration은 **외국인**(다른 나라 국적을 보유한 사람)이 한 나라로부터 다른 나라로 이주하는 것으로 이해된다. 오늘날 '이민자immigrant'라는 단어는 종종 다른 함의를 지닌다. 이민자는 때로는 인종이나 민족과 관련하여 이주자를 맞이하는 사회의 지배적인 견해에 기초하여 **소수자**로 공식 분류되기도 한다. **이민**(도착 및 정착)은 **타 지역으로의 이주**emigration(출생지를 떠남) 행위와 시작되는 **이주**migration(이동) 과정의 종착점이다. 이주는 대규모나 소규모로 이루어질 수 있으며, 특정 지역들 간의 잘 확립된 경로와 모든 대륙 안팎에 걸친 폭넓은 디아스포라 모두로 귀결될 수 있다.

우리는 처음부터 중세 유럽 사회의 상상된 민족적 '순수성'에 대한 모든 관념에 맞서 이를 해체할 필요가 있다. 유럽에서 서기 300년에서 1000년에 이르는 기간은 여러 민족의 새로운 침략과 정착을 경험한 진정한 '이주의 시대'였다. 이런 이주에는 이른바 게르만족과 슬라브족, (스칸디나비아반도에서 온) 바이킹족 및 (아라비아반도에서 온) 아랍족이 포함되었다. 슬라브족은 원래 광활한 중부 유라시아에서 왔으며, 동부, 중부 및 서부 유럽의 많은 지역에 거주했다. 바이킹족의 후손은 북서유럽의 여러 지역에 정착했다. 아랍족은 북아프리카를 경유하여 지중해를 둘러싼 유럽의 여러 지역으로 이주했다. 거의 모든 게르만족과 바이킹족의 정착민들은 시간이 지나면서 이교에서 기독교로 개종했다. 아랍족과 아프리카, 중동 및 근동에서 온 다른 정착민은 계속해서 이슬람을 신봉했으며, 남부 유럽에서 이들의 피지배민의 일부는 무슬림이 되었다. 로마 시대에 근동 지역에서 이주하기 시작한 유대인의 디아스포라는 중세에도 또한 지속되었으며, 그리하여 유대 민족은 12세기에 유럽의 거의 모든 지역에 거주하게 되었다. 그러므로 근대 유럽의 다문화 사회는 중세 초기의 이주의 직접적인 산물이다.

또한 중세 말 유럽에서는 중요한 인구 이동이 있었다. 이른바 13세기의 '상업혁명'*과 14세기에 유행한 흑사병이 중대한 인구 이동을 야기한 것이다. 15세기 말과 16세기에 유럽과 북서아프리카 사이의 새로운 교역로의 개척으로 상당한 수의 아프리카인이 북유럽으로 이주하게 되었다. 종교적 탄압 또한 이주에 그 나름의 역할을 했다. 유대인과 무슬림은 탄압을 받았으며, 특정 왕국에서 추방되는 경우도 일부 있었다. 무슬림이 지배자였던 오스만 제국은 발칸반도로 진출했으며, 그리스 정교를 신봉하던 세르비아인 다수의 이동을 야기했다. 마지막으로, 16세기 초엽 유럽에서 일어난 종교개혁은 기독교 공동체 내에서 탄압을 초래했고, 위그노 등 소수 집단의 이주를 야기했다. 위그노들은 가톨릭 국가인 프랑스로부터 프로테스탄트 국가인 잉글랜드로 이주했다.

이주자 발견하기: 사료와 해석

중세 전 시기에 걸쳐서 유럽 전역과 보다 넓은 세계 곳곳에서의 인구 이동은 대체로 규제를 받지 않았다. 신분증명서 및 여권으로 규정되는 단일한 혹은 우선적인 국적을 가진다는 근대의 개념이 모든 사람에게 적용되지는 않았다. 그리고 국경 통제가 전반적으로 부재한 상태에서 다른 사법권 체계 사이

---

* 13세기에 은화의 보편적인 사용과 금화의 재주조로 화폐가 가치 기능을 가지게 되는 등의 상업혁명을 의미한다.

에서 이동한 절대 다수의 사람들은 어떤 공식적인 인터뷰나 서면 허가도 없이 이동했다.

하지만 13세기와 14세기에 서유럽의 여러 지역에서 당국자들은 보다 유력한 외국인들, 특히 상인, 성직자 및 귀족의 권리를 규정할 필요성을 발견하기 시작했다. 자치 도시는 외부의 이주자가 도시의 '자유'나 '자치'에 참여하는 것을 용인했으며, 군주는 다른 사법권하에서 태어난 사람이 충성 서약을 한 후 이른바 '완전한 시민권'을 향유할 수 있도록 했다. 잉글랜드에서 후자의 시민권 향유 과정은 '영주권 부여'(그리고 후대에는 '귀화')로 알려졌다. 13세기 이래 남아 있는 다수의 도시 정부와 군주 정부의 기록물에는 이름이 기재된 개인에 관한 자세한 정보가 다수 담겨 있다. 이들 개인은 중세 후기에 국적을 바꾸기 위해 이와 같은 새로운 법률적 기회를 활용하게 되었다.

그러나 이 시기에 군주의 사법권 아래에서 생활한 모든 외국인에 대한 인구 조사의 유일한 사례는 1440년에 제정되고 외국인에 부과된 잉글랜드의 조세, 이른바 '외국인 특별세'이다. 이 세금은 외국인이 잉글랜드 내에서 향유하고 있다고 상정된 경제적 이득으로 야기된 공적 우려에 대한 단기적인 대응이었다. 최초의 세금 징수로 이주자의 규모가 드러나게 되자, 초기의 추진력은 상당 부분 소멸되었다. 그리고 비록 이 조세가 다음 두 세대에 걸쳐서 수차례 반복적으로 부과되기는 했지만, 다수의 전국적인 집단과 직업 집단이 면세를 인정받았다. 그러므로 1440년의 첫 번째 과세는 단지 중세 잉글랜드만이 아니라 19세기 이전 유럽 전역에 있던 외국인의 존재에 관한 최상의 분석을 우리에게 제공하고 있다.

1440년 잉글랜드로 이주한 사람들은 누구였는가?

1440년의 외국인 특별세에 관한 기록은 1세대 이민자가 잉글랜드 전 인구의 1~1.5퍼센트였음을 시사하고 있다. 이 비율은 1901년에 실시된 영국의 인구 조사에서의 외국인 비율에 대략 상응한다. 남부의 일부 주요 도시에서 그 수치는 10퍼센트나 그 이상이었을 정도로 매우 높았다. 그러나 이민자들이 왕국 전역, 즉 해안 지역은 물론 내륙에도, 그리고 도시뿐만 아니라 농촌에도 분포되어 있었다는 사실을 인식하는 것이 중요하다. 15세기 잉글랜드의 거의 모든 사람이 생애의 어느 한 시점에 외국에서 출생한 사람을 만났음이 틀림없다.

전체적으로 볼 때, 다양하게 분포되고 다양한 배경을 지닌 여러 국적의 사람들이 이주했다. 영국 제도諸島의 다른 지역에서 온 사람들, 즉 웨일스와 아일랜드 및 스코틀랜드 출신 사람이 이주민의 절대 다수를 차지했다(웨일스와 아일랜드는 잉글랜드 왕국에 종속되었고, 스코틀랜드는 여전히 독립 왕국이었다). 프랑스와 '더치Dutch'(이 용어는 저지대 지방과 독일 서부 지방을 포괄하는 넓은 지역을 가리킨다) 출신의 숫자도 상당했다. 이보다 적은 수의 사람이 스칸디나비아반도 및 아이슬란드는 물론 이베리아 왕국, 이탈리아 및 '그리스'(유럽 동부 지중해 세계의 다수 지역을 지칭하는 용어)로부터 잉글랜드로 이주했다.

이들 이민자의 사회적 지위와 직업은 다양했다. 즉 웨일스인, 아일랜드인, 스코틀랜드인 및 프랑스인의 다수는 임시 노동으로 생계를 이어갔던 농업 노동자였으며, 수확기가 끝나면 종종 이동하거나 자신의 출생지로 되돌아갔다. 일부 아이슬란드인이 자신의 의사에 반하여 팔렸으며, 그리하여 결국 노예가 되었다는 주장이 있다. 이에 비해 숙련된 기술을 보유한 이베리아 출신자, 이탈리아인 및 그리스인 다수가 경제적으로 풍족했다. 이들은 성직자, 의사, 상인, 장인 등으로 일했다. 저지대 지방 출신자는 사치품 제조로 특히 명성을 얻었다. 1440년 세금 환급에서 여성이 중요하게 포함되었으며, 외국인의 아내로서뿐만 아니라 숙련 고용인雇傭人이나 비숙련 고용인이라는 독립적인 개인으로도 그러했다.

잉글랜드에서의 소수자들

잉글랜드에서 외국인 특별세 관련 기록물을 작성한 사람들은 정치적 단위와 언어권·문화권이라는 두 가지 용어로 외국인의 출신을 기록한 표지를 활용했다. 전반적으로 이들 작성자는 인종, 종교 내지 피부색으로 외국인을 규정하지 **않았다**. 후대의 세금 징수에 관한 일부 사례에는 '인드Inde' 출신이 기록되어 있다. 이는 근동 이외의 광활한 유라시아 대륙을 가리키는 용어였다. '흑인black'이라는 용어와, 그에 해당하는 다양한 용어가 외국인의 성姓으로 사용된 것은 일부 사례에서 아프리카인 내지 중동 태생을 지칭할 수도 있다. 어떤 경우에 이 현상들은 교차했다. 즉 1484년 데본의 다트머스에 거주했던 '인드의 제임스 블랙James Black'은 비유럽인의 후손이었던 것으로 보인다. 하지만 그기록물은 이 같은 명칭을 어느 정도 확실하게 정립해 주는 다른 사례를 사실상 보여주지 않는다.

비유럽인 내지 비기독교 소수자에 대한 체계적인 분류의 부재가 잉글랜드의 개방적이고 포용적인 태도로 받아들여져서는 안 된다. 많은 경우 실상은 이와 반대였다. 1290년 모든 유대인은 잉글랜드로부터 추방되었으며, 유대교의 예배에 대한 공식적인 금지는 17세기 내내 지속되었다. 중세 말기의 창작된 문학과 연극은 잉글랜드가 매우 반유대적이었음을 보여준다. 주로 '사라센인들'로 언급된 무슬림도 결코 예외가 아니었다. 그러나 1290년 이후에 잔류한 소수의 유대인들과 마찬가지로, 무슬림은 오직 기독교로 개종할 경우에만 용인되었다. 1483년 런던의 외국인 특별세 기록에 '인드' 출신으로 기술된 베니딕트Benedict와 앤토니아 캘러먼Antonia Calaman이라는 부부의 이름은 그들이 확실히 기독교인이었음을 시사하고 있다. 이들 부부는 콥트, 네스토리우스 내지 시리아 교회의 교인으로 태어났을 수도 있지만, 유대인 내지 무슬림 부모에게서 태어났을 수도 있으며, 잉글랜드로 이주하기 이전이나 이후에 기독교로 개종했을 수도 있다. 인도 북부 출신의 로마니인들(경멸적으로는 '집시'로 불림)은 16세기 초엽에 영국 제도로 향했다. 하지만 1531년 이들은 당시의 지배층이 그들을 부랑자이자 범죄자로 간주했기 때문에 잉글랜드에서의 공식적인 추방 명령을 받았다. 엘리자베스 1세Elizabeth I가 1596년 잉글랜드로부터 모든 '검둥이'를 강제적으로 추방했다는 신화는 결정적으로 부정되었다. 물론 이 신화는 종종 튜더 왕조의 잉글랜드에서의 인종주의를 둘러싼 폭넓은 주제를 이해하기 위한 사례로서 지속적으로 인용된다.

잉글랜드에서의 외국인 혐오

잉글랜드인들은 유럽 대륙 출신의 인종 집단이나 민족 집단에 대해 거의 동일하게 의구심을 가지고 있었고, 외국인에 대한 두려움 내지 증오 등 오늘날의 '외국인 혐오'를 연상시키는 몇 가지 특징을 보여주었다. 기록된 물리적 폭력은 매우 드물었으나, 아마도 언어적 폭력은 비교적 흔했을 것이다. 즉 중세 잉글랜드의 문헌에는 무례한 스코틀랜드인, 술주정뱅이 '더치인', 유약한 프랑스인 등 특정 민족에 대한 경멸적인 고정 관념으로 가득 차 있다. 간혹 이 같은 편견은 법률이 되기도 했다. 이를테면 1377년 프랑스와의 백년전쟁(1337~1453)의 긴박한 순간에 잉글랜드 의회는 잉글랜드 왕국에 거주하는 프랑스 출신자가 본국으로 강제 송환되어야 한다는 사실에 동의했다. 개별 도시 또한 도시 정부에서 외국인이 투표권을 배제하는 법률을 제정했다. 예를 들어 1419년 요크시는 스코틀랜드인의 선거권을 금지했다. 15세기 말경 잉글랜드 정부가 점점 더 보호주의적인 경제 정책을 채택하게 되자, 왕국 내에서 외국인이 숙련노동자로 일하는 것을 규제하는 국가적 입법 조치가 점점 증가했다.

이주민을 대할 때 잉글랜드인의 태도는 종종 언어에 따라 달라졌다. 영어로 의사소통하는 능력과 이에 대한 의지는 신뢰성의 상징으로 받아들여졌다. 이를테면 1347년 솔즈베리의 당국자들은 솔즈베리시에 거주하던 한 프랑스인이 '자신의 영어 실력'을 향상시킨다는 유일 조건하에서 그 무렵의 추방 명령에서 제외되어야 한다고 왕실 정부에 건의했다. 반대로, 만약 이주자가 자국어인 영어로 말할 수 없거나 매우 불완전하게 말할 경우, 그는 의심을 받게 되었다. 1381년의 농민 반란으로 알려진 대중 봉기가 일어나는 동안, 런던의 반란자들이 사람들에게 '치즈와 빵'이라는 단어를 말하라고 요구했으며, 이를 통해 런던에 거주하던 외국인을 식별하고자 했다고 알려져 있다.

예외적인 상황하에서 중세의 잉글랜드인은 이주자에게 조직적인 공격을 가하기도 했다. 저지대 지방 출신자가 특히 그 대상이 되었다. 1381년의 '치즈와 빵' 이야기는 런던의 의류 상인들이 플랑드르(오늘날의 벨기에와 프랑스 북부) 출신의 직조공에게 부여된 특권을 시샘하면서 야기되었으며, 그들은 이같이 세간의 이목을 끄는 이민자 집단을 공격하도록 폭도들을 고무했다. 1435년 이후 백년전쟁에서 플랑드르의 지배자였던 부르고뉴 공작이 잉글랜드를 배신한 일은 반플랑드르 정서를 강화했고, 런던에서 여러 혼란 행위를 야기했다. 1517년에 당시 가장 규모가 큰 외국인 반대 시위가 있었다. 런던의 외국인 장인이 향유한 알려진 혜택에 좌절감을 느끼던 런던 시민은 '사악한 5월 1일'로 알려진 폭동에서 이주민을 공격했다.

잉글랜드에서 이주민들의 통합

하지만 1381년의 농민 반란을 예외로 하면, 사실상 어떠한 플랑드르인이나 다른 외국인도 이런 조직적인 폭력 상황에서 목숨을 잃지 않았다는 사실은 놀라울 정도이다. 이 같은 혼란이 거의 전적으로 수도에 국한되었다는 점에 우리는 주목해야 한다. 전반적으로 볼 때, 잉글랜드 전역에 걸쳐서 이주민을 수용한 공동체들이 외국인 이주자를 필요한 동시에 유익한 존재로 간주했다는 증거가 있다. 1369년 의회는 이러한 외국인의 존재가 '공공의 이익에' 부합한다는 이유로, 잉글랜드 북부에 거주하던 스코틀랜드인들을 추방하려던 정부의 시도를 저지했다. 외국인을 규제하는 전국적인 법안과 도시 법안은 다수가 미적지근하게 집행되거나 공식적인 예외 조항이 여럿 있었다. 이를테면 16세기 초엽에 의회는 잉글랜드에서 외국인이 맥주 양조업과 제빵업에 종사하는 것을 금지하지 않는 것이 국가의 이익에 부합한다는 사실을 인정할 수밖에 없었다.

이와 같이 전반적으로 포용적인 태도는 이주자의 정주 유형과도 밀접한 관련이 있었다. 잉글랜드의 도시는, 중세 말기 유럽의 다른 지역에서 볼 수 있던 것과 같은 특정 인종 혹은 민족 집단을 위한 구역을 발전시키지 않았다. 런던, 브리스틀, 요크 등의 주요 도시에서 외국인은 도시의 부유층과 빈민층 모두에 걸쳐 폭넓게 분산되어 있었다. 격리의 전반적인 부재는 동일한 민족 집단의 이주자들이 자신의 고유한 관습을 2세대 및 이후 세대에게 적극적으로 영속시키는 정도에 의문을 제기했다. 특히 농촌 지역에서 1440년 계수된 외국인은 종종 주변 수 마일에 걸쳐 자신들의 국적을 신고한 유일한 사람들이었다. 이들 이주자에게는 선택의 여지가 거의 없었고, 자신들을 수용한 잉글랜드 공동체의 지배 문화를 수용할 수밖에 없었다.

중세 말기에 잉글랜드에서 통합의 모델이 우세하게 된 핵심적인 이유는 두 가지이다. 첫째, 잉글랜드인은 자신의 민족적 기원이 매우 다양하며 켈트족, 로마인, 앵글로·색슨족, 바이킹족 및 노르만족의 일련의 이동으로부터 형성된 혼합 민족이라는 점을 공개적으로 인정했다. 14세기의 연대기 작가였던 피터 랭토프트Peter Langtoft는 잉글랜드가 "다양한 지역 출신의 사람들로 가득 차 있다"라고 기술했다(랭토프트는 노르만족이 잉글랜드를 정복한 이후 사회의 상층부에 의해 채택된 앵글로노르만 프랑스어로 집필했다). 그러므로 이주자는 민족적 '순수성'이라는 환상에 위협이 되지 않았다. 이주자는 거주하던 공동체의 사람들과 자유롭게 결혼할 수 있었으며, 잉글랜드 국적을 보유한 사람으로서 완전한 지위를 향유하게 될 자녀를 출산할 수 있었다.

두 번째 중요한 이유는 종교적인 것이었다. 중세 말기 잉글랜드의 이주민은 당시 서유럽에서 공인된 기독교의 단일하고 보편적인 전통, 곧 가톨릭교회의 구성원이거나 구성원이 되었다. 런던에 거주한 이탈리아 상인들처럼 이들 가운데 매우 부유한 사람들은 고국 출신의 사제를 임용할 수 있었고, 자신의 종교 조직을 결성할 수 있었다. 그러나 사람들 절대 다수는 그 지역의 교구 교회에 출석했고, 잉글랜드 성직자가 주재하는 종교 예배에 의지했다. 그렇기에 잉글랜드로의 이주는 이를테면 여러 신앙이 자리를 잡았던 중세의 이베리아 반도와는 문화적으로 매우 다른 현상을 낳게 되었다. 16세기와 17세기에 잉글랜드의 상황 또한 프로테스탄트 집단이 잉글랜드의 일부 대도시에서 자신의 고유한 '이방인' 교회를 형성하고, 유대교가 용인된 종교로 점점 더 인정을 받게 됨에 따라 바뀌게 될 것이었다. 오히려, 당시의 이런 종교적 자유의 도래는 이주민 공동체들이 잉글랜드의 이웃으로부터 점점 더 분리되는 것을 의미했고, 이 공동체들이 자신들만의 이익을 추구하고 그들을 받아들인 고장에 충실하지 않는다는 비난을 초래하게 되었다.

더 읽을 자료

중세의 전반적인 이주와 그 역사 서술의 영향에 관해서는 P. Geary, *The Myth of Nations: The Medieval Origins of Europe*(Princeton: Princeton University Press, 2002)[*]를 참고하기 바란다.

잉글랜드에서의 외국인 특별세에 관한 모든 정보는 온라인 데이터베이스인 "England's Immigrants, 1330~1550," www.englandsimmigrants.com.에 있다. 이 자료에 관한 전반적인 분석에 대해서는 W. M. Ormrod, B. Labert, and J. Mackman, *Immigrant England, 1300-1550*(Manchester: Manchester University Press, 2019)^{**}를 참고하기 바란다.

M. Kauffmann, *Black Tudors: The Untold Story*(London: Oneworld, 2017)는 16세기 아프리카인의 존재에 관해 논의했다. A. Ruddick, *English Identity in the Fourteenth Century*(Cambridge: Cambridge University Press, 2013)는 중세 말기 잉글랜드의 민족과 다른 민족에 대한 잉글랜드인의 인식을 이해하는 데 중요한 저서이다.

---

* 패트릭 J. 기어리, 『민족의 신화, 그 위험한 유산』, 이종경 옮김(지식의풍경, 2004).

** 이 책에 대한 고반석의 서평을 참고하기 바란다. 《서양중세사연구》, 50호(2022), 281~288쪽.

1.7

할렘 르네상스와 중세

코드 J. 휘터커

W. E. B. 듀보이스W. E. B. Du Bois[*]는 모든 아프리카계 미국인이, "흑인이자 미국인으로서 …… 이중생활"을 영위하고 있으며, "19세기의 물결에 휩쓸리는 동시에 15세기의 회오리와도 싸우고 있다"라고 지적했다. 이것이 "자신감에 치명적인 …… 고통스러운 자의식"을 가져다준다고 듀보이스는 주장했다. 이는 자신을 **자기 자신으로** 인식하는 동시에 매우 다른 시각을 가진 다른 사람의 눈을 통해 자신을 인식하는 힘, 즉 '이중 의식에 대해 듀보이스가 표현하는 방식의 하나이다. 이중 의식은 비판적인 인종 및 아프리카계 미국인 연구에서 지배적인 이론 패러다임이 되었다. 오늘날의 중세학은 이와 유사한 이중의 난관에 놓여 있다. 즉 현대의 중세학은 21세기의 조류에 휩쓸리는 반면에, 근대성에 각별히 관심을 가진 시대였던 **19세기**의 회오리와도 싸우고 있다. 대학의

---

[*] 1868~1963. 미국의 사회학자, 역사가 겸 민권운동가. 하버드 대학교에서 박사학위를 취득한 최초의 아프리카계 미국인으로서, 전미유색인지위향상협회를 공동 창설했다.

학문은 19세기에 점점 더 현저하게 된 다음과 같은 견해를 반영하고 있다. 즉 현재의 순간은, 역사의 보다 개별적인 전문화와 엄격한 문헌학적 방법론을 포함하는 객관적이고 과학적인 연구와 더불어 다루어져야 할 개별 시기들로 구성된 미개한 과거에 대해서만 개선된다는 것이다.

중세주의는 학문적 문화의 물결을 오랫동안 혼탁하게 했다. 근대성과 전근대성 간의 놀라운 유사성을 종종 입증하는 학문으로서 중세주의는 열정적인 관심으로부터 탄생한 학문이기도 하다. 20세기 초의 아프리카계 미국인 학자이자 예술가였던 제시 R. 포셋Jessie Redmon Fauset(1882~1961)은 이 글의 주인공으로서 이 점을 잘 알고 있었다. 중세 유럽의 역사와 문화 그리고 영국 문학의 고전 전체에 대한 아프리카계 미국인들의 주장을 지지하기 위해 유럽의 중세사를 활용한 포셋의 아마추어리즘—**아마추어**라는 용어는 원래 애호가를 의미했다—은 중세학의 역사와 전적으로 일치했다. 중세학은 '열정적인 사람'으로서 연구의 대상들과 거리를 두지 않았던 프레더릭 J. 퍼니벌Frederick James Furnivall (1852~1910) 등의 '아마추어' 중세사가들의 영향을 받았다. 퍼니벌은 탁상공론만 일삼는 인물이 결코 아니었다. 그는 종국적으로 옥스퍼드 영어 사전이 될 내용의 편집자이자 주요 집필자였다. 그는 초서 학회, 위클리프 학회, 발라드 학회, 신셰익스피어 학회, 브라우닝 학회 및 셸리 학회를 창설했다. 퍼니벌은 또한 영국 초기문헌학회를 창설했고, 약 100편의 중세 자료를 편집했다. 이 자료집은 무려 495판을 거듭하고 있다. 퍼니벌을 작업에 임하게 한 동력은 '대중과의 유대감에서 나오는' 쾌감이었다. 연구 대상에 대한 퍼니벌의 진지한 몰두는 사회적 진보를 위해 그가 추진한 프로젝트들, 즉 런던 노동자대학Working Men's College과 여자 조정 클럽Girls' Sculling Club에도 영향을 주었다. 퍼니벌의 업적은 중세적 과거에 대한 주관적인 사랑, 혹은 캐럴린 딘쇼Carolyn Dinshaw가 자극적으로 표현했듯이, "현재를 떠도는 불안한 유령의 모습을 한 [비]공시성은 과거의 배제 및 불의에 대해 정의를 요구하는 수단이 될 수 있다". 여기에는 인종적 불의가 포함되어 있다.

포셋은 중세—듀보이스가 상징적으로 '15세기'라고 부른—가 이중 의식과 불가분하게 결부되어 있다는 사실을 인식했다. 테러리즘이 매 순간 위협을 가하고, 대학 캠퍼스에서 유색인종의 학생들이 권리를 침해받는다는 보고가 정기적으로 전해지며, 여성의 자기 결정권을 너무나 존중하지 않아서 대학 신입생 여섯 명 중 한 명의 여학생이 저항할 수 없는 상황에서 성폭행을 당한다고 보고되는 때에, 중세학의 이중성, 즉 전근대와 근대, 주관과 객관, 권력을 박탈당한 사람들과 권력자들, 그리고 백인과 흑인 간의 분리를 철폐하려는 성향은 유익하다. 포셋은 할렘 르네상스로 알려진 아프리카계 미국인 문학 및 문화 운동의 토대를 구축하면서 중세의 고유한 힘—빅토리아 시대 말기에 인기 있었던 '중세의 부활'에 관한 '아마추어' 학문으로부터 나오는—을 인식하고 이를 활용했다.

포셋은 현재의 정의를 요구하기 위해 '불안한 유령'으로서 중세라는 과거를 활용한 작품을 1914년에 발표하면서 문학계에서 두각을 나타내기 시작했다. 전미유색인지위향상협회National Association for the Advancement of Colored People의 기관지인 《더 크라이시스The Crisis》에서 포셋은 「나의 집과 그곳에서의 나의 삶에 대한 일별」(이하 「나의 집」)이라는 짧은 글을 게재했다. 그 글에서 화자는 자신의 집과 삶을 깔끔하게 정돈된 개인 정원, 혼잡하고 산업화된 도시, 그리고 마법의 숲 사이에 놓고 있다. 포셋의 이야기는 흑인 독자와 미국의 중세 영문학 전사前史와의 연관성을 주장함으로써 이중 의식의 심리적·정신적 고통을 완화하기 위해 중세적 과거를 다루고 있다.

포셋은 할렘 르네상스의 매우 유명한 여류 소설가가 되었다. 할렘 르네상스의 '산파'로 종종 불린 포셋은 1919년부터 1926년까지 듀보이스 밑에서 《더 크라이시스》의 문학 담당 편집자로 있었다. 포셋은 랭스턴 휴스Langston Hughes*의 작품을 게재하기로 결정한 최초의 편집자로서 클라우드 매케이Claude McKay**

---

* 1901~1967. 미국의 시인이자 소설가 겸 사회운동가. 이른바 재즈 시의 혁신가이자, 할렘 르네상스의 대표적인 지도자로 알려져 있다. 「검둥이, 강에 관해 말하다」 등의 시를 남겼다.

와 진 투머Jean Toomer* 등의 다른 흑인 문학가들의 경력과 더불어 휴스의 경력에 일조했다. 하지만 20세기 중엽 아프리카계 미국인 문학 평론가들이 관행적 양식을 추구하는 것을 넘어서 관습에 대한 도전을 더 가치 있게 생각했기 때문에, 포셋의 영향력은 크게 축소되었다. 로버트 본Robert Bone의 1958년 연구에 따르면, 사실상 포셋의 작품은 "점잖은 체하는 중산 계급의 구질구질한 연애담"이라는 점을 제외하면 무가치했다. 포셋의 작품에 대한 인습적인 오독에는 그녀의 정원과 숲을 중세화하는 특성에 대한 편견과 거의 관련이 없다.

「나의 집」에서 화자는 독자를 자신의 기발하고 기이한 집으로 안내하고 있다. 그녀는 그 집을 "특별한 구상도 없이 …… 불규칙하고 산만한 건물로 욕망과 환상이라는 질서 이외는 아무것도 따르지 않는" 집이라고 묘사했다. "특히 돌출된 방이 나타나고, 예상치 못한 탑과 돌출된 창이 나타난다. ……"(143쪽). 이 여정은 독자를 정원, 도시 그리고 숲으로 인도한다.

화자의 정원은 균형이 잡힌 기쁨의 정원이며, "확실히 아라비아의 온갖 향기가 나고, 천국에 거주하는 아름다운 여성들houris로 가득 찬 동양의 어떤 화원도 나의 정원처럼 그렇게 멋지지는 않았다"(143쪽)라고 포셋은 기술했다. 포셋의 화원이 중세 서유럽 문화에서 핵심적인 역할을 하는 것은 스페인 및 남부 유럽의 이슬람 아랍 문화의 영향 때문이다. 정원 역사가 존 하비John Harvey가 지적했듯이, 그 정원의 "중세 **기독교적**인 감성은 이슬람과 하나였다"(필자 강조).

그 화자가 일단 집 안으로 들어오면, 「나의 집」은 중세를 계속해서 인용한다. 갑작스러운 폭우로 집안으로 들어오게 된 그녀는 몽상에 젖어 창문 너머를 응시한다. 창문을 통해 그녀는 분주한 도시를 바라본다. 그녀는 이렇게 골

** 1890[1]~1948. 자메이카 출신의 미국의 작가이자 시인. 할렘 르네상스의 주요 인물이다. 듀보이스로부터 많은 영향을 받았으며, 하몬 문학상 수상작인 『할렘의 고향』 등의 작품을 남겼다.

* 1894~1967. 미국의 시인이자 소설가. 할렘 르네상스의 주역 중 한 사람. 대표적인 작품으로는 『사탕수수』가 있다.

똑히 생각한다.

> 나는 창가에 앉아 도시를 바라본다.
> 높은 첨탑과 신성한 교회의 탑이 내 앞에 솟아 있다.
> 무엇보다 도시의 시계탑이 높이 올라가 있다.
> 멀리 서쪽으로, 주물 공장의 연기가 모락모락 올라가고 있다(144쪽).

그녀는 다른 창을 통해 "나무의 다정한 흔들림과 푸르고 아름다운 이 모든 생명의 부드러운 교류"를 바라본다. 이 같은 비유는 근대 산업화의 실체와 고풍스러운 중세적 이상 간의 긴장을 보여준다. 실제로 계속 창문을 통해 바라보는 화자는 이렇게 말한다.

> 갑자기 그곳이 변한다. 마법에 걸린 숲, 모르그라운트 숲으로. 나무들 사이를 용감한 기사와 곤경에 처한 여성들이 들락날락하며 지나다닌다. 프로스페르 르 가이는 이졸트 라 데지루스를 구하기 위해 말을 탄다(144쪽).

모르그라운트 숲, 프로스페르 르 가이Prosper le Gai와 이졸트 라 데지루스Isoult la Desirous는 모리스 휼렛Maurice Hewlett이 1898년에 집필한 『숲의 연인Forest Lovers』에서 유래했다. 이 작품은 19세기 말과 20세기 초엽에 매우 인기 있었던 중세주의자의 연애소설 중 하나였다. 많은 찬사를 받은 이 작품에 대해 1899년 《뉴욕 타임스New York Times》의 한 비평가는 "스펜서Spenser의 『선녀여왕Faerie Queene』*이 세상 사람들을 처음 즐겁게 한 이래, 우리는 이 수백 페이지에 담겨 있는 것과 같은 영웅적 행위와 훌륭한 기사도에 관한 이야기를 본 적

---

* 국내에서는 에드먼드 스펜서, 『선녀여왕』, 임성균 옮김(나남 및 아카넷, 2002~2013)으로 번역·간행되었다.

이 없다"라고 말했다. 달리 말하자면, 그것은 전범이 될 만한 엄청난 성공이었다. 학자, 편집자 겸 작가였던 포셋은 그 소설을 모를 수가 없었다. 그녀도 동시대의 다른 어떤 작가도 당시 중세의 부활로 알려진 19세기의 대중적인 중세주의를 피할 수는 없었다.

몽상에서 깨어난 이후, 화자는 집의 꼭대기에 있는 자신의 서재로 향한다. 『아라비안 나이트The Arabian Nights』와 근대의 이야기들은 화자에게 가장 관심을 가지고 화자를 위로하며 그 중세화된 글을 마무리하고 있다. 포셋은 다음과 같이 표현한다.

> 그러나 한밤중에 폭풍우가 몰아치면, 말하자면 비가 휘몰아치고 맹렬히 내리면,
> 나는 빨간색 커다란 팔걸이의자를 불길 앞으로 끌어당기고, 따사로운 불길 앞에
> 웅크린다.
>
> "그리고 거기에 앉아 기사와 의지할 데 없는 숙녀에 관한
> 옛날이야기를 읽는다
> 바람이 노래를 하는 동안
> 오, 쓸쓸하게 노래를 한다!"(144쪽)

이 시구는 1831년 처음 간행되고 그 이후 재간행된 「봄의 목초지The Meadows in Spring」로부터 발췌되었다. 이 시는 19세기 내내 다양한 시선집에서 '불의 노래' 등의 다른 제목으로 알려져 있었다. 작가이자 동양학자였던 에드워드 피츠제럴드Edward Fitzgerald*의 이 시는 포셋이 인용한 이 구절 이후의 몇 줄에서 중세주의를 명백히 주장하고 있다. 피츠제럴드는 이렇게 기술한다. "나는 앉

---

* 1809~1883. 영국의 시인이자 번역가. 페르시아의 시를 번역한 『오마르 하이얌의 루바이야트』와 『유프래너』라는 시집을 남겼다.

아서/ 여름에 관한/ 이야기와 그리고 기사에 관한/ 이야기를 읽는다/ 용감한 기사!" 중세의 기사도가 화자 겸 독자를 보호하는 것이다. 산업화된 도시와 함께 그녀를 불편하게 하고 언짢게 만드는 폭풍우는 그녀가 안전하게 그리고 편하게 느끼도록 도와주는 중세적 과거에 의해 문밖으로 내몰린다. 앨리스 챈들러Alice Chandler가 표현했듯이, 중세의 부활은 "잉글랜드의 시꺼먼 하늘 대신 보다 안정적이고 조화로운 사회 질서와 중세적 과거의 깨끗한 공기 및 개방 경지에 관한 인식"으로 대체하려고 한다. 포셋의 모르가운트 숲은 "시꺼먼 하늘"을 대신하여 목가적인 즐거움을 표상하고 있다.

중세는 포셋의 이야기에서 유일한 유령이 아니다. 산업화는 중세의 부활을 뒷받침했을 뿐만 아니라 경제적인 삶의 개선을 약속하고 남부의 농촌에서 도시화된 북부로 아프리카계 미국인들의 대이동을 추동했다. 이 같은 도시화의 물결은 할렘 르네상스를 위한 여건을 마련했다. 정원과 숲은 퇴보를 의미할 뿐만 아니라 남쪽, 즉 남부의 플랜테이션을 가리켰다. 1925년 흑인 철학자 알레인 로크Alain Locke는 유명한 에세이 『새로운 흑인』에서 흑인의 '대이동'을 "농촌으로부터 도시로의 의도적인 탈출일 뿐만 아니라 **중세적** 미국으로부터 근대적 미국으로의 탈출"이라고 규정했다. 19세기에 노예제 옹호자들이 중세의 목가적 공간으로 종종 이상화한 남부의 플랜테이션은, 그것이 아마도 목가적인 농장이었기 때문에, 중세와 결부되었다. 하지만 로크는 이런 목가적 풍경을 뒤집었다. 즉 정원이라는 공간이 흑인 독자에게 노예와 억압의 역사를 환기한다는 것이다.

「나의 집」을 발표하면서 활용한 이 사진에서 자신을 중세의 여성처럼 표현한 포셋은 이중 의식에 대해 다른 접근을 한다(☞ 일러스트 1.7.1). 피부색이 흰 편이기는 하지만 포셋은 여전히 아프리카계 미국인이며, 이 이미지는 자신이 중세 기사 이야기에 나오는 기사, 보석, 유행하는 옷과 다른 모든 장식물을 가질 자격이 있는 부인이라고 상상하는 데 백인 여성 못지않게 흑인 여성에게도 그 같은 권리가 있다고 가시적으로 주장하고 있다. 더욱이 자신의 화원이 동양의 그것을 본뜬 것임을 환기함으로써 포셋은 낭만적인 중세라는 가상의 백인성을 무너뜨리고 있다. 19세기 말엽과 20세기 초엽의 근대 아프리카계 미국인 여성인 포셋은 당시의 대중문화에서 매우 찬사를 받은 목가적인 중세에서 듀보이스의 표현을 빌리면 '세계의 더 거무스름한 사람들'의 지위와 더불어 자신의 지위를 주장하고 있었다. 포셋은 목가적인 중세를 주장하고 이를 변화시키면서, 이중 의식 내지 분열된 의식을 통합하는 실험을 하고 있다. 미국의 흑인은 '즐기면서 경멸과 동정'으로 바라보는 타자의 시선을 통해 더는 자신을 바라볼 필요가 없다는 것이다. 오히려 「나의 집」은 자신을 중세 기사 이야기의 주인공으로 바라보는 미국인이나 유럽인의 시각을 자신을 흑인 여성으로 바라보는 포셋 자신의 인식에 결부시킴으로써, 그 자

일러스트 1.7.1
제시 R. 포셋, 「나의 집과 그곳에서의 나의 삶에 대한 일별」, 《더 크라이시스》 8(1914년 7월), 144쪽.

신을 명확하게 그리고 완전히 통합된 존재로 바라보는 의식을 묘사하려고 노력했던 것이다.

　매우 인기 있었던 소설 『건포도 빵Plum Bun』 등의 다른 작품에서도 드러났던 중세에 대한 포셋의 주체적인 사랑은 인종적 정의의 진전을 위한 도구로서 중

세주의의 전략적 성공 가능성을 증언하고 있다. 포셋의 「나의 집」은 '15세기의 소용돌이에서의' **투쟁**보다는 중세의 **놀이**에 더 가깝다. 중세에 대한 포셋의 주체적인 애정은 퍼니벌의 그것과 결코 다르지 않으며, 포셋의 중세주의는 오늘날의 정치와 윤리를 비판하고 그것들에 영향을 주기 위해 "이것은 누구의 중세인가?"를 묻는 사람들에게 하나의 모델이다. 그것은 인종적 이중 의식의 충돌을 완화함으로써, 그리고 중세를 분석하고, 비판하며 적어도 간혹 지적으로 중세에 머무르고자 한 근대인으로서 그녀 자신의 일시적 이중 의식의 불화를 완화함으로써, 인종적 정의를 진전시키려 하며 중세학을 공부하는 학생들에게 하나의 모델이 되고 있다.

더 읽을 자료

이중 의식에 관한 듀보이스의 이론 및 아프리카계 미국인의 경험에서 이중 의식의 역할에 관한 성찰에 대해서는 W. E. Du Bois, *The Souls of Black Folk*(New York: Barnes & Noble, 2003[1903])를 참고하기 바란다.* 포셋의 작품 이외에 할렘 르네상스의 중세주의의 대표적인 사례로는 W. E. Du Bois, *Dark Princess: A Romance*(Jackson, MS: Banner Books/University Press of Mississippi, 2014[1928])를 보기 바란다.

20세기 중엽 포셋의 작품에 대한 수용은 R. Bone, *The Negro Novel in America* (New Haven: Yale University Press, 1965)에서 대표적으로 다루어졌다. 19세기 중세적 목가시의 발전에 관해서는 A. Chandler, *A Dream of Order: The Medieval Ideal in Nineteenth-Century English Literature*(London: Routledge & Paul, 1970)를 참고하기 바란다.

마지막으로 할렘 르네상스에 관한 오늘날의 인식에 관해서 그리고 중세주의를 보여주는 인식에 관해서는 A. Locke, "The New Negro," *The New Negro: Reading on Race, Representation, and African-American Culture, 1892-1938*(Princeton: Princeton University Press, 2007)를 보기 바란다.**

---

* 듀보이스에 관한 한국의 저술로는 황혜성, 「두보이즈의 "흑인의 영혼": 두 개의 정체성을 지닌 흑인이야기」, 《서양사론》, 117호(2013.6), 168~197쪽을 참고할 수 있다.

** 할렘 르네상스에 관한 한국의 저술로는 한지희, 『할렘 르네상스: 1920년대 신흑인의 탄생』 (연세대학교 출판문화원, 2016)을 참고할 수 있다.

＊

우리가 어디에서 왔는지에 대해 이야기하고자 하는 욕구는 인간의 위대한 서사적 동기 중 하나이다. 창조 신화, 국가國歌 및 족보, 이 모든 것은 그 시원, 모든 것이 어디에서 시작되었고, 내가 어디에서 왔고 누구에게 속해 있으며, 역사를 지닌 한 인간으로서 종국적으로 내가 누구인가에 대한 끌림을 공유하고 있다. 기원에 대한 조사의 뿌리는 깊지만, 결코 가치중립적인 프로젝트가 아니다. 우리가 과거로부터 찾고 있는 것과 우리네 과거에 관해 발견한 것을 어떻게 이야기할 것인지는, 결국 우리가 누구이고 무엇이 되고자 하며, 우리가 상상하는 미래가 어떻게 되기를 바라는 것인가로 귀결된다.

그리하여 기원에 관한 주장 및 이 주장들을 둘러싸고 구축된 서사는 그것이 단순한 이야기일 것이라고 우리가 상정하는 것보다 훨씬 강력한 힘을 지니고 있다. 이것들은 역사적 귀속감과 현재의 소속감에 대한 우리네 인식을 형성한다. 말하자면 공동체적 정체성의 경계를 기술한다. 즉 집단 구성원의 관문을 지키고 있다. 이것들은 그 구성원이 향유하는 혜택, 특권 및 권리를 제공하거나 이에 대한 접근을 금지한다. 이를테면 매년 10월에 미국의 초등

학생은 니냐호Niña, 핀타호Pinta 및 산타마리아호Santa Maria*의 이야기를 듣게 되는데, 이는 이들 학생이 자신은 누구이고, 어떻게 미국인이 되었으며, 미국인이 된다는 것이 무슨 의미인지에 관한 지식을 얻는 일이다. 기원 서사는 종종 사료의 사실성에 진리를 고정시키는 자신의 진실을 고정시키지만, 역사적 사실을 가볍게 다루기도 하고, 울림이 있는 세부 사항을 추가하거나 그런 서사가 당대에 구현하고자 하는 문화적 활동을 방해하는 세부 사항을 지우기도 한다. 심지어 그리스의 기하학자들과 그들의 중세 독자들이 지구가 둥글다는 사실을 매우 잘 알고 있었음에도, 기원 서사는 지구가 둥글다는 사실을 발견한 명예를 콜럼버스Christopher Columbus에게 부여하려는 미국의 정체성 구축 프로젝트에 일조하고 있다. 니냐호, 핀타호 및 산타마리아호가 스페인 이름을 지닌(스페인어의 악센트 기호 틸데가 붙은) 스페인 선박이고, 이 세 선박의 선장이었던 이탈리아 출신의 콜럼버스가 미국 대륙에는 발도 디디지 못했으며, 그 때문에 대서양 횡단 노예 교역이라는 트라우마가 시작되었고, 거의 500년 전에 북유럽의 항해자들이 그보다 먼저 북아메리카를 발견했다는 사실로 인해, 한때 그 프로젝트의 추진력이 약화되기도 했다. 이들 세부 사항을 복원하게 되면, 지배적인 서사에 의해 모호해지거나 상실된 대안적인 기원 서사가 가능해진다. 우리가 어디에 속해 있는지에 대해 우리가 공유해 온 이야기들은 우리가 말할 수 있는 유일한 이야기가 아니다.

이를 보다 단순하게 표현하자면, 기원은 우리가 과거의 역사와 현재 모두에서 무엇을 지향하도록 하는 데 일조한다. 그리고 근대 서구 세계에서 중세는 후대의 문화적 지향들이 일관되게 대두하는 것처럼 보이는 역사의 중요한 지점으로 기여하고 있다. 중세의 세계는 친숙한 동시에 낯설기도 하다. 그것은 엄청난 문화적 충격을 낳는다는 점에서는 우리네 세계와 다르지 않지만, 근대성이 그것과 대비하여 스스로를 규정하는 낯선 시대로서 기능할 만큼 충

---

* 콜럼버스가 신대륙을 발견하기 위해 대항해에서 활용한 세 선박의 이름이다.

분히 거리가 멀기도 하다. 결과적으로 대중적인 차원에서의 중세는 다양한 사람들이 삶을 영위한 천 년 이상의 기간을 가진 시기로 더는 언급되지 않는다. 그 대신에 중세는 그보다 후대의 역사적 시기들이 자신에 관해 스스로 이야기할 때 도출할 수 있는 문헌, 이미지 및 관념의 집합소가 되었다. 이런 특정한 서사들이 부상하게 되면, 다른 서사들은 비록 그들의 중세적 뿌리가 정당하고 깊다 하더라도 종종 권력을 장악한 집단과 기관에 기여하거나 권력과는 거리가 먼 사람들에게 피해를 주면서, 사라지게 된다.

제2부에 실린 글들은 서구 국가, 공동체 및 개인이 중세를 기원의 장소, 즉 그들이 스스로 이야기하는 서사적 주장을 세우는 잠재적 장소이자 시대로서 포착하는 방식의 일부를 검토하게 될 것이다. 여기에 게재된 모든 글은 오늘날 서사를 만드는 사람들의 중세를 뒤적거리는 가벼운 방식에, 그들이 자신이 선호하는 다른 서사를 위해 특정한 기원 서사를 선택적으로 모호하게 하는 방식에, 그리고 이들이 선호하는 서사가 떠받치고 있는 정치적·문화적·경제적 이해관계에 관심을 기울이고 있다.

처음 네 개의 글은 영향력 있는 이야기꾼들이 수용자를 오늘날의 목적으로 이끌기 위해 중세의 문헌과 역사 및 예술에 관한 기록을 어떻게 수집하고 선별적으로 망각했는지를 검토하게 될 것이다. 리언 슈피에흐Ryan Szpiech는 미국의 하원의원 키스 엘리슨Keith Ellison이 2007년 취임 선서를 하면서 사용한 토머스 제퍼슨Thomas Jefferson의 1764년판 쿠란의 중세적 기반을 보여주고 있다. 슈피에흐는 이를 통해 엘리슨이 겪었던 반무슬림주의자들의 비난을 비판하면서 제퍼슨의 쿠란을 단지 미국의 종교적 다원주의의 상징물로 해석하려는 단순한 시도에 이의를 제기한다. 윌리엄 J. 디볼드William J. Diebold는 알레만족 상징물의 역사적인 등장을 추적했다. 이 상징물은 2017년 샬러츠빌에서 있었던 "우파여 단결하라Unite the Right" 시위에 참여한 백인 우월주의자의 방패에 등장했으며, 나치 독일의 성지이자 나치 친위대SS에 봉헌된 베벨스부르크 성의 바닥에 새겨진 이른바 검은 태양이었다. 디볼드는 하인리히 힘러Heinrich

Himmler가 자기 권력을 강화한 과정과 제3제국의 중세적 기원이라는 극히 이데올로기적인 조작이 어떻게 독일 건축 유산의 파괴와 집단 수용소에서 살해된 수많은 사람의 노동에 의존했는지를 보여주고 있다. 종교적 영역과 관련하여, 로런 맨시아Lauren Mancia는 로드 드레허Rod Dreher가 『베네딕트의 선택The Benedict Option』에서 한 제안, 즉 세속화되고 부패한 미국 사회로부터 벗어나기 위해서는 기독교인이 수도원의 은거로 돌아가야 한다는 제안을 고찰하고 있다. 나아가 맨시아는 이 같은 은거에 대한 환상이, 보다 거대한 세속사회에 속하지는 않았지만, 그것에 관여한 중세 수도사의 실제 삶과는 얼마나 괴리가 있는지를 보여준다. 이와 유사하게 스테퍼니 멀더Stephennie Mulder의 글은 끝이 없어 보이는 수니파와 시아파 간의 종파적 갈등과 관련하여 중세의 종교적 관행에 대한 대중의 잘못된 인식을 교정하고 있다. 멀더는 중세 시리아의 위대하고 경이로운 건축물의 하나인 마슈하드 알후사인Mashhad al-Husayn에 대한 연구를 통해 협업과 공존에 관한 다른 이야기를 전해주며, 우리의 잘못된 관념이 어디에서 비롯되는지에 대해 질문을 던진다.

제2부에 게재된 나머지 네 개의 글은 모두 중세에 관한 지배적인 서사가 모호하게 만든 중세적 기원을 복원하려고 하고 있다. 세라 M. 게랭Sarah M. Guérin은 서유럽과 지중해, 근동, 인도 아대륙, 동아시아, 특히 아프리카 사이에 서로 얽혀 있는 교역로들을 상세히 보여준다. 아프리카는 중세 유럽의 금의 절반 이상이 생산되었고, 직물 생산에 필요한 명반明礬이 많았으며 상아의 주 원산지였다. 중세 예술 작품의 재료에 대한 검토는 중세가 다양한 사람들이 사회적으로나 경제적으로 접촉한 지구적 세계였음을 보여준다. 중세 유럽인의 인식에 이 같은 접촉이 미친 영향은 패멀라 A. 패튼Pamela A. Patton의 글에 생생하게 나타나 있다. 패튼은 오늘날 인종에 대한 피상적인 이해를 함께 논의하며 중세에 검은색 피부가 무슨 의미를 지녔고 어떻게 그런 의미를 지니게 되었는지를 살펴본다. 패튼은 우리에게 중세 유럽에서 근대 인종주의의 기원을 발견하려는 시도에 대해 경고하며, 비록 우리가 피부색에 대한 중세적 태도

를 바로 그렇게 인종주의로 본다 해도, 인종을 차별하는 근대의 체제를 위해 기능했던 검은색 피부가 중세에는 인종의 표지로서 기능하지 않았다는 점을 지적하고 있다. 마지막 두 개의 글은 오늘날 유럽의 민족주의 운동이 중세에 자신들의 국가의 다양성을 망각하도록 하는 역사 인식을 어떻게 요구하는지를 고찰한다. 엘리자베스 M. 타일러Elizabeth M. Tyler는 영국의 EU 탈퇴(브렉시트)라는 민족주의적인 정치 책동에 맞서 앵글로·색슨 잉글랜드의 다양한 언어적·인종적·문화적 구성을 되살리고 있을 뿐 아니라, 그 같은 다양성이 국가에 대한 보다 다원적인 개념을 배제한 제국주의적인 서西색슨족의 야망에 강제적으로 복속되고 포섭되었는지를 규명한다. 또한 데이비드 왁스David Wacks는 중세 스페인의 다양성에 주목한다. 스페인의 활기찬 유대인 전통과 무슬림 전통이 콜럼버스의 항해를 지원한 동일한 군주[이사벨]에게 어떻게 금지되었으며, 그 이래로 스페인의 학교 교과과정에서 어떻게 배제되었는가를 살펴본다.

모든 것을 고려해 볼 때, 이 글들은 오늘날 우리가 생각할 수 있는 여러 긴급한 현안을 제기하는 방식에서 교차되고 중첩된다. 문헌, 유물, 건축물 및 다른 문서보관소가 증언하듯이, 과거 역사적 순간의 삶의 다양성을 시간이 지나면서 어떻게 읽어낼 수 없게 되었는가? 이렇게 모호해진 삶을 복원하는 프로젝트에 대한 최상의 접근은 무엇이며, 우리는 이 삶들을 복원하는 도전에서 야기되는 불가피한 역사적 손실을 어떻게 설명하는가? 기원에 관한 서사가 중요한 이유는 무엇인가? 그것은 왜 위험하며, 우리는 영감을 주는 힘과 파괴하는 힘 모두에 대해 책임이 있는 자세로 이 서사들을 어떻게 다루는가? 중세가 오늘날 기원에 관한 우리네 탐사의 강력한 현장인 이유는 무엇이며, 고유한 용어로서의 중세와 중세 용어의 활용을 어떻게 구분할 것인가?

여기에 실린 글들이 보여주듯이, 중세의 보다 역동적인 역사에 관한 정확한 서술과 중세에 관해 우리가 수용한 서사의 수정은 우리가 다시금 중세로 향하도록 한다. 그리하여 우리는 시발점으로서 중세에 관한 우리네 추정에 의문을 제기하고, 오랫동안 그런 서사에서 사라졌던 중세의 기원을 복원하도록 초청받고 있다.

토머스 제퍼슨의 쿠란에 대한 세 가지 오독

리언 슈피에흐

2007년 1월 4일 미국 미네소타주의 하원의원으로 미국 의회에 입성한 최초의 무슬림이었던 키스 엘리슨Keith Ellison이 취임 선서를 했으나, 논란이 없지는 않았다. 워싱턴에서 개최된 이런 행사를 보도한 언론 사진에서는 공직자가 원한다면 성서에(또는 다른 책이나 책이 아닌 것에) 손을 얹고 선서를 하는 것이 관행이었다. 엘리슨은 이슬람교로 개종했기에, 선서식에서 성서 대신에 쿠란을 사용했다. 엘리슨이 손을 얹은 책은 한때 토머스 제퍼슨이 개인적으로 소장했던 쿠란 영역본이었다. 미국 의사당에서 수차례 화재가 났음에도 살아남은 제퍼슨의 이 쿠란은 현재 미국 의회도서관에 소장되어 있다.

이 쿠란의 사용은 일부 사람들에게 비판을 받았다. 공화당을 지지하는 평론가인 데니스 프래거Dennis Prager*는 사설에서 "하원의원이 어떤 책에다 손을 얹

---

*   1948~. 유대인 출신으로 미국의 보수적인 라디오 쇼 진행자이자 작가. 유대인 문제를 포함한 정치, 사회 등의 이슈에 대해 보수적인 견해를 표명했다.

고 선서를 할 것인지를 엘리슨이 아니라 미국이 결정해야 한다"라고 주장했다. 그는 엘리슨이 선서식에서 쿠란을 사용한 것을 두고 "이슬람 극단주의자들이 자신들의 최대 목표인 미국의 이슬람화를 대담하게 시도하도록 만들 것"이라고 주장했다. 비록 프래거의 언급에 대해 반명예훼손연맹이 "무관용적이고, 잘못된 정보에 기초한 것이며, 전적으로 비미국적인" 발언이라고 비판하기는 했지만, 그의 견해는 일부 사람들에게 공감을 얻었으며, 그리하여 아마도 몇 년 후에 온라인에서는 오바마Barack Obama 대통령이 똑같이 쿠란에 손을 얹고 선서를 했을 것이라는 소문이 돌기 시작했다. 이 같은 주장은 오바마의 출생지 및 시민권에 관한 음모론과 중첩되었다. 그 이후 도널드 트럼프Donald Trump는 오바마가 미국에서 태어나지 않았고 "ISIS를 창설"했으며, 심지어 "아마도 …… 오바마는 무슬림일 것이다"라는 억측까지 했다. 이 같은 발언은 중세를 공부하는 학생들에게 흥미로울 수 있다. 왜냐하면 트럼프는 ISIS가 사용한 폭력적인 전술들이 그 성격상 '중세적'이고, "마치 중세와 마찬가지로 …… 우리는 ISIS가 참수를 하는 세계에 살고 있다"라고 반복적으로 단언했기 때문이다. 제퍼슨의 쿠란─그 중세적 뿌리와 그것이 오늘날 엘리슨과 같은 무슬림과 맺는 연관성 모두─을 자세히 살펴보는 일은 '중세'와 '현대'를 편리하게 대비하는 논리를 이해하는 데 도움이 되며, 제퍼슨의 시대와 오늘날 모두에 걸쳐 미국의 역사에서 이슬람이 수행하는 복합적인 역할에 대한 다른 견해를 발전시키는 데 또한 일조하고 있다.

엘리슨은 미네소타주의 검찰총장으로 선출된 2018년까지 하원의원이었다. 그는 하원의원으로서의 취임 선서로 유명해졌으며, 캐럴린 워커다이얼로 Carolyn Walker-Diallo 또한 쿠란에 손을 얹고 뉴욕 1심 법정의 재판관으로서 취임 선서를 하자 2015년에 엘리슨 관련 기사가 다시 등장했다. 한편 1734년 영국의 동양학자 조지 세일George Sale* 이 만든 영역본을 기초로 하는 1764년판 제

---

* 1697~1736. 영국의 동양학 학자이자 변호사. 쿠란을 영어로 번역하여 명성을 얻었고, 볼

퍼슨의 쿠란에 그 책의 역사적 맥락에 대해 독자의 이해를 돕기 위해 서문과 주해 또한 포함되어 있다는 사실은 덜 알려져 있다. 제퍼슨은 이슬람에 관해 지속적인 관심을 가지고 있었으며, 변호사로 활동하는 동안 세계의 다른 문명 국들의 다양한 법전에 대한 비교 연구의 일부로서 이 쿠란을 활용했을 수도 있다. 제퍼슨의 쿠란을 역사가들은 종교 전반, 특히 이슬람 그리고 각별히는 식민지 아메리카의 위상에 관한 계몽주의 논쟁이라는 맥락에서 해석했다.

하지만 세일 번역본의 중세적 뿌리에 관해 많은 관심이 기울어지지는 않았다. 세일이 설명하고 있듯이, 세일의 쿠란 번역은 중세의 쿠란 번역 및 근대 초기의 쿠란 번역에 대한 반응의 산물이었다. 특히 1734년판 쿠란의 서문과 주해에는 이 이슬람 성서의 유럽 기독교인 독자를 위해 멀리 12세기까지 거슬러 올라가는 참조 사항들이 포함되어 있다. 서문에서 세일은 1143년경 톨레도에서 잉글랜드인 로버트 케튼Robert of Ketton에 의해 번역된 최초의 라틴어 쿠란은 물론 그 이후 수 세기에 걸쳐 라틴어와 속어로 번역된 여러 번역본도 언급했다. 로버트 케튼의 쿠란 번역은 명백히 반무슬림적인 의도에서 클뤼니 수도원의 수도원장 가경자可敬者 피에르Pierre의 요청으로 이루어졌다. 12세기에 이슬람 문명은 절정에 달했고, 이베리아 남부로부터 인도 북부까지 확산되었으며, 지중해 남부 해안 일대와 중동 지역을 포괄했다. 로버트 케튼과 가경자 피에르는 기독교와 무슬림 간의 충돌—이베리아반도에 대한 기독교도의 '재정복'과 십자군 전쟁이 진행되는 동안 기독교도의 예루살렘 정복 및 성지 탈환이 포함된—의 여파로 이슬람 저술에 대한 보다 직접적인 접촉을 시작한 다수의 중세 기독교인 가운데 단 두 사람에 지나지 않았다. 아랍 서적의 라틴어 번역에 대한 요구는 유럽의 초기 대학의 학생들이 아랍의 과학 서적 내지 철학 서적을 최초로 접했던 12세기에 증가했다. 한편 종교적 교리(와 무신앙)를 보다 명백히 정의하고자 했던 기독교의 성직자들은 유대인과 무슬림의 주장을 논박하기 위해

테르로부터도 호평을 받았다. 『종합 사전』을 저술했다.

그들의 경전을 최초로 번역했다.

중세의 이 같은 논쟁적인 정신과 보조를 맞추면서, 세일에 이어 발렌시아 왕국의 "샤티바 출신인 요하네스 안드라에스Johannes Andraes는 이슬람의 의사였다가 기독교 사제가 된 사람으로 쿠란뿐만 아니라 그 주석도 번역했다". 이 '요하네스 안드라에스'가 다름 아닌 후안 안드레스Juan Andrés였다. 그는 1515년 스페인의 발렌시아에서 간행된『무함마드 종파와 쿠란의 혼동 및 그에 대한 논박』이라는 반무슬림적인 저술의 저자로 알려져 있다. 세일은 쿠란 16장 103절*에 대한 주석에서 후안 안드레스로 돌아오고 있다. 이 구절은 무함마드가 신으로부터가 아니라 어떤 현자로부터 무엇을 말해야 할지를 듣게 되었다고 어떻게 비난을 받았는지를 설명하고 있다. 세일의 설명에 따르면, "일부 기독교인 저자들은" 심지어 무함마드가 한 유대인에게 가르침을 받았다고 주장하는데, 그런 저자로 후안 안드레스와 13세기의 도미니크회 수사 리콜도 몬테 크로체Riccoldo da Monte di Croce(1320년 사망)가 지목된다. 리콜도의 유명한 저술인『사라센인들의 법률 비판』은 이슬람을 공격하고 기독교를 고양하기 위해 집필된 중세의 여러 저술 중 하나이다('사라센'은 무슬림을 가리키는 중세 기독교의 일상적인 용어였다). 이 저술은 이 같은 목적을 달성하기 위해 예언자 무함마드에 관한 이슬람의 여러 원천으로부터 나오는 인용문을 활용했다.

당시 서유럽에서는 이 같은 책이 널리 유통되고 있었기 때문에, 18세기에 활약한 조지 세일이 이들 중세인의 이름을 거명한 것은 이례적이지 않다. 로버트 케튼의 쿠란은 반복적으로 복제되었으며, 16세기에 적어도 두 번 출판되었다(심지어 이슬람을 공격하는 중세 기독교인 독자의 무의미한 분노일 뿐인 주석을 포함시켜 재간행한 판본도 있었다). 그뿐 아니라 리콜도와 안드레스의 비판은 이슬람을 반박하는 매우 널리 유통된 기독교 저술에 포함되었다. 쿠란을 비판하

---

* 한 인간이 그[무함마드]를 가르치고 있을 뿐이라고 말하는 그들을 우리가 알고 있나니, 그들이 말하는 언어는 외래어지만, 이것[쿠란]은 순수한 아랍어이다.

는 리콜도의 라틴어 저술은 여러 번 복제되고 간행되었으며, 그중 가장 널리 알려진 것이 1543년부터 마르틴 루터Martin Luther의 독일어 번역물에 포함된 것이다. 안드레스의 저술 또한 유럽 전역에서 폭넓게 유통되었으며, 적어도 여섯 개의 언어로 12판 이상 간행되었다. 당시의 기준에서 볼 때, 이 책들은 진정한 베스트셀러였다.

그리고 이들 책은 수 세기 동안 유통되었다. 후안 안드레스와 리콜도의 책은 18세기 말엽까지 줄곧 간행되고 널리 판매되었으며, 심지어 20세기와 21세기에도 이따금 인용되었다. 이를테면 1931년 영국에 근거지를 둔 이슬람 선교회의 기관지인 《이슬라믹 리뷰Islamic Review》는 후안 안드레스에 관한 세일의 기술을 서구 쿠란 번역사의 일부로 옮겨놓았다. 1939년 미국의 선교사이자 프린스턴 신학대학 교수였던 새뮤얼 M. 즈웨머Samuel Marinus Zwemer는 이슬람 지역에서 오랜 세월에 걸친 기독교 선교사들의 역사를 서술하며 이와 마찬가지로 세일의 기술을 옮겨놓았다. 2002년 뉴욕 세계 무역 센터 공격의 여파로 미주리주의 루터파 목사였던 토머스 포텐하워Thomas Pfotenhauer는 리콜도의 책에 대한 루터의 독일어 번역본의 영역본을 『시련에 직면한 이슬람: 시험대를 통과할 수 있을까Islam in the Crucible: Can It Pass the Test?』라는 제목으로 간행했다. 그리고 엘리슨이 하원의원에 당선된 역사적인 2007년에, 리콜도의 라틴어 원저에 대한 또 다른 번역본이 간행되었다. 그 번역자는 론디니 엔시스Londini Ensis인데, 격론을 부른 이 라틴어 필명의 말장난이 지닌 이중의 의미는 '런던의 시민'과 '런던의 칼'이었다. 리콜도와 안드레스의 유산은 수 세기에 걸쳐 전해졌으며, 오늘날에까지 이르고 있다.

그리하여 이들 자료를 당시 세일이 활용한 것은 이들 텍스트의 광범위한 인기와 반무슬림적 견해로 인해 놀라운 일이 아니었다. 중세 및 근대 초기의 쿠란 번역물들과 비교해 볼 때, 아랍어에서 직접 번역되고 원문을 충실하게 따르며 문법과 해석에 대한 주석도 포함하는 세일의 번역본은 공정하고 심지어 '학구적'이라고 찬사를 받기조차 한다. 하지만 데니스 프래거와 그의 독자는 세일이 중세의 선구자들에게 일부 공감하고 있다는 사실을 확인하고서 기뻐했을 수도 있다. 확실히 세일은 (이슬람이 강제 개종으로 확산되었다는 널리 퍼진 오해 등) 이슬람에 관한 다수의 오해를 시정하고자 했으며, 지도자이자 법률 제정자로서의 무함마드가 독자에게 존경을 받을 만하다는 점도 명확히 했다. 하지만 이슬람에 대한 호의적인 견해를 밝히면서도 세일은 모순된 말을 하고 있고, 무함마드가 예언자이자 종교 지도자로서 기만적이고 비난을 받아야 한다고 생각한다는 점을 매우 명확히 했다. "무함마드가 거짓 종교를 인류에게 강제하면서 매우 커다란 잘못을 저질렀다고 해도, 무함마드의 실제 덕목에 대한 찬사가 부정되어서는 안 된다"라는 세일의 언급을 우리는 어떻게 이해해야 할까? 쿠란 그 자체에 대해서 세일은, 비록 그것의 고상함을 인정하고 있지만, "무지하거나 불공정한 번역으로 쿠란에 지나치게 호의적인 견해를 갖는 사람들을 반드시 깨우쳐야 하고, 그 같은 기만을 효과적으로 폭로하는 것이 반드시 필요하다"라는 점을 명확히 했다.

이와 같은 언급에서 세일은, 그가 간혹 이슬람에 대한 호의적인 견해를 표명하기는 했지만, 자신이 활용한 중세의 사료에 대한 인식, 즉 유일한 종교인 기독교가 모든 진리를 가르칠 수 있다는 견해를 공유하고 있음을 보여준다. 그럼에도 현대의 비평가들은 기독교인과 무슬림 간에 공통의 기반을 형성하는 데 일조하려고 제퍼슨의 쿠란의 가치를 강조하면서, 그것을 둘러싼 논쟁의 계보를 인식하지 못하는 것으로 보인다. 오바마 대통령은 2009년에 이집트 카이로의 알아자르 대학교에서 행한 연설에서 엘리슨이 세일의 번역본을 사용한 것을 언급했다. 오바마는 어떻게 "이슬람이 미국의 일부인지"를 보여주는 사례로서 이를 인용했다. 엘리슨 역시 자신에 대한 비판에 반론(《워싱턴 포스트》 2007년 1월 4일 자 기사)을 제기하면서 "관용과 통합의 새로운 정치"를 확언했다.

세일의 번역본인 제퍼슨의 쿠란이 종교 다원주의라는 근대의 개념과 상충되는 중세의 논쟁적 전통의 뚜렷한 흔적을 지니면서 누군가에게 포용의 상징물이 되었다는 것은 역설이 아닐 수 없다. 이슬람에 대한 세일의 언급과 엘리 슨의 옹호자와 비판자가 남긴 언급의 병존은 세 가지 분명한 오독의 사례를 보여준다. 첫째, 제퍼슨의 쿠란이, 오바마의 표현을 빌리면 어떻게 "이슬람이 늘 미국 이야기의 일부였"는지에 대한 흥미롭고 대체로 문제 없는 사례라는 견해는, 18세기 이슬람 세계에 서구 국가들이 개입한 것에 대한 충격적인 사실을 편리하게 무시하고 있다. 이 같은 견해는 아메리카의 초기 무슬림들의 일부가 자신의 의지에 반하여 사실상 노예로 신대륙으로 끌려 왔으며 때때로 기독교로 개종할 것을 강요받았다는 냉혹한 현실을 호도한다. 이 같은 인식에 는 이슬람의 신성한 경전인 쿠란을 영어로 번역하는 작업이 서구의 경제적·문화적 이해관계에 기여하는 것과는 거리가 먼 학문적 관심 내지 문화적 호기심의 산물이라는 함의가 포함되어 있다. 세일의 번역이 그러했던 것처럼, 영국이 인도와 아시아로 활발하게 팽창한 시기에 이루어진 번역에 대해 이 같은 주장을 하는 것은 오독이거나 순진한 생각이다. 이 같은 인식은 근대 '서구'의 '동양'에 대한 언어적·역사적 연구가 근대 유럽의 식민주의의 산물일 뿐만 아니라 개종의 주체이거나 논쟁적 적대감의 대상으로서의 외국인과 '타자', 즉 유대인, 무슬림과 다른 여러 집단에 대해 전근대에 이루어진 개입에 직접 기초하고 있다는 사실도 망각하고 있다.

둘째, 이와 달리 세일의 번역본은 제퍼슨 자신이 고양한 것과 같은, 종교에 대한 합리적 계몽주의의 인식을 반영한 것으로 이해될 수도 있다. 필자에게는 마찬가지로 오독처럼 보이는 이 같은 견해에서, 세일은 이슬람을 비판하는 중세의 논쟁적인 주장을 잘 살펴보되 채택하지는 않고, 그 대신에 이슬람에 대한 보다 학술적이고 공정한 견해로 대체한 것으로 보일 수도 있다. 무함마드와 쿠란에 대한 세일의 절제된 찬사는 안드레스의 과격한 반이슬람 논쟁과 쿠란에 대한 리콜도의 거친 비난과는 결별하고 있는 것처럼 보인다. 하지만 이 같은 해석은 중세 및 근대 초기의 논객들의 편견과 증오에 대비되는 계몽주의 학문의 중립성이라는 손쉬운 서술을 너무 쉽게 제공하고 있다. 근대 초기 아람과 유대에 대한 유럽의 개입이라는 식민지를 둘러싼 그리고 정치적인 이해 관계를 간과하는 것이 오류인 것과 마찬가지로, 토머스 제퍼슨 등 18세기의 계몽주의 독자들이 다른 문화 내지 다른 시대에 대한 보다 합리적이고 객관적인 연구를 위해 선례와 완전히 결별했다고 주장한다면 이 또한 오류가 될 것이다. 이 같은 이해는 중세의 반이슬람 자료에 대한 세일의 의존과, 신의 계시에 관한 이슬람의 주장이 지닌 부조리를 말하는 논쟁적 견해에 대한 세일의 지지 모두를 무시하는 것이다. 세 번째로 약간 상이한 견해는 두 번째 견해의 변종인데, 계몽주의의 신화를 온전히 유지하면서 독자로서 세일을 거부하는 것이다. 이 같은 이해에 따르면, 세일은 중세의 자료에 개인적으로 압박감을 느꼈으며, 쿠란 및 이슬람에 대한 세일의 적대적인 싸움은 세일이 활동한 당시의 합리적이고 공정한 시대 조류와 단지 일치하지 않을 뿐이라는 것이다. 하지만 이 같은 견해는 관대하고 다원적인 근대성에 의해 마침내 극복된 편협한 중세라는 희화화된 서술에 여전히 굴복하고 있다. 계몽된 오늘날에 종교에 대한 논쟁적인 수사가 시대에 뒤떨어져 있다는 사실을 인식하기 위해서는 엘리슨에 대한 데니스 프래거의 비평을 환기하기만 하면 된다.

만약 우리가 제퍼슨의 쿠란에 대한 이 인식들, 즉 과도하게 긍정적인 견해나 과도하게 부정적인 견해 또는 과도하게 현재주의적이거나 자기옹호적인 견해를 거부한다면, 어떤 선택이 남는가? 아마도 우리는 여기서 진짜 오독은 과거의 역사적 시기들―우리 시대를 포함한 모든 역사적 시기―을 과도하게 단순하게 바라보는 것이라는 인식에서 지침을 발견하게 될 것이다. 과거를 흑백의 논리로 바라보는 것은 중세의 기독교 논객들이, 분노를 표출하면서도, 타 종교에 대해 혼재된 견해를 드러내거나 혼재된 의제를 추구하면서 종종 양면적인 태도를 취했다는 사실을 망각하는 것이다. 이렇게 엇갈리는 의도를 이해하기 위한 적절한 접근은 12세기의 로버트 케튼으로부터 16세기의 후안 안드레스와 18세기의 조지 세일에 이르기까지 기독교의 쿠란 번역의 역사에서 토머스 버먼Thomas Burman이 제안한 견해이다. 버먼이 지적하고 있듯이, "이 긴 기간의 쿠란에 대한 기독교의 이해의 특징은 필자가 문헌학이라고 명명한 것과 동일한 것이다. 그것은 아랍어 어휘와 문법의 의미, 쿠란에 대한 무슬림의 역사적 이해 그리고 아랍어 및 라틴어 번역 모두에 존재하는 텍스트상의 문제에 대한 성실한 연구를 말한다. 논쟁에 의해 그렇게 되듯이 …… 이 두 가지 방식의 이해는 동일한 독자의 마음에 종종 나란히 존재했다." 이슬람에 대한 논쟁적인 거부와 이슬람이 낳은 문명에 대한 인문주의자의 존경 모두를 표현하고 있는 제퍼슨의 쿠란은 이 이중의 의도를 요약하고 있으며, 그것의 가상의 근대성 때문이 아니라, 오히려 오늘날의 우리에게 한결같이 논쟁적이며 독설적인 것으로서 보이는 중세의 문헌으로부터 서로 상반되는 두 가지 내용을 동시에 주장하는 이 같은 방식을 유산으로 물려받았기 때문이다. 제퍼슨의 쿠란이 엘리슨과 프래거와 그 모든 혼란한 여진 사이에서 오늘날 논쟁의 십자 포화를 받음에 따라, 그것은 중세적 과거에 대한 오늘날 우리 자신의 개입의 중심에 있는 혼재된 의도와 명백한 모순을 적절히 구현하고 있기도 하다.

더 읽을 자료

프래거의 언급에 관해서는 그의 논문 "America, Not Keith Ellison, Decides What Book a Congressman Takes His Oath on," Townhall.com(November 28, 2006)을 참고하기 바란다. 반명예훼손연맹의 반응에 관해서는 "ADL Statement on Dennis Prager's Attack on Koran"(December 1, 2006)을 참고하라. 온라인 https://web.archive.org/web/20061230040601; https://www.adl.org/presrele/dirab_41/4934_41.htm에서 이용할 수 있다. 엘리슨은 "Choose Generosity, Not Exclusion," *The Washington Post*(January 4, 2007)에서 대응했다. 오바마가 쿠란을 활용했다는 주장에 관해서는 Angie D. Holan, "Obama Used a Koran? No, He Didn't," Polifact.com(December 20, 2007)을 보라. 트럼프 대통령은 대통령 후보 2차 토론(October 9, 2016)을 포함하여 여러 번 '중세'에 관해 언급했다. 이는 의회 정기 기록물에서 이

용할 수 있고《뉴욕 타임스》에 전재되었다. 선거 과정에서 트럼프가 오바마가 "ISIS를 창설했다"라고 주장한 것에 관해서는 N. Corsaniti, "Donald Trump Calls Obama 'Founder of ISIS'"를(또한《뉴욕 타임스》에서) 보라. 오바마의 출생 서류가 아마도 "그가 무슬림임을 말해"줄 것이라는 트럼프의 주장에 대해서는 C. Moody and K. Holmes, "Donald Trump's History of Suggesting Obama Is a Muslim," CNN.com에서 확인할 수 있다.

토머스 제퍼슨의 쿠란은 *The Koran: Commonly Called the Alcoran of Mohammed*, trans. George Sale, 2 vols.(London: L. Hawes, W. Clarke, R. Collins, and T. Wilcox, 1764)로 간행되었다. 세일의 초판본에 대한 중쇄본(London: C. Ackers for J. Wilcox, London, 1734)이 존재한다. 종교적 자유에 관한 미국의 초기 저술이라는 맥락에서 제퍼슨의 쿠란의 역사는 D. A. Spellberg, *Thomas Jefferson's Qur'an: Islam and the Founders*(New York: Alfred A. Knopf, 2013)에서 찾아볼 수 있다. 이슬람에 관한 18세기의 다른 저술들이라는 맥락에서 세일의 번역에 대한 연구는 Z. Elmarsafy, *The Enlightenment Qur'an: The Politics of Translation and the Construction of Islam*(Oxford: Oneworld, 2009)에서 찾아볼 수 있다. 이슬람을 비판하는 중세 기독교 논객들에 대한 자세한 설명으로는 N. Daniel, *Islam and the West: The Making of an Image*, rev. ed.(Oxford: Oneworld, 2009); John Tolan, Saracens (New York: Columbia University Press, 2002) 등이 있다. 유럽에서 쿠란의 (라틴어로의) 초기 번역의 역사는 T. E. Burman, *Reading the Qur'an in Latin Christendom, 1140~1560*(Philadelphia: University of Pennsylvania Press, 2007)가 있다.

포텐하워의 책에 대한 관심을 일깨워준 케이트 왜거너카츠너Kate Waggoner-Karchner에게 감사를 표하고자 한다. 그녀의 2019년 박사학위 논문 "Europe, Islam, and the Role of the Church in the Afterlife of a Medieval Polemic, 1301~1543"(University of Michigan)을 참고하기 바란다.

나치의 중세

윌리엄 J. 디볼드

일러스트 2.2.1은 2017년 여름 버지니아주 샬러츠빌에서 있었던 "우파여 단결하라Unite the Right"라는 시위의 여진으로, 즉 이 시위에 반대한 헤더 헤이어 Heather Heyer가 시위대에 의해 목숨을 잃은 이후로 널리 퍼졌다. 왼쪽 끝에 제임스 필즈 주니어James Fields, Jr.가 있는 이 사진은 촬영된 이후 언론에 여러 차례 등장했다. 필즈는 자신의 자동차로 군중에게 돌진했고 헤이어를 죽였다. 그러나 필자가 관심을 가지고자 하는 인물은 필즈 옆에 있는 남성이다. 그는 복잡한 문양으로 장식된 방패를 들고 있다. 대체로 방패는 중세를 연상시키며, 이 방패의 문양은 실제로 중세에 기원을 두고 있다. 즉 그것은 라인강 상류에 거주했던 서유럽의 알레만족이 만든 6~7세기 금속 장신구의 한 유형에서 유래했다. 신나치의 중세주의(중세 이후에 중세 상징물의 활용)를 보여주는 이 작품은 결코 특별한 예외가 아니다. 샬러츠빌에서 등장한 방패의 문양은 2019년 뉴질랜드의 크라이스트처치에 있는 이슬람의 두 모스크를 공격하여 51명을 살해한 한 남자가 작성한 선언문의 표지에도 또한 등장했다. 오늘날의 극우주

일러스트 2.2.1
제임스 필즈와 방패를 들고 있는 신나치주의자들. 버지니아주 샬러츠빌, 2017년 "우파여 단결하라" 시위.
자료: 스테퍼니 키스Stephanie Keith.

의자들은 중세에 주목하고 있으며, 이는 다음과 같은 질문을 제기한다. 즉 만약 오늘날의 신나치주의자들이 중세에 매료되고 있다면, 원래의 나치주의자들은 중세에 대해 어떤 생각을 했는가?

이 질문은 단지 학문적인 것만이 아니다. 말하자면 중세는 나치주의자들의 자기 인식의 중심에 있다. 그들의 체제를 가리키는 명칭 자체가 중세적 과거를 연상시킨다. 왜냐하면 그들은 자신들의 제3제국Third Reich이 10세기에 기원한 독일 제1제국의 재탄생이라고 믿었기 때문이다. 중세가 나치에게 얼마나 중요했는지를 보여주는 하나의 징표는 나치의 일부 지도자들이 중세 연구에 많은 시간과 재원을 투자했다는 사실이다. 즉 나치당의 주요 이론가였던 알프레트 로젠베르크Alfred Rosenberg와 나치 친위대(나치당 경찰과 군인)의 대장이었던 하인리히 힘러Heinrich Himmler는 중세 연구를 열렬히 추진했던 것이다. 이 글은 힘러에 초점을 맞추고 있으나, 그가 나치 중세를 추구한 유일한 인물이 아님을 인식하는 것이 중요하다. 비록 나치 지배하의 독일이 전체주의적인 국가였다고 해도, 그것은 전적으로 일관된 신념을 가지고 있지는 않았으며, 심지어 정당 이념에서도 그러했다. 나치의 지배는 조지 오웰George Orwell의『1984』와 같은 작품으로 친숙한 하향식 전체주의라는 관점에 비해 매우 혼란스러웠고 체계적이지 않았다. 왜냐하면 나치 독일의 지배에는 완벽한 정당과 완벽한 국가 조직 사이에 균열이 있었기 때문이다. 그리하여 그 둘 사이의 경쟁은 종종 분열을 야기했고, 특히 중세 등의 핵심 주제에서 그러했다. 이 글은 이에 대해 단지 하나의 전망을 제공하며, 따라서 '어떤 나치의 중세'라는 제목이 아마도 보다 적절할 것이다.

친위대 대장 힘러는 수중에 많은 것을 가지고 있었으나, 학문적이거나 준학문적인 문제를 탐구하는 데 상당한 시간을 할애했다. 그는 흥미로운 주제를 연구하기 위해 친위대 내에 '아넨에르베Ahnenerbe(선조의 유산)'이라는 연구 조직을 결성했다. 이 명칭은 그 조직의 성격에 대한 훌륭한 감각을 제공하고 있다. 그러나 모든 나치주의자와 마찬가지로, 심지어 극단적인 나치주의자에게조차, 힘러의 세계관은 인종차별적이었다. 힘러는 자신의 조상을 알고자 했으며, 그에게 조상은 정신적 조상이나 철학적 조상이 아니라 그가 혈족이라고 생각하는 사람을 의미했다. 힘러에게 그와 같은 '인종적' 조상 중에서 하인리히Heinrich라는 작센의 공작보다 중요한 사람은 없었다. 919년 작센인들은 하인리히를 군주로 선출했다. 19세기 이래 독일의 다른 다수의 민족주의자들과 마찬가지로 나치는 하인리히가 독일 최초의 군주였다고 생각했다.

그 같은 주장은 매우 논쟁적이었다. 왜냐하면 그런 중세와 근대 간의 거리가 너무 멀기 때문이다. 10세기 하인리히의 왕국은 20세기 독일과 지리적으로 약간 중첩되지만, 그것이 근대 국민국가 시대 이전의 시대를 살았던 하인리히를 '독일' 최초의 군주로 만들어주지는 못한다. 하지만 역사에 대한 그와 같은 양심의 가책이 힘러의 사고에는 존재할 수 없었을 것이며, 특히 힘러가 하인리히 1세를 위해 해야 할 다른 좋은 일이 있었기 때문이다. 인종적 사유에 완

일러스트 2.2.2
크베들린부르크의
성 세르바티우스 교회
(12세기와 14세기).
1900년경의 내부 모습.
자료: W. Pinder, *Deutsche Dome des Mittelaters*(Leipzig: Langewiesche, 1910), p.5.

전히 구속되어 있지는 않은 우리 중 다수는 하인리히 1세와 힘러가 동일한 이름을 공유하고 있다는 사실에 그렇게 커다란 계보학적 의미를 두지는 않을 것이다. 힘러는 그런 사실을 신뢰했고, 매우 그러했다. 힘러는 자신이 하인리히의 환생이라고 생각하기까지 했다.

이는 힘러의 탁월한 '선조'에게 적절한 집이 있어야 한다는 것을 의미했다. 936년 사망한 이후 하인리히 1세는 독일 중북부의 크베들린부르크에 있는 한 교회에 묻혔다. 12세기에 성 세르바티우스Servatius*에게 봉헌된 웅장한 교회가 하인리히의 무덤이 있던 건축물 위에 건립되었다. 일러스트 2.2.2와 2.2.3

---

* ~384. 아르메니아에서 출생했고, 네덜란드의 마스트리히트에서 순교한 성인. 벨기에 통게렌의 주교를 지냈으며, 아리우스파에 맞서 가톨릭의 삼위일체설을 변론했다.

일러스트 2.2.3
크베들린부르크의
성 세르바티우스 교회
(12세기와 14세기).
1940년 7월의 내부 모습
(기념물 보존과 작센안할트주
고고학 국가 사무소, 건축물과
기념물 보존 아카이브).

은 이 12세기 교회의 신랑身廊으로부터 동쪽 성가대석을 향한 교회의 정경이
다. 이 교회는 이전의 교회 위에 세워졌다. 이 두 사진은 다른 시기에 동일한
위치에서 촬영한 것이다. 일러스트 2.2.2는 1900년경에, 2.2.3은 크베들린부
르크의 이 교회를 힘러가 대폭 개조하고 친위대가 하인리히 1세를 기념하기
위한 보다 적절한 장소로 만든 이후인 1930년대 후반에 촬영되었다. 교회 개
조에 대한 한 조사는 나치의 중세 인식의 몇몇 양상을 이해하는 데 일조하고
있다.

가장 포괄적이고 가시적인 변화는 제단이 놓여 있고 미사가 진행되는 동안
성직자가 있었을 동쪽 끝에서 있었다. 크베들린부르크 교회의 성가대석은 뾰
족한 아치와 커다란 창을 특징으로 하는 고딕 양식으로 만들어졌다. 친위대의
건축가들과 역사적인 '보존주의자들'은 갈비뼈 형태를 한 고딕 양식의 궁륭穹

🏛 천장을 제거하고 반구형 돔으로 대체했다. 이들은 고딕 아치와 창문들 전면에 새로운 반원형의 벽을 세움으로써 그것들을 가렸다. 이로 인해 로마네스크 양식의 골격만 남게 되었다. 로마네스크 양식은 연대기적으로 고딕 양식 이전의 중세 건축 양식으로서, 로마네스크 건축물의 특징은 둥근 아치가 많이 사용되고 고딕 양식보다 일반적으로 외형이 더 육중하다는 것이다. 크베들린부르크 교회의 이 신로마네스크 벽은 발톱으로 스바스티카🪝를 쥐고 있는 독수리를 보여주는 스테인드글라스가 있는 둥근 창이 나 있었다. 크베들린부르크 교회에서 중세 고딕 양식의 성가대석이 고딕 이전 양식인 로마네스크에 대한 근대적 변형에 밀려나야 했던 이유는 무엇인가? 힘러와 친위대에게 고딕 양식이 문제가 된 것은 그것이 '프랑스' 양식으로 인식되었기 때문이다(초기 고딕 양식 건축물들은 실제로 오늘날의 프랑스에 남아 있다). 이들에게 '독일' 최초의 군주의 묘지를 조성할 건축물에 고딕 양식은 완전히 부적절했던 것이다. 이에 비해 단순함과 힘을 특징으로 하는 로마네스크 양식은 기본적으로 독일적인 것으로 인식되었다.

나치주의자들은 크베들린부르크의 교회에서 여러 가지 변화를 시도하며, 크고 작은 영향을 미쳤다. 힘러의 부하들은 그 건물의 이름도 바꾸었다. 즉 이제 그것의 이름은 성 세르바티우스 교회가 아니라 '하인리히 왕의 홀'이 되었다. 이 새로운 이름은 그 건축물이 늘 교회였고 결코 군주의 홀이 아니었기에 적절한 것이 아니었다. 하지만 이 같은 이름의 변경은 하인리히 1세가 기독교에 대한 그들의 비판을 예시한 인물이었다는 친위대의 부단한 주장에는 잘 부합했다(다수의 나치 조직과 마찬가지로, 친위대는 기독교 교회에 적대적이었다. 부분적인 이유는 친위대가 교회를 나치당의 통제 아래 있지 않은 경쟁자이자 거대한 사회집단으로 간주했기 때문이다. 힘러 등 진정한 인종주의자들에게, 예수가 유대인으로 출생한 것도 기독교에 반감을 갖도록 한 요소였다). 힘러는 독실한 기독교도였던 하인리히 1세가 나치의 원형이었다는 자신의 견해를 뒷받침하기 위해, 하인리히가 대관식에서 성직자의 도유塗油를 요청하지 않았다는 10세기 역사가의 말을 인용했다. 힘러에게 이는 기독교 교회가 정치에 관여해서는 안 된다는 하인리히의 인식에 대한 증거였다. 그러나 이는 중세의 사료를 노골적으로 오독하고 있다. 하인리히는 정치적 이유에서가 아니라, 자신에게 그 같은 도유를 받을 자격이 없다고 생각했기 때문에 도유를 거부한 것이 명백하다. 달리 말하자면, 하인리히는 유대 기독교의 겸손이라는 덕목에 입각하여 도유를 거부했던 것이다.

친위대가 크베들린부르크의 교회에서 행한 변화는 신이교주의를 표출했고, 그 교회를 교회답게 만들었던 전례 기구를 제거했다. 이 같은 변화에는 일러스트 2.2.2의 우측 기둥들 사이에 있는 설교대도 포함된바, 루터파 목사가 거기서 설교를 했을 것이다. 16세기 마르틴 루터의 프로테스탄트 종교개혁은 크베들린부르크 근교에서 기원했다. 프로테스탄트들에게 설교와 말씀 듣기는 신앙에 핵심적이었고, 프로테스탄트들에게 설교대는 신의 숭고한 말씀을 선포하는 공간이었다. 크베들린부르크의 교회에서 설교단이 제거됨으로써 그곳은 교회가 더는 아니게 되었다. 또한 나치의 개조 이후에 일러스트 2.2.2에서 지하실 위의 연단에서 보였던 제단이 사라졌으며, 신랑을 채웠던 고정된 신도석도 사라지고 이동식 의자로 대체되었다. 이 새로운 의자는 일러스트 2.2.3을 촬영할 당시 치워졌다. 이 의자가 중요하기는 하지만, 이 사진은 나치 크베들린부르크의 '순수성'을 강조하기 위해 촬영된 것이기 때문이다. 이 의자들은 다하우 집단 수용소에서 만들어졌던 것이다.

친위대는 다하우 수용소에서 저렴한 가격에 의자를 확보할 수 있었기에 의자 공급처로 다하우를 선택했다. 비용 편익 분석이라는 근대의 경제 논리의 이 같은 활용은 전기를 절약하기 위해 양초를 재도입하기도 한 변화의 일부로서, 나치 중세주의의 중요한 특징, 즉 그것의 비일관성과 모순을 보여주고 있다. 크베들린부르크에서 힘러의 프로젝트는 여러 측면에서 볼 때 사실 퇴행적이었다. 이를테면 일러스트 2.2.2에서 보이던 샹들리에는 일러스트 2.2.3에서 사라졌다. 친위대의 크베들린부르크 교회에서는 촛불이 사용된바, 이는 명백하게 의고주의擬古主義적인 행위이자 시대착오적인 시도였다. 그러나 다하우에서 크베들린부르크 교회에 사용될 의자를 구매한 것은 대량 생산 및 손익이라는 측면에서 추진된 명백히 근대적인 행위였다. 근대적 요소와 전근대적 요소의 이 같은 불편한 동거는 나치 지배의 특징이었으며, 그런 지배의 가장 참혹한 결과인 홀로코스트에서도 우리는 이를 확인할 수 있다. 사실 친위대는 크베들린부르크 교회를 단순히 재건축하지는 않았다. 그들은 600만 명에 달하는 유럽의 유대인 학살의 선봉에 섰다. 이들 희생자 가운데 대략 절반이 전근대적인 방식으로 살해되었으며, 한 명씩 총살을 당했다. 나머지 절반은 나치의 죽음의 수용소였던 철저히 근대적인 '죽음의 공장'에서 죽임을 당했다. 우리는 여기서 친위대의 크베들린부르크에서의 개조를 좌우한 근대와 전근대의 동일한 결합을 엄청난 규모로 그리고 매우 끔찍하게 발견하게 된다.

친위대가 이룬 변화의 일부는 크베들린부르크의 성 세르바티우스 교회를 종교 건축물로부터 세속적인 건축물로 전환시켰다. 다른 변화는 그 건물을 나치의 더 유용한 건물로 변모시켰다. 성가대석에 이르는 계단은 확장되었고, 친위대 행렬의 접근을 용이하게 하고자 계단 난간이 제거되었다(마찬가지로 신랑의 이동식 의자는 행렬에 장애가 되지 않게 치우기가 용이했다). 계단의 확장으로 제단이 있던 성가대석이 하인리히의 새로운 성지를 방문하는 독일의 순례자들에게 힘러가 연설을 하는 연단으로 변모되었다.

하인리히 1세가 서거한 지 천 년이 되는 해인 1936년 7월 2일에 힘러는 연설을 하기 위해 이전에 교회였던 크베들린부르크의 그곳으로 들어갔다. 그 연설은 생방송으로 진행되었으며, 크베들린부르크와 독일의 다른 도시의 시민들은 힘러의 연설을 가능한 한 많은 사람들에게 전달하기 위해 라디오를 창밖으로 향하게 두도록 요구받았다(그 의식에 직접 참석할 수 있었던 사람은 단지 나치의 고위 엘리트에 국한되었다). 힘러가 '하인리히 왕의 홀'에 들어서자, 친위대 악단은 루레로 팡파르를 울렸다. 루레는 초기 스칸디나비아인의 나팔로, 스칸디나비아인의 '북부' 혈통 때문에 이 악기는 인종에 매우 민감한 나치가 애호하는 악기가 되었다(선사 시대의 루레와 근대의 라디오의 이 같은 병존은 다시금 힘러의 중세주의가 지닌 자기모순을 보여준다). 힘러는 연설에서 하인리히 1세의 유해가 실상 어디에 있는지 아무도 모르는 난감한 사실에 대해 함구했다. 그 유해는 그다음 해의 축제 시기에 맞춰 친위대의 고고학자들에게 기적적으로 '발견'되었다. 1936년의 봉헌식에서 힘러는 크베들린부르크 건물의 개조에 크게 작용한 나치의 고유한 역사 인식에 의존함으로써 유해의 부재라는 문제를 회피했다. 즉 힘러는 독일 역사의 가장 위대한 모든 순간이 당시의 나치를 직접 가리키고 있다는 관념을 강조했다.

힘러는 그 연설에서 하인리히 1세가 나치를 예시했다고 생각하는 부분을 정리하여 언급했다. 나치와 마찬가지로 10세기의 군주 하인리히는 군사 분야에서 뛰어났다. 그는 지금의 폴란드와 헝가리 지역으로 동진했다. 하인리히는 교회와는 거리를 두었고, 마지막으로 가장 중요한 사실은 그가 독일 제국을 신속하게 그리고 효율적으로 건설했으며, 단지 히틀러Adolf Hitler만이 이를 능가했다는 것이다. 그리하여 힘러는 다음과 같은 결론에 도달하게 되었다. 즉 하인리히 1세의 유해라는 물리적 실체가 부재함에도, "우리는 천 년이라는 시간의 공백 끝에 하인리히 왕의 유산을 차지한 아돌프 히틀러 총통에게 전적으로 충성을 다함으로써 …… 독일을 위해 하인리히에게 최고의 예우를 갖출 수 있게 되었다". 과거와 현재의 구분을 이렇게 와해시키는 것은 전형적으로 파시스트적이며, 종종 파시즘의 현저한 특징의 하나로 간주된다. 그것의 저변에 있는 논리는 철저히 순환적이다. 왜냐하면 누가 과거의 '위대한' 독일인들의 전범이었던가를 결정하는 것은 그들의 유산이 현재의 나치를 정확히 어느 정도로 반영하는가에 달려 있었기 때문이다. 그러나 그 같은 순환은 핵심의 일부였다. 나치에게 독일의 역사는 히틀러의 지배를 통해서만 구현되었고 의미가 있었다. 이 같은 부류의 역사 인식이 예표론으로 알려진 중세 기독교의 해석 기법을 밀접하게 반영하고 있다는 것은 역설이 아닐 수 없다. 이 예표론에 따르면, 유대인의 성서인 '구舊'약은 그 자체의 고유한 방식으로 이해되는 것이 아니라 단지 후대에 의해서만 이해된다. 왜냐하면 중세 기독교인은 구약성서가 신약성서에 기록된 그리스도의 삶과 기독교 신학을 예시하는 것으로 예표론을 믿었기 때문이다.

과거와 현재의 이 같은 동화는 힘러의 말로 표현되었다. 또한 그것은 크베들린부르크에 있는 성 세르바티우스 교회의 물질적 구조에서도 표출되었다. 사실상 그와 같은 동화는 정확히 크베들린부르크 건물의 개조가 성취하고자 하는 것이었다. 후진後陣의 새로운 창문은 당시 나치의 스바스티카를 하인리히 왕의 묘(라고 주장되는 것) 위에 두었다. 마찬가지로, 난간이 없고 넓은 계단으로 된, 연단에 이르는 성가대석의 엄격한 대칭과 단순화된 형태는 크베들린부르크의 재건된 중세 교회를 파울 루트비히 트루스트Paul Ludwig Troost나 알베르트 슈페어Albert Speer 같은 건축가가 뮌헨과 뉘른베르크 등지에 건립한 나치의 새로운 국가 건축물처럼 보이게 했다. 크베들린부르크의 건물에서 수행한 작업은 여러 면에서 과거와 현재의 경계선을 가리기 위한 것이었다.

크베들린부르크 교회는 힘러의 관심과 친위대의 자원이 집중된 독일의 유일한 중세적 장소가 아니었다. 오늘날 많은 관광객이 찾는 하이타부의 중세 교역소는 친위대가 발굴한 것이다. 힘러는 브라운슈바이크에서 크베들린부르크의 성 세르비티우스 교회에서와 매우 유사한 교회 재건 작업을 했다. 힘러는 이 교회를 자신과 이름이 같고 그의 조상이라고 주장하는 또 다른 중세인, 즉 12세기의 공작 사자공 하인리히Heinrich에게 바쳤다. 그러나 힘러의 중세주의의 마지막 사례는 우리를 샬러츠빌의 방패 문장으로 향하게 하고 있다.

1930년대 초엽에 힘러는 독일 북중부의 베벨스부르크에 있는 17세기의 성을 구매하여 대대적으로 개조했다. 크베들린부르크에서와 마찬가지로 이 성의 개조 프로젝트에 핵심적인 역할을 한 것은 노예 노동이다. 친위대는 이 작업을 수행하기 위해 베벨스부르크에 집단 수용소를 설치했다. 베벨스부르크 성은 결코 완성되지 못했고, 건축물과 기록물의 다수가 제2차 세계대전의 종전 직전에 힘러의 명령으로 파괴되었다. 그리하여 우리는 베벨스부르크 성에

일러스트 2.2.4
(17세기와 1940년경의) 베벨스부르크 성. 상급집단지도자실의 내부.
자료: 디르크 포어더슈트라세Dirk Vorderstraße, 2013년, CC BY 라이선스 3.0으로 사용 허가를 받음.

대한 힘러의 구상이 무엇이었는지를 완전히 정확하게 알지 못한다. 이 같은 불확실성으로 베벨스부르크 성이 나치에 대해 가장 과격한 투사를 하기에 좋은 장소가 되었다(이를테면 이 성은 볼펜슈타인Wolfenstein 성*이 될 것이었다). 하지만 분명히 베벨스부르크 성은 친위대에 봉헌된 일종의 의례 장소였다. 그 중심부는 정교하게 꾸며진 일련의 공간이 차지하게 될 것이었다. 이런 공간 중 하나는 상급집단지도자Obergruppenführer(군대의 장군을 지칭하는 친위대의 용어)를 위한 장소였다(☞ 일러스트 2.2.4). 무늬가 새겨진 이 홀의 바닥에는 2017년 샬러츠빌에서 등장했던 것과 동일한 문양이 있다. 베벨스부르크 성의 바닥은 신

---

* 제2차 세계대전을 배경으로 나치를 상대로 하는 게임인 볼펜슈타인 시리즈의 주 무대인 성으로, 작센의 하르츠산맥에 위치한다.

나치주의자들이 왜 이 독특한 양식을 그들 자신의 것으로 채택했는지를 알려준다. 힘러와 친위대에게 중세 초기 알레만족의 장신구는 이 문양을 뒷받침하고 공인하는 것이었으나, 이 같은 원천은 오늘날 미국의 나치주의자에게는 중요하지 않다. 미국의 나치주의자가 (중세적 근거가 없는 이름인) '검은 태양'으로 부르는 것과 관련하여, 그들에게 중요한 것은 그것이 나치 친위대에 의해 사용되었고 신나치주의자가 되고자 하는 모든 것을 형상화한다는 사실이다. 이들은 알레만족에 관해서는 그리 관심을 갖지 않았다.

앤드루 엘리엇Andrew Elliott은 중세를 모호하게 가리키지만 실상 중세와는 무관한 중세적인 것의 근대적 활용을 의미하는 '진부한 중세주의'라는 용어를 만들었다. 크베들린부르크에서 하인리히 1세에 대한 힘러의 소환은 진부한 것에 지나지 않는다. 우리가 살펴보았듯이, 하인리히 1세의 생애와 활동에 관한 매우 정교한 세부 사항은 힘러에게 중요했다. 그러나 오늘날의 신나치주의자에게 검은 태양은 이제 진부한 **중세주의**조차 아니다. 그들에게 그 문양의 역사는 중요하지만, 힘러의 베벨스부르크에 관한 한, 그 역사는 한 세기도 거슬러 올라가지 않는다. 샬러츠빌에서 방패를 든 시위대는 중세 초기의 알레만족이 누구인지 알지 못하며, 호기심을 가지고 알아야 할 대상도 아니다.

더 읽을 자료

크베들린부르크 교회에 대한 나치 시대의 작업은 K. Voigtländer, *Die Stiftskiche Sankt Sevatii zu Quedlinburg*(Berlin: Akademia Verlag, 1989)에 잘 기록되어 있다. 이 자료를 영어로 다루며, 특히 제2차 세계대전 이후 동독 치하에서 크베들린부르크 건물의 개조에 각별한 관심을 기울이는 A. Kellogg-Krieg, "Restored, Reassessed, Redeemed: The SS Past at the Collegiate Church of St. Servatius in Quedlinburg," in *Beyond Berlin: Twelve German Cities Confront the Nazi Past*, ed. G. Rosenfeld and Paul Jaskot(Ann Arbor: University of Michigan Press, 2008), 209~227를 보라. 베벨스부르크 성과 나치 시대 이후의 ('검은 태양'을 포함한) 그 성의 수용과 친위대에 대해서는 *Endtime Warriors: Ideology and Terror of the SS*, ed. Wulff E. Brebeck(Munich: Ddeutscher Kunstverlag, 2015)에서 훌륭한 그림과 함께 충실하게 연구되었다. 중세에 대한 국가사회주의자의 관심은 포괄적으로 연구되지 못했으나, 중세에 관한 나치 시대의 표상을 다룬 일련의 연구들은 *Mittelaterbilder im Nationalsozialismus*, ed. Maike Steinkamp and Bruno Reudenbach(Berlin: Akademie Verlag, 2013)에 게재되어 있다. S. B. R. Elliott, *Medievalism, Politics and Mass Mediea: Appropriating the Middle Ages in the Twenty-First Century* (Cambridge: Boydell & Brewer, 2017)는 우파 집단의 중세주의 활용을 포함한 언론 매체와 대중문화에서의 중세주의에 대한 훌륭한 연구 성과물이다.

2.3

베네딕트라면 무엇을 할까?

로런 맨시아

미국의 저명한 일부 복음주의적 기독교인은 현 시대를 '암흑시대'라고 부르고 있다. 이들 기독교인 중 로드 드레허Rod Dreher가 가장 대표적인 인물로서, 그는 어메리컨 컨서버티브American Conservative(미국의 보수주의자)라는 블로그의 선임 편집자이자 필자이기도 하다. 그는 2017년에 자신의 『베네딕트의 선택The Benedict Option』*이라는 책에서 "현대인들이 우리네 문명에서 기독교의 사실상의 죽음을 목격하게 될" 것이라고 예견했다(8쪽). 드레허가 말하는 유형의 기독교는 결코 보편적이지 않지만, 그것은 오늘날 복음주의적인 기독교인들이 실천하는 보다 사려 깊고 지적인 사례의 하나로 종종 간주된다. 데이비드 브룩스David Brooks는 『베네딕트의 선택』이 "지난 10년간 가장 논쟁적이었고 가장 중요한 종교 서적"이라고 평했고, 심지어 미국 공영 라디오 방송(NPR)과 《뉴요커The New Yorker》 등의 보다 자유주의적인 언론 매체는 드레허에게 공감을 표하며 그를 백인 중심주의적인 우파에 대한 환영할 만한 대안이라고 묘사했

---

* 이 책은 『베네딕트 옵션』이라는 제목으로 우리말로 번역되어 2019년 간행되었으나, 기존 역서의 제목을 따르지 않고 『베네딕트의 선택』으로 옮겼다.

다. 이 매체들은 한때 브루클린에 거주한 그의 사회적 지위에 주목했으며, 그를 '건강한 보수주의', '총기 휴대에 찬성하는 유기농', '수정적 버크주의'*의 수호자로 불렀다.

드레허는 『베네딕트의 선택』에서 기독교의 가치가 성공적으로 훼손되어 왔다고 주장했다. 드레허에 따르면, 14세기 윌리엄 오컴William of Ockham의 유명론唯名論과 더불어 반란이 시작되었으며, 르네상스기의 개인주의, 종교개혁기의 분열, 계몽주의 시대의 세속주의, 자본주의의 소외, 마르크스주의자의 무신론, 20세기의 소비자주의와 성적 혁명 및 성적 소수자들의 행동주의를 통해 지속되었다. 드레허는 특히 미국의 복음주의자가 공화당 정부가 문화를 올바른 방향으로 이끌고 있다고 신뢰함으로써 잘못된 길로 가게 되었다고 주장한다. 드레허는 동성 간의 혼인권이 2015년 오버게펠 대 호지스Obergefell v. Hodges 판결에서 보장을 받게 되면서 기독교인은 미국을 "구원할"(18쪽) 전투에서 허망하게 패배했다고 생각했다. 그러나 드레허는 이 "암울한"(77쪽) 순간에 중세적인 해결책을 제시한다. 말하자면 드레허는 기독교인이 6세기 베네딕트 누르시아Benedict of Nursia**의 모델을 추구해야 한다고 제시했다. 베네딕트 수도원의 『계율Rule』은 세속으로부터의 은거를 처방했으며, 고립되어 "주변의 모든 혼란과 부패에 맞설 수 있는"(15~16쪽) 기독교 수도사들의 공동체를 창설했다는 것이다. 베네딕트 수도회의 이 같은 은거가 "이른바 암흑시대 내내 기독교 문화를 보전했다"(4쪽)라고 주장한 드레허는 베네딕트 수도회의 『계율』이 오늘날 부패한 사회에 살고 있는 현대의 기독교인을 위한 지침이 될 것이

---

* 영국의 보수주의자 에드먼드 버크Edmund Burke(1729~1797)에서 유래된 이념. 버크는 인간의 자유와 자율을 강조했고, 과거와의 단절보다는 연속과 계승을 중시했다. 또한 사회의 유지를 위한 위계질서를 인정했다.
** 480~547. 베네딕트 수도회를 창설했고, 유럽의 수도원주의의 토대를 놓은 수도사. 그리스도의 금욕적 삶을 실천하기 위해 기도, 노동, 독서로 대변되는 『계율』을 확립했다. 여기서 『계율』은 『성 베네딕트의 계율』을 의미한다.

라고 믿고 있다.

　베네딕트회의 수도원 운동을 전공한 중세사가이자 21세기를 살고 있는 필자는 드레허가 개진한 견해의 몇몇 부분에 대해서는 마음으로부터 공감하고 있다. 기술이 인간의 핵심적인 상호관계를 파괴했다는 그의 견해에 전적으로 동감하며, "대다수 사람들의 얼굴빛이 컴퓨터 화면의 불빛을 반사할 뿐인 …… 우리는 암흑시대에 살고 있다"(71쪽)라는 그의 표현을 좋아한다. 필자는 "금욕적 실천으로서 디지털 금식"(226쪽)이라는 드레허의 처방이 멋진 제안이라고 생각한다. 중세 초기 및 전성기의 수도사라면 드레허의 비판 중 다수를 높이 평가할 것이다. 이들 수도사가 형이상학적 실재론을 비판한 유명론자 윌리엄 오컴의 주장에, 그리고 계몽주의 시대의 세속주의에 충격을 받았을 것임은 분명하다. 그리고 이들 수도사는 기독교가 "개인의 자긍심과 주관적인 행복감을 높이고 다른 사람들과 화목하게 지내는 것"(10쪽)이나 "대중 소비자 자본주의와 자유주의적 개인주의"(11쪽)가 아니라는 드레허의 주장에 동의했을 것이다.

　그러나 드레허의 프로그램은 기본적으로 역사적 허구에 기초하고 있다. 순수하고 전적으로 종교적인 개인으로 구성된 수도원 세계에 대한 드레허의 낭만적인 묘사는 결코 존재하지 않았던 환상에 지나지 않는다. 베네딕트가 살았던 시기와 그 이후의 수 세기 동안, 비록 수도사들이 세속의 일원이 되지 않기 위해 노력했지만, 이들 수도사는 실상 여전히 매우 많이 그 안에 속해 있었다. 베네딕트 수도회 공동체는 드레허가 바라는 완전하고 단일한 기독교 문화의 오아시스, 로마의 '문명'을 잠식한 '혼란하고' '야만적인' 어떤 다른 문화 속의 '방주'가 아니었다(83쪽). 베네딕트회 수도사는 주변 세계를 전적으로 **거부하거나 거부할 수 없었다.** 기껏해야 수도원은 언덕 위에 세워진 혁신적인 도시였으며, 중세 기독교의 전례와 이상을 만들고 지속시키기 위해 주변의 다양한 세계로부터 도출되고 거기로 되돌아가는 모범이었다. 중세의 일부 수도사는 심지어 세속 사회와의 접촉을 영성적 자아를 위한 보다 좋은 기회로 간주하기도 했다.

드레허가 묘사하는 중세 수도원 문화는 흑과 백의 도덕이 지배하는 동질적인 세계이다. 그러나 실상 중세의 수도원은 회색빛이 드리워진 이질적인 세계였다. 역사적으로 '베네딕트 수도회의 선택'에는 정확히 동질성보다는 다양성이 포함되어 있고, 정치와 공생적인 관계를 맺거나, 엄격한 수도원 신앙을 강화하기 위해 심지어 비수도원적 문화의 일부 가치를 활용하기도 했다. 드레허가 상상하고 싶었던 것과는 달리, 중세는 오늘날의 우리네 '암흑' 세계가 그러한 것처럼 혁신적이고 다양하면서도 상호 의존적인 세계였다.

드레허를 중세의 풍광으로 이끈 것은 중세의 수도사들이 일종의 의도적인 영성적 격리, 즉 비문명화된 세계의 부패로부터 격리된 삶을 800년간 영위했다는 그의 믿음이었다. 드레허에 따르면, 베네딕트회 수도사들은 스스로를 "격렬하게 파괴하는 물결 위에 떠 있는 방주"(238쪽)의 일원으로 간주했고, "로마 문명의 와해에 대응했다"(2쪽). 그러나 이는 결코 진실이 아니다. 『성 베네딕트의 계율Rule of St. Benedict』에 따르면, 수도원은 방주가 아니라 '장막'이자 신을 위한 '거처'(『성 베네딕트의 계율』 서문, 22~24, 39줄)이다. 방주와 장막의 차이는 엄청난 것이다. 방주는 외부 세계와의 접촉이 차단된 폐쇄된 공간으로서, 한 문화를 보존하고자 하는 염원이자 다른 문화의 파괴에 대한 증언이다. 장막은 방주와는 사뭇 다른 무엇이다. 「출애굽기」에 따르면, 장막은 광야의 이스라엘 민족과 함께하면서, 자기 백성들 가운데 있는 신의 지상 거처로서 기여하는 이동식 텐트였다. 베네딕트회 수도사들은 그들의 수도원을 장막이라고 부름으로써 자신들이 오염된 세속 사회 **한가운데 있는** 신의 거처임을 인정했다. 베네딕트회 수도사들은 그들이 신의 지상 도시에서 모범적인 시민으로서, 견고하게 서서 그 열정과 일관된 태도로 방관자를 고무하고 있다고 생각했다. 방주가 위험하고 희망이 없는 세상에서의 성채인 반면에, 장막은 복합적이고 이질적인 세계에서의 전범典範인 것이다.

(역사가 에드워드 기번Edward Gibbon*의 고루한 설명을 따르는) 드레허는 "거칠고 탐욕스러운 부족들이 도시를 휘젓고 다녔다. …… 자신들이 무엇을 파괴하는지 알지도 못했고, 그것에 관심도 없었다"(17쪽)라고 6세기의 특징을 규정했다. 그러나 역사가들은 기번의 인식을 오랫동안 신뢰하지 않았으며, '문명화된' 로마가 '야만스럽고' '혼란을 초래한' 외부 침략자들의 희생양이 되었다는 그의 인종주의적 설명을 문제 삼았다. 오히려 오늘날 우리는 첫째, 로마의 내부적 문제들이, 심지어 로마의 절정기에도, 중앙집권화된 제국으로부터 보다 파편화된 제국으로의 변화를 초래했다고 이해하고 있다. 둘째, 유럽 사회가 드레허가 '야만적'이라고 치부한 그 문화로부터 많은 영향을 받았다고 우리는 이해하고 있다. 사실상 드레허가 그토록 찬사를 보내는 **베네딕트회 수도사들 스스로가** '야만족', 즉 종래의 로마제국의 영토 내로 이주했던 게르만족 사람들이었다. 중세 세계의 저명한 수도사와 수녀는 민족적으로 율리우스Julius나 마르쿠스Marcus 등의 이름을 가진 로마인이 아니었고, 그 대신에 (알퀸 요크로 알려진) 알키온Alchion과 (흐로스비타 간더스하임으로 알려진) 흐로스비타Rhotswitha 등의 이름을 사용한 '야만족'의 일원이었다.

중세 초기 및 전성기 내내 종종 수도사이기도 했던 선교사들은 '야만족'이었던 앵글로·색슨족, 프리지아족, 서고트족, 색슨족 및 다른 부족을 기독교로 개종시켰으며, 그 과정에서 수도원이라는 전초 기지를 건립했다. 그리하여 베네딕트 수도회의 의례와 상징물은 여러 '야만족' 문화와 결합됨으로써 유래되었다. 여기 이에 대한 몇몇 사례가 있다. 『성 베네딕트의 계율』에 따르면, 수도사에게는 삭발을 하고 머리 꼭대기 둘레에 왕관 모양으로 띠를 두른 것처럼 머리카락을 남기는 것이 요구된바, 이는 수도사를 평신도와 구분시켜 주었다. 이 같은 삭발은 그리스도가 가시관을 쓴 모습을 연상시켰으나, '야만족의' 가

---

* 1737~1794. 18세기 영국의 계몽주의 사가로 『로마제국쇠망사』를 저술했다. 『로마제국쇠망사』는 역사를 바라보는 그의 뛰어난 안목과 유려한 문장으로 널리 알려져 있다.

치를 적용한 것이기도 했다. '야만족' 사회에서 삭발은 남자의 명예에 대한 공격으로 오랫동안 간주되었다(그리하여 대중은 '야만족'이라고 하면 긴 머리와 수염을 연상하게 되었다). 그러므로 수도사들은 삭발 행위를 신 앞에서의 겸손을 나타내는 최고의 행위로 이해했을 것이다. 이 같은 의례는 '야만족' 문화를 배경으로 하고 있다는 이유로 의미를 지니게 되는 것이다. 이와 마찬가지로 이교적인 유산의 일부로서, 중세 유럽 사회 주변에 자리를 잡은 수도원은 교회의 보관함에 그리고 중세 말기까지 교회 건축물의 서까래에 신석기 시대의 '뇌석雷石'을 보존했다. 중세 수도사는 기독교적 정체성이 있음에도 이런 부싯돌 화살촉과 도끼가 천둥과 번개로부터 동료 수도사를 보호하는 마법적인 힘을 지니고 있다는 '야만족의' 전승을 여전히 믿었다. 『성 베네딕트의 계율』자체가 이교도적이었던 로마의 선례로부터 또한 도출되었다. 이를테면 속세로부터 수도사와 수녀를 격리한 것과 이들에게 요구된 성적 순결은, 순결을 통해 로마시를 보호하는 데 기여했다는 로마의 '베스타Vesta의 제녀祭女들'을 연상시켰다. 그러므로 중세의 수도사들은 그들의 '야만적인' 조상을 부정하거나 주변이나 눈앞에 존재하는 이교적 전통의 영향으로부터 스스로를 격리하지 않았으며, 로마 문화만을 보존하지도 않았다. 오히려 수도사들의 규범과 제식은 중세 유럽의 다양성, 즉 '야만족' 사회와 로마 사회 모두를 반영했던 것이다.

더욱이, (드레허가 아무리 이 같은 고립을 생생하게 상상했다고 하더라도) 베네딕트회 수도사들은 자신을 둘러싼 세계로부터 결코 고립되지 않았다. 저명한 역사가 피터 브라운Peter Brown*에 따르면, 사실상 수도원 문화는 "평신도의 기대

---

* 1935~. 미국 프린스턴 대학교 사학과의 명예교수이다. 고대가 서로마제국의 멸망과 더불어 종말을 고했다는 에드워드 기번의 인식을 비판하면서 고대 후기라는 새로운 시대 구분을 창안한 역사가로 평가받는다. 고대 후기의 종교가 다신교로부터 기독교로 전환한 것과 이 시기 사회의 역동성에 관해 탁월한 연구 성과를 이룩한 세계적인 석학이다. 브라운의 저술 가운데 『아우구스티누스』, 『성인 숭배』, 『기독교 세계의 등장』 등이 한국어판으로 출간되었다.

라는 무언의 지속적인 압력"에 많은 영향을 받았다. 중세에 수도원이 그 담을 넘어 정치계와 제휴하면서 수도원 운동이 번성할 수 있게 되었다. 샤를마뉴 Charlemagne, 경건왕 루이 1세Ludwig I, 정복왕 윌리엄 1세William I와 다른 정치 지도자들은 왕국의 안정, 효율성 그리고 번성이 수도원의 존재에 달려 있으며, 이 수도원들에 대한 후원이 수도원의 삶을 실행이 가능한 프로젝트로 만든다고 생각했다. 그리하여 수도원은 왕국의 경건함을 보여주고, 왕국의 모든 구성원에게 경제적 번영과 효율성을 제공하며, 지역 유력자를 전쟁에 동원하는 데 일조하는 권력의 핵심 거점이 되었다. 실제로 9세기에 카롤링거 왕조의 샤를마뉴 대제는 『성 베네딕트의 계율』을 왕국의 모든 수도원의 준거로 삼고, 베네딕트 수도원의 위상을 강화했다. 그리고 베네딕트 수도원 운동을 보다 조직화한 것은 부유한 아키텐 공작 기욤 1세Guillaume I에 의해 창설된 클뤼니 수도원이었다. 베네딕트회 수도사들은 세속의 기부자를 위해 정기적으로 기도했으며, 순교자 명단으로 불리는 책에 방대한 후원자 목록을 기록해 두었다. 이들 세속의 후원자 덕분에 수도사와 수녀들은 유럽 내의 토지 자산의 거의 절반에 대한 집단적인 소유자가 되었다.

우리는 중세의 수도사들이 세속 후원자에 대한 의존 때문에 환멸을 느꼈다고 생각할 수도 있다. 이는 사실이 아니다. 일부 수도사들은 교황, 군주 및 세속 사회의 다른 지도자에게 조언할 수 있는 기회를 반겼다. 다른 수도사들은, 그들의 지위가 자신에게 (혹은 그들의 공동체에) 엄청난 부를 가져다주었기에 그것을 즐기기조차 했다. 몇몇 수도사들은 심지어 세속 사회와의 접촉이 영적으로 유익한 일이라고 간주하기도 했다. 이들 수도사는 평신도를 위해 기꺼이 기도하고 영적 조언이 담긴 서신을 기꺼이 작성했다. 이들은 그렇게 함으로써 자신들이 세속 사회에 수도원 공동체의 영적 리듬을 전해줄 수 있다고 생각했다. 이들 수도사는 수도원에 대한 평신도의 기부가 세상을 보다 신성하게 하며, 세속적인 것을 영적인 것으로 변모시킨다고 믿었다. 일부 수도사들은 비록 세속 사회가 어떤 의미에서 부패하기는 했지만, 이 부패한 세계와의 접촉이 그들의 관상일을 풍요롭게 하는 데 기여한다고 생각했다. 11세기의 수도사였던 장 페캉Jean de Fécamp—정복왕 윌리엄은 잉글랜드 정복을 위해 페캉의 수도원으로부터 함대를 출발시켰다—은 세속 사회의 혼란이 기도자인 수도사에게 신에 대한 진정한 열망을 더 많이 불러일으킨다고 생각했다. 왜냐하면 세속적인 것과 영적인 것의 대조를 통해(그리고 세속 사회의 부패로부터 벗어나고자 하는 열망을 통해), 신이 발견되기 때문이었다. 드레허는 고립된 기독교인의 삶이 세속 사회에서의 삶보다 우월하다고 주장하고 있으나, 중세 수도사들의 견해는 이보다 훨씬 복합적이었다. 즉 그들은 세속 사회와의 접촉이 자신의 삶을 가능하게 하고, 신성함을 확산시키며, 궁극적으로 새로운 열정과 더불어 자신을 고독 속에서 기도하는 삶으로 되돌아가게 한다고 생각했던 것이다.

드레허가 수도원이 번성한 중세를 순수하고 고립된 기독교적 동질성을 품은 시대로 잘못 인식한 것은 충분히 이해될 만하다. 즉 중세의 역사에 대한 드레허의 잘못된 재현은 우리 시대에 대한 불안감으로부터 나온다는 것이다. 이는 자신들이 추구하는 가치가 위협을 받고 특권이 잠식당하고 있다는 일부 보수적인 기독교인의 불안이다. 드레허가 중세의 수도원 운동을 오해할 정도로 그것을 단순화도록 만든 것은 이 같은 불안감이었다.

그러나 왜곡의 수준에 이른 단순화 외에도, 드레허의 『베네딕트의 선택』에는 언급하지 않을 수 없는 노골적인 역사적 유용이 있다. 첫째, 드레허는 자신이 "성소수자 의제"(9쪽)라고 명명한 것에 격렬하게 반대한다. 그는 이 의제가 미국의 "종교적 자유"(80쪽)를 방해하고 있다고 생각한다. 그러나 12세기 이전의 중세 기독교인들은 실제로는 동성애에 대해 비교적 관대했다. 즉 스콜라주의 시대 이전의 중세 기독교인들은 혼외 성관계에 반대하지 않았던 것과 같이 동성의 성관계에도 반대하지 않았다. 일부 역사가들은 중세의 특정 수도사들을 동성애(혹은 적어도 동성 간의 사회적 우애) 옹호론자와 동일시할 정도로 멀리 나가기도 했다. 실제로 13세기 대학의 신학자들이 동성의 성관계를 수도원의 선례와는 대조적으로 '남색'이라고 정의하고 이를 탄압하기 시작했다. 둘째, 드레허는 미국의 학교에서 "트랜스젠더주의를 규범화하는"(156쪽) 방식에 경악했다. 하지만 중세의 기독교 문화는 수도사들에게 성서에 등장하는 여성들처럼 활동하고, 보다 깊은 헌신을 위해 기도에서 여성의 목소리를 채택할 것을 요구했다. 이는 남성도 여성도 구분하지 않는 젠더 인식이 수 세기 동안 존재했다는 증거이다. 심지어 보다 적절한 사례로, 수도원의 당국자들은 남성이 '된' 종교적 여성들에게 빈번히 찬사를 보냈다. 이들 여성은 영적 전사가 됨으로써, 그리하여 주변의 남성들에게 완벽한 모델이자 중재자로서 기여함으로써 여성의 '본성적인' 유약함을 부정하거나 극복한 **여장부**였다. 셋째, 드레허는 미국의 교육이 "서구 문명, 즉 자신들의 선조가 아프리카로부터 이주했는지 아시아로부터 이주했는지를 불문하고, 모든 서구 시민의 모태"(155쪽)인 문명의 역사를 각별하게 다루어야 한다고 생각한다. 하지만 '서구 문명'의 성취는 중동, 아프리카 및 아시아의 영향이 없었더라면, 그리고 근대 초기에 서구인들이 강탈하기에 적절하다고 생각한 무상 노동력이 없었다면 불가능했을 것이다(이들 선조의 대다수는 '이주한' 것이 **아니다**). 더욱이 기독교의 수도원 운동은 중동의 사막에서 시작되었으며, 아우구스티누스 히포 등 아프리카인으로부터 도움을 받았다. 마지막으로, 드레허는 "근년의 기독교인이" 중세의 유대인의 경험과 유사하게 "적대적인 시대에 적응할 필요가 있게 될 것"(182쪽)이라고 주장한다. 그러나 기독교인이 유럽과 미국의 역사 전반에 걸쳐서 향유했고 근대 사회에서 구축된 특권을 드레허가 마법처럼 제거할 수 있지 않는 한, 오늘날의 기독교인은 중세의 유대인이 경험한 '적대의 시대'를 결코 경험하지 못할 것이다.

결국 드레허는 백인, 이성애자, 남성 그리고 기독교의 역사와 문화가 여전히 지배하는 사회를 상정하고 있을 뿐이다. 드레허에게 '베네딕트의 선택'의 수용은 "무질서하고" "야만적인" 오늘날의 미국에서 기독교가 "공적 광장"(9쪽)을 상실했기에 요구되는 것이다. 그러나 공적 광장은 그저 상실된 것이 결코 아니다. 왜냐하면 미국 사회의 다양성이 서서히 인정되고 미국의 교과과정, 문화 및 법률에 **조금씩** 통합되고 있기 때문이다. 더욱이 우리는 기독교의 가치를 공개적으로 수용한 사회가 늘 '문명화된' 방식으로 행동하지는 않는다는 사실을 기억해야 한다. 십자군 전쟁이 일어난 동안에 '신성한' 전쟁에서, 유대인 대학살에서, '이단'의 화형에서 그리고 동성애자에 대한 탄압에서 자행된 야만스러운 폭력을 정당화하기 위해 기독교를 활용한 것은 다름 아닌 중세의 국가였다. 특히 성소수자의 권리에 대한 드레허의 비판적인 입장은, 만약 스페인의 종교재판소가 21세기 미국의 '공적 광장'으로 회귀한다면 드레허가 어떻게 반응할 것인가라는 의문을 남긴다.

드레허는 중세라는 역사적 시기의 특징을 잘못 이해한 최초의 사람이 아니다. 매우 잘 알려져 있듯이, 계몽주의 사상가들은 자신의 시대를 이성과 진보 그리고 자유의 시대로 고양하기 위해 중세를 '암흑과 짙은 어둠'의 비합리적인 시대로 낙인찍었다. 그러나 살아 있는 역사는, 모든 살아 있는 경험이 그러하듯이, 결코 이것 아니면 저것이 아니다. 중세가 모두 암흑인 것은 아니었고, 계몽주의 시대도 모두 빛인 것은 아니었다. 베네딕트회의 수도원은 속세와 절연하지 않았고, 단일한 문화를 지닌 것도 아니었다. 수도원의 역사는 우리네 시대와 마찬가지로 복합적이었고 모순적이기도 했으며, 역사를 복합적인 회색빛으로 이해하는 것은 과거는 물론 현재에 대한 우리의 책임이다. 정치, 종교, 인종이 무엇이든, 만약 우리가 어두움을 이기려고 한다면, 역사가 어떻게 다양성, 긴장, 복합성과 더불어 씨름했고 그것들을 어떻게 수용했는지를 지우기보다는 배워야 한다.

더 읽을 자료

중세 수도원 운동을 연구한 학자가 작성한 서문 및 주석과 더불어 『계율』을 읽고자한다면, The Rule of Saint Benedict, edited and translated by Bruce L. Venarde (Cambridge: Harvard University Press, 2011)를 참고하기 바란다.

('문명'의 파괴라기보다는) '야만족이 로마제국에 적응한 일시적인 시기로서 로마제국의 '멸망'과 이 같은 이행과정에서 기독교가 수행한 역할에 관해서는 Peter Brown, The Rise of Western Christendom, 10th Anniversary Revised Edition(Malden: Mass.: Wiley-Blackwell, 2013)[*]을 참고하기 바란다.

카롤링거 시대의 『계율』의 적극적인 수용을 포함한 베네딕트 수도회의 문화와 베네딕트 수도원에 대한 정치적 후원, 그리고 세속에 대한 베네딕트 수도회의 참여에 관해서는 James G. Clark, The Benedictines in the Middles Ages(Woodbrige, UK: The Boydell Press, 2011)를 보기 바란다.[**]

중세의 동성 성관계에 관해서는 John Boswell, Christianity, Social Tolerance, and Homosexuality: Gay People in Western Europe from the Beginning of the Christian Era to the Fourteenth Century(Chicago: University of Chicago Press, 1980)를 참고하기 바란다. 중세의 트랜스젠더에 관한 훌륭한 참고문헌으로는 Karl Whittington, "Medieval" in Transgender Studies Quarterly 1(2014)이 있다. 영적인 여성(여장부)에 관해서는 Barbara Newman, From Virile Woman to Woman Christ: Studies in Medieval Religion and Literature(Philadelphia: University of Philadelphia Press, 1995)와 Fiona Griffiths, Nun's Priests' Tales: Men and Salvation in Medieval Women's Monastic Life(Philadelphia: University of Philadelphia Press, 2018)를 보기 바란다. 중세의 '공적 영역'에서 기독교 문화가 도덕적으로 획일적인 사회를 비판하던 사람들을 탄압하는 사회로 어떻게 변모했는지에 관해서는 R. I. Moore, The Formation of a Persecuting Society, 2nd Edition(Malden, Mass.: Wiey-Blackwell, 2007)이 유용하다.

---

[*] 『기독교 세계의 등장』, 이종경 옮김(새물결, 2005).

[**] 수도원에 관해서는 숭실대학교 유럽중세사연구실, 『중세유럽문화의 이해 1』(숭실대학교 출판부, 2012), 94~100쪽을 참고할 수 있다.

드레허는 이런 인식의 일부를 재검토하고 근년에 일어난 가톨릭교회의 아동 성 학대 스캔들에 적용했다. 드레허가 《뉴욕 타임스》에 기고한 2018년 8월 15일 자 기사 "부패한 가톨릭교회에서 존속해야 할 것은 무엇인가"를 읽기 바란다.[*]

---

[*] 이와 관련하여 국내 번역본인 로드 드레허, 『베네딕트의 옵션』, 이종인 옮김(IVP, 2019)을 참고할 수 있다.

2.4

태고 이래로 중동 사람들은 싸우지 않았다

스테퍼니 멀더

당신은 어느 날 뉴스를 시청하다가 **중동에서의 끊임없는 폭력에 대한 대책은 무엇인가**라고 자문했을 수 있다. 누구라도 기억하는 한, 중동은 전쟁 지역이었던 것처럼 보인다. 이스라엘과 팔레스타인의 충돌로부터 이라크, 예멘, 리비아, 이란 및 아프가니스탄의 갈등에 이르기까지, 대다수 사람들은 이 지역에서 전쟁을 연상한다. 그것은 끝나지 않는 〈왕좌의 게임〉 에피소드처럼 보이며, 다양하게 중첩되고 흥미로운 이야기들은 해결하기에는 너무 복잡한 문제처럼 보인다. 새로운 학기의 첫날 필자의 강의를 수강한 학생 중 누군가가 "누가 알겠어요? 태고 이래 거기 사람들은 싸우고 있는걸요"라는 식으로 숙명론적인 무엇을 되풀이하는 것은 일상적이다.

더욱이, 세계의 3대 주요 유일신 종교의 태동지로서의 중동이 그렇기에 종교적 광신주의의 지역이라는, 그리고 그곳에서의 신앙과 정치가 특히 비관용적이고 비이성적임은 분명한 사실이라는, 또는 그 지역 사람들은 결코 '근대화되지' 못했고 신앙과 종파와 정치에 관해 일종의 '중세적' 심성을 여전히 지니고 있다는 일련의 공통적인 추정이 종종 대두하고 있다. 사실상 세계의 나머지 지역이 발전하는 동안, 중동은 비합리적으로 그리고 끊임없이 중세적 갈등에 휘말리거나 그런 사고방식을 고수하는 지역이라는 인식은 아마도 이 지역 이외에 거주하는 사람들이 이 지역에 대해 지니는 매우 일반적이고 대중적인 견해일 것이다. 그러나 진실은 이 같은 견해가 중동의 역사에 관해 이야기해 주기보다 우리 자신에 대해 그리고 중세적 과거에 대한 우리네 구축물에 관해 보다 많은 것을 이야기하고 있다는 것이다. 중세 대부분의 기간에 중동에서는 실제로 대부분의 장소에서, 그리고 대다수 사람들이 사이좋게 지냈다.

이는 중동에 갈등이 없었다고 말하려는 것이 아니다. 근대에 중동은 내부 세력이나 외부 세력 모두에 의해 부과된 끊임없는 폭력에 시달렸다. 근대 유럽 열강들의 식민주의라는 잔인한 논리는 수많은 분쟁 속에서 미군의 점령에 길을 내주게 되었다. 사실상 작금의 이라크와 시리아에서 벌어지는 종파적 투쟁은 근년에 새롭고도 놀라울 정도로 심화된바, 이는 사담 후세인Saddam Hussein 지배하의 이라크에서 시작되어 2003년 이후 미국의 영향력 아래 놓인 정치 지형에 의해 악화되었다. 수천 년을 거슬러 올라가는 전근대 시대의 중동에서의 분쟁들은 마찬가지로 내부적 갈등과 외부적 갈등이 뒤섞인 것이었다. 고대 메소포타미아 시대로부터 로마제국 그리고 십자군 전쟁에 이르기까지 중동이 많은 분쟁으로 알려진 것은 확실하다. 그러나 유럽 또한 마찬가지였다. 이를테면 케임브리지 대학교의 역사학자 메리 비어드Mary Beard는 칭송받는 장군 율리우스 카이사르Julius Caesar가 이룩한 로마의 근대 독일 및 프랑스 영토로의 팽창을 '집단 학살'로 언급했으며, 실상은 100년 이상 진행된 백년전쟁과 같이 맹위를 떨친 중세의 분쟁이 종국적으로 〈왕좌의 게임〉에 **실제적인** 영감을 제공했다고 지적했다. 이는 심지어 유럽이 근대 역사상 최악의 전쟁들이 시작된 무대라는 사실을 고려하지도 않은 것이다. 또한 남아시아나 동아시아에서 중동보다 전쟁이 덜 일어났거나 더 많이 일어났던 것처럼 보이지는 않는다. 따라서 중동 지역이 전쟁과 갈등에 특히 취약했다고 **우리 자신이** 말하는 이유는 무엇이며, 이 지역이 늘 그러했다고 상정하는 이유는 무엇인가?

근년에 이 같은 인식은 시리아에 빈번히 적용되었다. 2011년 아랍의 봄의 일부로서 시작된 시리아에서의 민주적인 개혁에 대한 평화로운 요구가 정부의 폭력적인 탄압에 직면했으며, 그 이후 몇 년간 시리아 정부와 여러 반정부 정파 간의 잔인한 분쟁이 소용돌이쳤다. 2014년 이슬람 국가 집단ISIS의 대두와 더불어, 이 분쟁은 이 지역에서의 갈등이 종교 집단 간의 갈등, 특히 이슬람의 두 주요 신앙 공동체인 수니파와 시아파 간의 갈등에 그 뿌리가 있다는 점을 명확히 함으로써 공공연히 종파적인 차원을 띠게 되었다. 2014년 전국에 생중계된 텔레비전 연설에서 이라크와 시리아에서 미국이 군사 활동을 재개하겠다고 선언한 오바마 대통령은 ISIS가 "종파적 갈등과, 이라크와 시리아의 국경 양쪽에서 영토를 획득하기 위해 시리아의 내전을 활용했다"라는 점에 주목하면서 자신의 행위를 변론했다. 오늘날 시리아의 분쟁은, 지정학적·전략적 위상을 둘러싸고 맞서는 두 국가, 즉 수니파 사우디아라비아와 시아파 이란 간의 경쟁이라는 종파적 시각을 통해 정치가나 언론에서 빈번히 표출하고 있다. 2016년 1월 20일 자 《예루살렘 포스트Jerusalem Post》의 헤드라인은 모든 것을 말해준다. "수니파 대 시아파: 고대의 증오에 뿌리를 둔 새로운 불길—위기의 뿌리는 이슬람의 시작으로까지 거슬러 올라가는 시아파와 수니파 간의 오랜 반목에서 발견된다." 그리하여 종파적인 갈등은, 7세기 이슬람교가 수립된 이래, 마치 그것이 1400년 동안 맹위를 떨친 것처럼 빈번히 제시된다. 이 같은 진부한 언명은 대개 언론에서 무비판적으로 수용하고 있고, 이슬람 세계에 관한 대중의 대화에서 일상적이며, 우리가 근년에 목격했듯이 알카에다와 ISIS 등의 폭력적이고 극단적인 세력들에 의해서도 수용되고 있다. 이들 과격 세력은 소수 집단에 대한 잔인하고 악랄한 행위를 정당화하기 위해 이를 활용하고 있다.

하지만 이 같은 이야기는 얼마나 사실인가? 만약 비슷한 이야기가 다른 곳에 적용된다면 어떻게 보일지를 알아보기 위해 잠시 멈출 필요가 있다. 만약 오늘날 튀르키예와 유럽 간의 긴장이 8~9세기 신성로마제국의 황제 샤를마뉴 Charlemagne와 비잔틴 제국의 여제 이레네Irene와의 갈등으로부터 유래된다고 누군가가 말했다면, 우리 중 다수는 그 같은 말이 터무니없음을 알게 될 것이다. 오늘날 중동에서의 종파적 갈등의 원인이 7세기에 이슬람 사회가 건설될 동안 발생한 사건들에 있다고 주장하는 것은 전적으로 가당치 않다. 그렇다면 이 같은 이야기는 어디에서 유래한 것인가?

끊임없는 종파적 분쟁이라는 이 같은 서사가 만연하게 된 한 가지 이유는 중세 아랍의 자료에서 빈번히 언급되는 한 이야기 때문이다. 문헌 사료에 따르면, 그런 분쟁은 예언자 무함마드의 계승을 둘러싼 갈등에서 비롯되었다. 후대에 수니파가 될 한 집단은 무함마드의 후계자 계승이 이슬람 공동체의 합의로 이루어져야 한다고 생각했다. 예언자 무함마드의 조카이자 사위인 '알리 이븐 아비 탈리브Ali ibn Abi Talib'를 통해, 즉 예언자의 가족을 통해 계승이 이루어져야 한다고 생각한 다른 집단은 시아파가 된다. 계승을 둘러싼 갈등은 680년 지금의 이라크에 있는 카르발라 전투에서 절정에 달했다. 당시 원시 수니파는 알리의 아들을, 그리고 시아파의 견해에 따르면 그의 계승자인 알후사인 al-Husayn을 순교자로 만들고, 그의 머리와 그의 가족 구성원들을 사슬에 묶은 채 수니파 우마이야 왕조의 수도인 시리아의 다마스쿠스로 옮겼다(☞ 일러스트 2.4.1). 이후 수 세기에 걸쳐 양쪽 집단의 운명은 부침을 겪었으나, 결국 수니파가 지배적인 집단이 되었고, 시아파는 무함마드의 가족에 헌신하는 소수파가 되었다. 문헌에 기초한 이 같은 서사에서 중요한 사건이 중세인 11세기와 13세기 사이에 일어났다. 아랍의 자료에 따르면, 이 시기는 '수니파의 부활'의 시대라고 부르며, 시아파의 마지막 칼리프가 사망하고 이슬람 세계의 대다수 지역에서 지배적인 종파로서 수니파가 확고하게 자리 잡게 되었다.

오늘날 우리가 알고 있듯이, 역사 특히 문헌에 기록된 역사는 종종 승자의 이야기이다. 그러나 예술 사가와 건축 사가들은 문헌에만 의존하지 않으며, 이 경우 시리아의 건축의 역사는 다소 다른 이야기를 말해주고 있다. 만약 건

일러스트 2.4.1
2004년 시리아 다마스쿠스의 우마이야 모스크에서 순교자 알후사인을 기념하는 행렬.
자료: 필자 촬영.

축물들이 말을 하도록 한다면, 친숙한 이야기와 상반되는 몇몇 생생한 이야기
가 모습을 드러낼 것이다. 이를테면 우리는 시리아에서 '수니파' 부활의 시기
에 우리의 생각과는 달리 매우 많은 수의 '시아파' 성소가 조성되었다는 사실
을 알게 되며, 이 시아파 성지들 중 약 40개가 오늘날에 이르기까지 존속하고
있다. 그리고 이 '시아파' 성지들이 수니파와 시아파 모두의 기부를 받고 후원
을 받아 조성되었으며 방문을 받았다는 사실을 우리는 알고 있다. 또한 다수
의 경우 이슬람의 일부 저명한 수니파 지배자들이 그렇게 했다. 수니파 부활
의 시대에 결코 와해되지는 않았던 시아파는 11~13세기에 북부 시리아에서
지배적인 종파가 되었을 수도 있다. 비록 수니파와 시아파 간의 갈등에 관한
이야기들이 이슬람 종파의 역사의 일부라는 것은 확실하지만, 거기에는 또 다

일러스트 2.4.2
시리아 알레포의 마슈하드 알후사인, 1183~1260.
자료: 필자 촬영.

른 이야기가 있는 것처럼 보인다. 건축물에 대한 고찰은 협업과 타협을 특징
으로 하는 동일하게 중요한 어떤 과거를 보여주고 있다.

북부 시리아에 있는 한 성지를 건축 사가의 눈을 통해 살펴보도록 하자. 이
건축물은 마슈하드 알후사인Mashhad al-Husayn(알후사인의 성소)으로서(☞일러스
트 2.4.2), 무함마드의 순교한 손자 알후사인에게 봉헌되었다. 그는 카르발라
전투에서 중요한 역할을 수행했을 뿐만 아니라 이맘Imam의 한 사람이었다. 이
맘은 시아파 종교 지도자를 가리키며, 시아파는 이들 지도자를 무함마드의 완
벽하고 오류를 범하지 않는 후손이 맡아야 한다고 믿었다. 단지 심미적인 관
점에서 보자면, 마슈하드 알후사인은 12~13세기의 가장 빼어난 건축물 중 하
나로서 그렇게 장엄한데도 연구가 거의 이루어지지 않았다. 파리의 노트르담

주교좌성당이 유럽의 건축 사가들에 의해 크게 무시되었다고 잠시 상상해 보
라. 그러면 여러분은 이것이 얼마나 기이한 일인지를 이해하게 될 것이다. 그
이유는, 이렇게 대표적인 갈등 중심의 서사가 그와 같이 기념비적인 '시아파'
건축물이 수니파 부활의 시대에 건설되었다는 것에 아무런 주의를 기울이지
않는다는 사실과 아마도 연관이 있을 것이다.

　문헌 사료와 더불어 시작하도록 하자. 그에 따르면, 1177년 북부 시리아의
알레포라는 유서 깊은 도시가 내려다보이는 언덕에 한 목자가 앉아 있었을 때
이 성소에 관한 이야기가 시작된다(☞일러스트 2.4.3). 그 목자의 이름은 압둘
라Abdallah로서, 그는 알레포의 이주민들의 가난한 이웃 출신이었다. 압둘라는

모스크에서의 정오 기도를 마치고 막 돌아왔다. 그리고 그 언덕 꼭대기에서 따사로운 햇볕 아래 휴식을 취한 후, 언덕의 비탈을 따라 자라난 푸른 관목과 노랗게 변한 풀을 먹으면서 땡그랑 종소리를 울리는 양떼를 보았을 것이다. 지평선 너머로 위대한 살라딘Saladin의 아들에 의해 새롭게 재건된 중세의 견고한 성벽 안으로 오래되고 요새화된 성채의 우뚝 솟은 탑이 하늘을 향해 솟아 있다. 수니파 출신의 장군이었던 살라딘은 곧 예루살렘을 다시 장악했고, 성지 예루살렘으로부터 십자군을 쫓아냈다. 성채 아래에는 그늘이 지고 돌로 된 아치형의 통로들 밑으로 화려하며 장관을 이루는 미로 모양의 거대한 시장이 무질서하게 수 마일에 걸쳐 펼쳐져 있다. 이는 활기차고 국제적인 교역 집산지이자, 중국과 지중해의 항구들을 연결하는 실크로드의 핵심 종착지로서 알레포의 유서 깊은 역사를 증언한다.

한낮의 열기 가운데 압둘라는 낮잠을 자기 시작했다. 그는 꿈에서 이상한 환상을 보았다. 근처에서 한 사람이 바위의 갈라진 틈 사이에서 나와 다음과 같이 명령했다. "알레포의 사람들에게 여기에 성소를 짓고, 그 성소의 이름을 마슈하드 알후사인이라 하라고 했다고 말하라." 잠에서 깨어난 압둘라는 신비한 꿈에 두려움을 느꼈고, 양치기 지팡이를 떨어뜨리고서는 시장을 향해 달려갔다. 거기서 그는 그 기이한 꿈을 다시 말했고, 성소를 건축하라고 시민에게 촉구했다. 사람들이 흥분하여 즉시 모였고, 비천한 목동의 환상에 영감을 받아 이 과업을 수행하기 위해 스스로 조직을 꾸렸다. 수일 내에 봉사자 집단이 결성되고 작업 시간이 할당되었으며, 곧 중세의 대중 모금 방식의 하나로 알레포의 상인들은 이 프로젝트를 추진할 기금을 마련하기 위해 판매할 상품에 부가금을 부과했다. 머지않아 보다 저명한 사람들이 성소 건축에 동참하게 되었다. 알레포시의 시장은 정교한 정문을 건축했지만, 그로부터 몇 년 후인 1196년에 그 문이 부서지고 알레포의 수니파 총독이자 살라딘의 아들이었던 알말리크 알자히르al-Malik al-Zahir가 보다 화려한 정문을 건축했다(☞ 일러스트 2.4.4).

일러스트 2.4.4
1260년에 건축된, 알레포의
마슈하드 알후사인 정문의
세부 모습.
자료: 필자 촬영.

그리하여 우리가 자세히 읽게 되면, 아랍의 사료조차 항구적인 갈등에 관한
서사가 단순하지 않았음을 보여준다. 이를테면 이 성지가 종파 간에 함께 추
진된 프로젝트로서 지배 엘리트는 물론 일반인들이 건축했다는 사실을 알게
된다. 건축 사가들의 방법론을 활용하여 우리는 무엇을 더 추론할 수 있는가?

우리는 그 건축물의 몇 가지 형식적인 요소에 대한 관찰로부터 시작할 수
있다. 건물의 후원자의 의도를 시각적으로 평가할 때는 건축물의 크기, 규모,
외관 장식의 정교함 등의 중요한 특징이 포함된다. 이 요소들은 종종 건축물
을 완공하기 위해 투여된 시간과 재원을 직접 증언해 준다. 그리고 사실상 알
자히르가 건축한 정문은 시리아의 다른 모든 중세 건축물의 정문보다 높고 크

며, 특히 매우 아름답게 장식되어 있다. 돌의 바깥 표면에 새겨져 방사형으로 얽힌 문양은, 돔 내부에서 무카르나스muqarnas라 부르며 3차원으로 서로 맞물리고 작은 면이 있는 복합적인 돌 장식과 결합되어 있다. 이 같은 건축 프로젝트에 요구되는 장인의 기술은 그 자체로 건축물의 중요성을 증언한다. 달리 말하자면, 알자히르의 정문은 경외심과 경탄을 자아내기 위한 기념물이다. 그러나 그 건물의 건축학적 특징 외에 그것이 건설된 맥락도 중요한 단서이다. 수니파의 지도자 알자히르가 알레포의 시아파 주민과 **더불어** 마슈하드를 기꺼이 후원하고 건축했다는 사실을 기억하라. 알자히르는 이를 명확히 하기 위해 입구의 크고 네모난 초석 명판에 자신의 이름을 새겨 넣었다.

더욱이 우리는 다른 몇몇 단서를 통해 다음과 같은 사실을 추론할 수 있다. 즉 알자히르는 마슈하드 알후사인이 '시아파의 성소'가 아니라 시아파와 수니파 모두에 의해 공유되는 정서—무함마드의 가족에 대한 보편적인 존경—에 초점을 맞추는 실용적인 협력의 기념물임을 강조하고자 했다는 것이다. 사실상 알자히르는 그 점을 충분히 이해시키기 위해 또 다른 문구를 새기게 했다. 이는 정문 입구 주변을 둘러싸고 있으며, 성소에 들어서는 방문객의 머리 바로 위에 위치한다(☞일러스트 2.4.5). 거기에는 놀라운 메시지가 있는데, 바로 수니파의 정통 칼리프 4명과 더불어 시아파의 이맘 12명의 이름이 새겨져 있는 것이다. 사실상 두 종파의 지도자들이 병기倂記되는 방식은 읽는 사람들이 시아파의 이맘들에게 먼저 찬사를 보낸 다음, 잠시 숨을 고른 뒤 수니파 칼리프들에 대한 찬사를 읽도록 하며, 그러고 나서 이맘들에 대한 찬사의 마지막 문구로 돌아가도록 하고 있다. 알자히르는 비슷한 크기와 양식의 서체를 사용함으로써 그리고 이 두 문구를 직접 결부시킴으로써 시각적으로 이 두 집단의 성인들을 동등하게 취급하며, 이 수니파 지도자가 이들의 위상을 동등하고 서로 보완하는 것으로 본다는 것을 나타내고 있다.

알레포의 성소는 단독으로 세워진 것이 아니다. 사실상 그것은 아마도 중세의 동부 지중해와 이라크 전역에 걸쳐서 건축된 다른 수백 개의 건축물 중 하

일러스트 2.4.5
세부 양식. 시아파 12명의 이맘을 찬사하는 구절(왼쪽)과
수니파가 숭배하는 4인의 칼리프를 찬사하는 구절(오른쪽).
이 문구들에는 "신의 예언자의 모든 동료들"을 축복하는 글귀가 포함되어 있다.
자료: 필자 촬영.

나일 것이며, '수니파의 부활'로 알려진 시기에 시아파의 강력한 의제로 보이
는 것을 지지하고 있다. 시리아에는 오늘날 적어도 40개의 중세 성소가 존속
하고 있으나, 마슈하드 알후사인 성소와 마찬가지로, 이러한 성소 각각은 자
신들의 역사를 통해 수니파와 시아파 무슬림 모두에 의해 건축되고, 재정적
지원을 받았으며, 방문을 받았다. 다시 말하자면, 사람들은 천 년 이상 나란히
이 성소들에서 경배했으며, 이런 과정에서 문제가 야기되었다는 증거는 거의
없다. 이 성소들은 매우 많았으며, 사실상 새로운 종교적 풍광을 연출하기도
했다. 즉 그곳에서 무함마드의 가족사가 기억되고 새겨졌으며, 수 세기 이상
순례자들의 발자취를 통해 이들 가족의 삶과 고통에 대한 기억이 되새겨졌다.
시리아 내전이 발발하기 바로 직전인 2010년에 무함마드의 가족에게 봉헌된
이 성소들을 순례하기 위해 멀리 인도와 이란으로부터 100만 명 이상이 시리
아를 방문했다. 또한 중세 시대에 그러했듯이, 그동안 다양한 종교 공동체 출
신의 지역민들이 이 성지들을 방문했다.

물론 이 성소들이 중동에서 주기적으로 일어났던 갈등의 사건을 방지하지는 못했다고 하더라도, 수 세기 이상에 걸친 이들의 끊임없는 후원과 활발한 방문의 역사는 중동의 종파적인 역사라는 프레임을 재고하도록 하고 있다. 적어도 그것은 우리가 우리의 중세화하는 해석 틀을 달리 이해하도록 하고, 오늘날 중동 지역에서의 분쟁 원인으로서 보다 근년의 식민지 경험이라는 맥락을 고려하도록 하고 있다. 마슈하드 알후사인에 있는 알말리크 알자히르의 명문銘文에서, 그는 분명한 어조로 다음과 같이 간청하고 있다. "신이 자신의 예언자의 **모든** 동료와 더불어 기뻐하시기를 원하노라." 그리고 이런 문구와 더불어 알자히르는 놀라울 정도로 탄력적인 정서를 돌에 새겼다. 즉 시리아의 이슬람에 대한 새롭고 합의된 역사, 그것은 근년에 이르기까지 이슬람 세계 전역에서 반영된 역사적 실체이다.

더 읽을 자료

이란과 아프가니스탄의 역사를 논의하기 위해 이 글에서는 보편적인 개념보다는 '중동'이라는 보다 폭넓은 지리적 개념을 활용했다. 하지만 '중동'이라는 개념은 그 자체로서 유럽의 식민주의의 프레임이며, 그 같은 개념의 정당성에 대해 고려할 가치가 있다. 일부 학자들은 '중동'을 대체하는 용어로 지리적으로나 역사적으로 보다 중립적인 '서아시아'라는 용어를 채택하기 시작했다.

이 글에서 제시된 논지는 S. Mulder, *The Shrines of the 'Alids in Medieval Syria: Sunnis, Shi'is, and the Architecture of Coexistence*(Edinburgh: Edinburgh University Press, 2014)에서 자세하게 논의되었다. 시리아의 풍요로운 건축 유산에 관해서는 R. Burns, *Monuments of Syria: A Guide*(London and New York: I. B. Tauris, 2000)와 번스가 운영하는 웹사이트, Monuments of Syria를 참고하기 바란다. 이 사이트에는 근년에 손상된 기념물 목록이 있다. 중세 알레포의 건축사에 관해서는 Y. Tabbaa, *Constructions of Power and Piety in Medieval Aleppo*(University Park: Pennsylvania State University Press, 1997)를 참고하기 바란다. J. Haidar, in *Shi'i Islam: An Introduction*(Cambridge: Cambridge University Press, 2014)은 시아파의 역사에 관한 새로운 전망을 제공하고 있다. 중세의 시아파와 수니파 간의 상호 접촉에 대한 또 다른 이해로는 Tariq-al Jamil, *Power and Knowledge in Medieval Islam: Shi'i and Sunni Encounters in Baghdad*(London and New York, I. B. Tauris, 2018)를 참고하기 바란다.

이 글의 수정본은 notevenpast.org 2014년 9월 1일 자에 실려 있다.

2.5

상아로 연결된 두 대륙

세라 M. 게랭

2014년 2월 6일에 프랑스 정부는 머리 위로 우뚝 솟은 에펠 탑이 보이는 파리의 샹드마르스에서 3톤의 상아를 불태웠다(☞ 일러스트 2.5.1). 사람들이 탐을 내던 물건이 산업용 기계에 의해 먼지가 되어 건설용 자재가 되었다. 그날 698개의 상아와, 부족장 머리의 평범한 기념품, 웃고 있는 게이샤 조각품 혹은 팔찌와 구슬 목걸이 등으로 만들어진 1만 5000점 이상의 상아 제품이 파쇄되었다. 이것들은 1989년 80개국이 서명한 '멸종 위기에 처한 야생 동식물의 국제무역에 관한 협약CITES'이 체결된 이후 압류된 물품이었다. 이 협약으로 코끼리 상아의 유통은 불법이 되었다. 이와 같은 상아의 대규모 파괴는 코끼리 밀렵을 통해 피 묻은 돈을 벌고자 하는 오늘날 테러리스트 집단들의 존재와 무기 구매를 위한 상아 무역에 관심을 기울이게 했다. 이렇게 코끼리 상아 시장은 중부 아프리카 국가들의 테러리스트 집단, 즉 수단의 알샤밥, 다르푸르 집단 학살을 자행한 콩고민주공화국의 잔자위드, 그리고 아마도 가장 잘 알려졌을 나이지리아와 니제르의 보코하람 등의 활동에 기름을 부어왔다.

샹드마르스에서 취한 프랑스의 조치는 2014년 2월 런던에서 개최될 '불법 야생동물 거래에 관한 회의'를 위한 준비였다. 그 회의에서는 상아를 위한 코끼리 밀렵, 뿔을 위한 코뿔소 밀렵 그리고 가죽을 위한 커다란 야생 고양이의 밀렵은 물론 이 동물들을 보호하려는 동물 관리원에 대해 증가하는 폭력이 집중적으로 논의되었다. 런던 회의의 결과, 불법 시장의 근절을 포함하여 공급과 수요 모두를 대상으로 하는 여러 조치가 취해졌다. 이 조치들 가운데 핵심은 15조 2항으로서, 압류된 불법 야생동물 관련 물품, 특히 "코뿔소 뿔과 코끼리 상아 등의 값비싼 물품"을 파괴하는 정부를 지지하고 정부의 이들 조치를 장려하는 것이었다. 런던 회의의 목적이 야심 찬 것이었다는 점은 의문의 여지가 없다. 그것은 아프리카에서 코끼리와 코뿔소에 대한 피비린내 나는 대량 학살을 근절하려는 시도였다. 이런 범죄 행위는 그 수익률이 인신매매, 불법적인 무기 거래 및 마약 거래의 수익률에 거의 근접할 정도였다. 하지만 상아 제품의 광범위한 분쇄에 대한 요구는 중요한 역사적 물품의 무차별적인 파괴를 성급하게 야기할 수도 있었다(☞일러스트 2.5.2). 이를테면 런던 회의가 열린 지 수일 후에 영국의 중앙 언론은 영국의 왕자 윌리엄William이 사적 대화에서 "버킹엄 궁이 소유한 모든 상아를 파괴할 것"을 요청했다고 보도했다. 사실상 이는 과격한 반응이었다. 미국은 런던 회의의 의제에 발맞춰 야생동물 밀거래 규제 법률을 강화했다. 즉 코끼리 상아 거래의 포괄적인 금지가 2014년 7월 17일 이후 시행되었다. 이 법률은 골동품(100년 이상이 된 물품)의 수입을 금지했다. 비록 이들 품목을 국경을 넘어 수출하거나 되팔 수는 있었지만 말이다. 상아의 수입 금지 이외에, '골동품'이든 아니든, 기부된 모든 상아 제품에 대한 자선적 세금 감면을 금하는 새로운 법률도 제정되었다. 영국에서는 공공 기관의 전시품을 포함하여 오늘날의 상아 제품이나 상아 골동품 등 **모든** 상아의 전면 금지를 둘러싼 논쟁이 고조되어 왔다. 그 목적은 사실상 공적 영역에서 코끼리 상아를 제거하고 그것의 사회적 가치를 박탈하는 것이 될 것이었다.

일러스트 2.5.1과 2.5.2

2014년 2월 6일 파리 샹드마르스. 프랑스 정부는 압류된 불법 상아 3톤을 파괴했다.

자료: 록스터 리사이클러 촬영.

이 정책들이 좋은 의도를 지닌 것만큼이나, 역사적인 예술품들, 즉 오늘날과 다른 시기에 그리고 사회경제적으로 다른 환경에서 제작된 작품에 대한 이 규정들의 강제는 비윤리적인 것으로 간주될 수도 있다. 보다 정확하게 말하자면, 중세에 상아로 조각된 이 작품들의 절대 다수가 아프리카의 사하라 사막 이남에서 사냥된 코끼리 상아로부터 제작되었고 대상隊商이나 해상 네트워크를 통해 유럽에 전해졌기 때문에, 공공 박물관에서 이 작품들을 금지하거나 전시를 제한하는 것은 중세에 아프리카 대륙이 세계 역사에 참여한 중요한 물질적 흔적을 지워버릴 우려가 있다. 비단, 향신료 및 향료 등과 마찬가지로 중세 유럽에서 상아의 활용은 서유럽이 자족적이고 자율적이며 고립된 사회였다기보다는 더 넓은 세계와 폭넓고 깊은 관계를 맺고 있었다는 사실에 대한 증거이다. 심지어 이 같은 유대가 중세 유럽의 자기정체성 형성에 기여했다고 필자는 주장하고자 한다. 더욱이 중세와 오늘날의 상아 소비에는 커다란 차이가 있음을 인식하는 것이 중요하다. 중세의 상아 교역은 그것을 공급한 사람들에 대해 착취적이기보다는 협업적이었다.

지역 상호 간의 연계로 설명되는 지역 정치권력의 이 같은 동학은 1260년대 초엽에 파리에서 의뢰된 인상적인 상아 조각품을 통해 확인될 수 있다. 옆에서 두 명의 천사가 양초를 들고 있고 중앙에 성모 마리아와 아기 예수를 묘사한 매우 크고 아름다운 세 개의 상아 조각품은 파리 외곽 생드니의 왕실 수도원을 위해 주문되었다(☞일러스트 2.5.3). 생드니 수도원은 중세 전성기 프랑스의 지배 가문이었던 카페 왕조와 오랫동안 긴밀하게 결부되어 있었고, 사망한 프랑스 군주의 매장지였다. 생드니의 상아 장식품은 카페 왕조의 권력이 정점에 도달했을 당시 귀족의 취향과 수도 파리의 유행을 보여준다. 성모 마리아는 (속옷인) 튜닉에 둥근 모양의 브로치를 달고 있는데, 원래는 (무거운 외투인) 쉬르코*에 실제로 금과 보석으로 만들어진 더 커다란 브로치가 달려 있었다.

---

* 병사들이 갑옷 위에 입던 헐렁한 외투. 소매가 없는 것과 넓은 소매나 종 모양의 소매가 달

일러스트 2.5.3

생드니 왕실 수도원의 성모 마리아 찬가상. 1260년대 초엽. 다색장식의 흔적이 있는 상아.
성모 마리아와 아기 예수: 높이 34.8센티미터. 태프트 박물관, 신시내티, 1931.319.
양쪽의 두 천사: 높이 25센티미터. 루앙 주교좌성당의 성물.
자료: 루브르 박물관 소장품 보관소 제공.

성모 마리아의 의상은 정교하게 꼬여 있는 긴 이중 끈으로 고정되어 있다. 장식이 된 술과 화려하게 장식된 사자 머리에 끈이 걸쳐 있고, 꺼풀의 작은 구멍을 통해 미끄러지는 것을 방지하고 있다. 또한 가는 띠, 즉 복잡한 버클이 달린 장신구 느낌의 얇은 벨트는 옷의 허리 부분을 고정시키고 있으며, 원래 금잎사귀와 번쩍이는 보석을 모방하기 위한 반투명의 화려한 유색이 강조되어 있었다. 이 성모 마리아는 근대 귀부인의 의상을 입은 것처럼 보인다.

액세서리들 이외에, 생드니 수도원의 상아 조각품의 도상화적 요소는 그것

린 형태가 있다. 나중에 일반인들 사이에서 유행했다.

들을 프랑스 왕실의 이상에 긴밀하게 결속시키고 있다. 마리아는 한 손으로 아기 예수를 안고 있으며 다른 한 손으로는 꽃이 핀 가지를 잡고 있는데, 이 가지는 원래 옅은 붉은색과 초록색으로 미색의 흰 상아와는 뚜렷하게 구분되고 있었다. 이 도상은 성모 마리아가 다윗 왕가의 후손임을 나타내고 있다. 다윗의 아버지 이새가 왕들의 계보가 이어질 그루터기가 될 것이라는 예언이 있었다. 이 계보에서 단지 이스라엘의 왕들만이 아니라, 실제로 메시아가 배출되었다. "이새의 줄기에서 한 가지가 나오며, 그 뿌리에서 한 가지가 나서 결실할 것이요"(이사야 11장 1절).[*] 그리하여 꽃을 피우는 줄기는 성모 마리아가 왕가 계보라는 증거이다. 이 신념은 마리아가 머리에 쓰고 있는 보석으로 장식된 금관으로 강화되었다(현재의 은관은 목록에 기술되어 있는 원형을 대체한 것이다). 13세기 프랑스 왕실의 시각으로 볼 때 마리아와 예수는 카페 왕조와 유사한 이스라엘 왕실의 구성원이다. 생드니 수도원 교회의 동쪽 끝에 있는, 이새의 나무를 묘사하고 있는 스테인드글라스 창문은 동일한 메시지를 전달하고 있으나 양식은 다르다. 창문과 상아 조각품 모두 카페 왕조가 성(聖)가족과 유사하다는 가시적인 주장이며, 프랑스의 왕권을 더 신성한 것으로 만들고 있다. 아름답고 귀족적인 성모 마리아는 구세주인 아들을 낳았으며, 카페 왕실 또한 의로운 왕을 배출할 것이었다.

그러나 이런 의상과 도상이 생드니의 조각품을 프랑스의 심미적 이상과 정치적 이상에 결부시키고 있다면, 인물이 새겨진 재료는 그 전체를 아프리카와 확고하게 결부시키고 있다. 상아로 된 커다란 이 세 조각상은 그것들이 적어도 사바나 코끼리 세 마리의 상아로부터 만들어졌음을 명확히 시사한다. 아프리카의 사바나 코끼리(록소돈타 아프리카나Loxodonta africana)는 오랫동안 거대한 상아로 유명했고, 상아는 길이가 2.5미터까지 자라며 직경이 15센티미터를 넘기도 한다. 생드니 수도원 조각품의 중앙에 있는 성모 마리아와 아기 예수

---

[*] 라틴어 불가타 성경을 영어로 번역한 두에랭스 성경의 표현이다.

는 높이가 35센티미터이며, 직경 12센티미터 이상의 상아 전체를 이용했다. 허리춤에 아기 예수를 안고 있는 성모 마리아의 비스듬한 모습은 상아의 자연적인 곡률을 따르고 있다. 약 25센티미터 높이의 두 천사는 성모 마리아 상보다 약간 작은 타원형의 상아로 제작되었다. 모든 상아 조각상은 아프리카로부터 수입된 이 귀한 재료의 사용으로 돋보이고 있다. 카페 왕실의 고유한 양식에 대한 이런 분명한 표현이 멀리 사하라 사막 이남의 아프리카와의 교역을 통해 수입된 재료를 기반으로 하는 것은 어떤 차이를 낳는가?

생드니 수도원의 상아 조각상들에서 사용된 것과 같은 코끼리 상아의 대규모 교역을 가능하게 했던 교역로는 13세기가 경과하면서 극적으로 변화했으며, 아마도 놀랍게도 직물 교역의 필요성과 관련하여 그렇게 되었을 것이다. 오늘날의 북부 프랑스와 브라방(벨기에) 지역, 즉 피카르디, 플랑드르, 에노 및 브라반트에서의 직물 교역의 증가는 모직물을 준비하고 염색하는 데 필요한 화학 물질인 광물이 고착된 명반明礬의 대규모 수입을 촉발했다. 인기가 높았던 이 명반은 사하라 중부의 여러 지역에서 입수할 수 있었다. 카와르 오아시스(지금의 니제르의 빌마)에는 명반 광산이 있었다. 모로코의 지리학자로서 12세기에 루제로 2세Ruggero II의 팔레르모 궁정에서 봉사한 알이드리시al-Idrisi는 카와르산 명반에 대해 "품질에서 타의 추종을 불허한다"라고 기술했다. 이보다 훨씬 서쪽에 위치한 타가자라고 부르는 또 다른 광산은 카와르산 명반과 마찬가지로 훌륭한 명반과 식용 암염도 생산했다. 식용 암염의 생산은 중요했다. 왜냐하면 서아프리카 내륙의 방대한 영토에서는 사람과 가축을 위해 소금을 구하는 것이 중요했기 때문이다. 특히 기온이 높은 적도 지역에서는 소금이 생존에 필수적이었다. 그리하여 사하라 남부에 거주하던 사람들은 자신들의 잉여 상품, 특히 세네갈강의 지류에서 채집된 금과 생존에 필수불가결한 소금의 교역에 관심을 가지게 되었다. 8~9세기에 이런 사하라 횡단 교역은 서아프리카를 지중해 세계와 연결시킨 대상의 중요한 이동 경로들을 형성시켰다. 13세기에 직물 생산에 필요한 명반의 새로운 원천을 찾고 있던 상인들은 오늘날 알제리의 베자이아와 오늘날 튀니지의 가베스와 튀니스 그리고 로마인이 건설한 도시로서 오늘날 리비아의 트리폴리 등의 지역에서 북아프리카에 있는 사하라 횡단 대상 교역의 판로와 연결되었다. 아프리카의 명반에 접근하지 못했더라면 중세 유럽 사회의 널리 알려진 혁신도 불가능했을 것임을 인식하는 것이 중요하다. 염색이 된 값비싼 모직물의 생산으로 고딕 양식의 주교좌성당들의 건축이 대거 가능하게 되었으며, 알프스 산맥을 가로지르는, 그리고 훨씬 더 멀리까지 이루어진 북유럽 직물의 교역은 근대의 화폐 제도 및 은행 제도를 위한 기반을 확립했기 때문이다.

그리하여 유럽과 아프리카 간의 연결은 유럽의 상인들이 사하라의 자원에 용이하게 접근함에 따라 13세기 내내 증가했다. 서아프리카의 금과 사하라의 명반이 경제적으로 매우 중요한 품목이었지만, 사하라 사막을 횡단하던 대상은 유럽 상인에게 판매할 서아프리카의 다양한 수출품 또한 가지고 왔다. 즉 이국적인 동물의 가죽, 피혁, 멜레게타(생강 향신료), 흑단, 오릭스 가죽으로 만들어진 특수 방패, 타조 알, 앵무새, 인디고로 염색된 면화와 우리가 고려해야 할 중요한 품목인 사바나의 코끼리 상아 등이었다. 근년에 고고학자들은 동세네갈의 사바나에 위치한 디오우보이에Diouboye에서의 발굴을 통해, 금을 생산한 세네갈강의 지류들 가운데서 피혁, 이국적인 가죽 및 상아의 수출 시장을 위한 야생동물 사냥에 전문적인 기술을 가진 만데Mande[*] 공동체의 존재를 발견했다. 이 지역에서 발견되고 11세기로부터 14세기의 것으로 추정되는 유적은 서아프리카의 한 중심지에서 생산과 교역이 이루어진 매우 생생한 현장을 떠올리게 하는 데 일조하고 있다. 표범, 자칼, 악어 및 왕도마뱀―이 동물들 중 그 무엇도 이 지역의 식습관에 중요하지는 않았다―의 잔해가 놀라울 정도로 많은 솟과Bovidae 동물의 뼈와 더불어 발견되었다. 소는 식용으로 사용되었으나 디

---

[*]   만데족은 선사 시대에 이동하면서 괭이를 활용하는 등 독자적인 농업을 발전시킨 것으로
      알려져 있다.

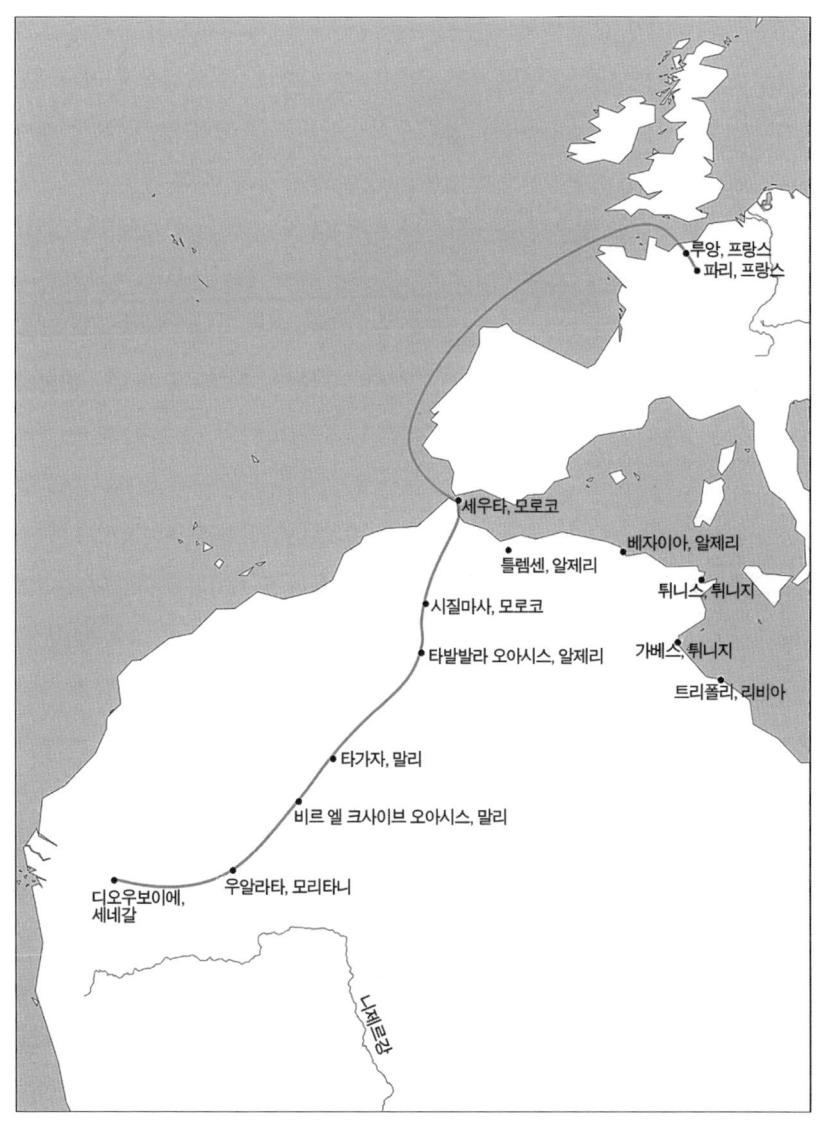

일러스트 2.5.4
중세에 사하라 사막을 가로질렀던 여러 교역로 중 하나이다.

오우보이에에서 발견된 뼈의 숫자는 육류에 대한 지역의 수요를 초과하는 것이었으며, 현장의 절삭 공구 및 무두질 흔적은 산업용 가죽 생산을 의미하고 있다. 더욱이 디오우보이에에서 발굴된 야생동물의 잔해 중에는 코끼리뼈가 있다. 이는 서아프리카의 고고학 발굴 현장에서는 극히 이례적이다. 이는 또한 디오우보이에의 전문 사냥꾼들이 상아를 얻고자 사바나의 코끼리를 사냥했음을 시사한다.

우리는 13세기 말엽에 코끼리 상아를 가지고 이동한 경로를 가설적으로 재구성할 수 있으며, 이런 상아는 디오우보이에로부터 파리로 줄곧 운송되었다(☞일러스트 2.5.4). 디오우보이에 공동체의 수출품인 피혁, 표범 가죽 및 상아를 옷, 구슬, 금속 및 소금으로 교환했던 것은 말리 제국에서 온 만데족 상인들이었을 가능성이 높다. 이 품목들은 사바나를 가로질러 베르베르로 운송되거나, 보다 정확하게는 아마지그, 즉 오늘날 모리타니의 우알라타시로 운송되었다. 사헬에 위치하는 우알라타는 아랍어로 '호숫가'를 의미하며, 사바나와 사하라 사막 사이의 점이지대漸移地帶를 가리킨다. 대상이 짐을 꾸려 사하라 사막을 횡단하기 위해 출발한 곳이 사헬의 도시였다. 이들 대상은 아마지그족, 즉 사막의 '자유로운' 사람들의 인도를 받았다. 매우 건조한 지역에서의 아마지그족의 생존 지식은 수천 년에 걸쳐 구축되었으며, 이들의 지식 없이는 오늘날의 탐험가를 포함하여 그 누구도 척박한 이 지역에서 여행을 할 수 없다. 이런 여행에서 오아시스가 위치한 장소에 관한 지식은 중요했다. 이를테면 비르 엘 크사이브 오아시스는 우알라타로부터 북쪽으로 약 465킬로미터 지점에 위치하고 있다. 즉 이 오아시스에 이르려면 사하라의 가장 건조하고 황량한 지역, 이른바 엘주프 혹은 공백지대를 가로질러야 한다. 14세기에는 매우 위험한 이 지역을 여행하는 데 꼬박 10일이 소요되었고, 물을 공급받을 수 있는 우물이 없었다. 대상은 비르 엘 크사이브 오아시스에서 휴식을 취한 후, 사하라 교역의 중요한 집산지였던 (모로코의) 시질마사에 도착하기 전에 타가자에서, 앞서 언급한 소금 광산에서 그리고 오늘날 알제리의 타발발라에서 머문 것처럼 보인다. 시질마사는 북부 사하라의 거대한 타필랄트 오아시스*에 위치하고 있었다. 대상들은 여기서부터 마른 강바닥—사하라 사막의 끝을 상징하는 아틀라스 산맥을 관통하는—을 따라 나머지 사하라 사막을 통과하여 지중해 연안을 향해 계속해서 나아갔다. (알제리의) 틀렘센이나 (모로코의) 세우타 등의 도시에서는 사하라 사막 전역의 물품을 모직물과 견직물, 도자기와 자기, 목재와 구리 등 유럽 내지 중동의 생산물과 교환하기 위해 이탈리아 상인과 협약을 체결했다. 13세기에 북아프리카 해안을 따라 선적된 선박은 영국 해협에 이르기까지 항해가 가능했고, 런던, 칼레, 브뤼주에서, 혹은 센강 입구에 있는 루앙에서도 사바나의 상품을 하역했다. 이 항구 도시들로부터 상품은 수레나 바지선을 이용하여 카페 왕조의 수도인 파리까지 운송되었다.

하지만 서사바나를 서유럽에 연결시켜 준 서사하라 횡단로는 13~14세기에 활용된 유일한 교역로가 아니었다. 사하라 사막을 횡단하는 여러 교차 지점에서 활용이 가능한 교역로가 있었다. 이 모든 교역로는 중세에 번성한 경제 체제에 기여했다. 지역 간의 복합적이고 경제적인 성격의 상호 관계는 만데, 아마지그, 아랍, 이탈리아 및 프랑스의 문화적·언어적 경계를 약 5600킬로미터 이상 확장한바, 이는 지구 표면의 7분의 1에 해당했다. 생드니 상아 조각품의 재료인 코끼리 상아는 실제로 먼 길을 왔던 것이다.

비록 성모 마리아와 아기 예수—이 상은 현재 오하이오주 신시내티의 태프트 박물관**에 소장되어 있다—의 귀족 같은 모습과 반들반들한 흰색 상아가 외부 세계에 문을 닫고 자급자족적이었던 중세 유럽을 상징하는 것처럼 보인다고 하더라도, 사실상 그것은 매우 깊이 서로 연관된 세계에 의존하는 물건이다. 신성하게 도유된 프랑스의 왕권을 기념하고자 일군의 상아 조각품을 만들기로

---

* 아틀라스 산맥 남쪽에 위치하며 사하라 사막 최대의 오아시스로 간주된다.
** 신시내티 출신의 제27대 미국 대통령 윌리엄 H. 태프트(재임 1909~1913)를 비롯한 태프트 가문이 기증한 사저를 기초로 형성된 박물관으로, 기증자의 이름을 따서 명명되었다.

생각한 사람이 누구든 간에, 지역을 초월하는 체제에 참여함으로써만 이용할 수 있었던 한 재료를 (적어도 암묵적으로) 선택했다. 기독교 왕권의 상징이 당시 광활한 이슬람 세계와의 관계만이 아니라 알려진 기독교 세계의 경계를 훨씬 뛰어넘는 지역과의 교역 관계에 기초하고 있었다는 사실은 오늘날의 역사가들에게 중세가 지금과 마찬가지로(비록 권력의 역학관계가 매우 다르기는 하지만) 서로 연결된 시대였음을 환기해 주고 있다. 사바나 코끼리 상아의 풍요로운 흰색은 백인 중심의 담론을 시사하는 것처럼 보이지만, 그것을 고딕 양식의 상아로 이해하는 것은 중세인들의 관심사보다는 현대인들의 관심사를 반영한 것일 수도 있다(이 주제에 관한 다른 시각에서 관해서는 이 책의 제2부 6장의 패튼 및 제3부 4장의 영의 글을 참고하기 바란다). 우리는 서유럽에 코끼리 상아를 제공한 교역로들에 대한 이해를 통해 지역 간의 교역에 참여하고, 적극적으로 잉여생산물을 교환하며, 심지어 그것을 창출하기까지 한 행위자를 그려낼 수 있게 되었다. 세네갈강의 기슭에서 출발하여, 강한 바람이 휘날리는 사하라를 가로질러 아마지그족과 더불어 여행을 하고, 풍요로운 숙소에 머물던 아랍 상인의 손을 거쳐, 지중해에서 거의 북해에 이르기까지 항해한 이탈리아의 선박에 이르기까지, 상아는 매우 다양한 사람들의 손을 거쳤다. 이 상아 조각품들의 전시가 축소된다면, 우리는 중세 유럽이 세계체제를 형성한, 지역을 뛰어넘는 상호연계망에 의존했다는 중요한 증거를 상실하게 될 것이다. 아니, 오히려 이런 증거를 은폐하는 우를 범하게 될 것이다.

더 읽을 자료

2014년에 열린 런던 회의에서 상아 불법 교역에 대한 논의를 위해 참석자들에게 제공하기 위해 만들어진 공식적인 문서는 *Elephants in the Dust—The African Elephant Crisis: A Rapid Response Assessment*(2013, http://wedocs.unep.org/handle/20.500.11822/8539)이다. 이 문서는 테러리스트 집단의 개입과 이들이 그 결과로 얻는 이윤, 동물관리자에 대한 폭력의 증가를 서술하고 있으며, 또한 즉각적인 대응을 위한 제안들도 약술하고 있다.

13·14세기의 아프리카의 상아 교역에 관해서는 S. M. Guérin, "'Avorio d'ogni Ragione': The Supply of Elephant Ivory to Northern Europe in the Godic Era," *Journal of Medieval History* 36(2010): 156~174를 참고하기 바란다. 이 논문은 S. S. Dueppen and Cameron Gokee, "Hunting on the margins of medieval West African states: A preliminary study of the zooarchaeological record at Diouboye, Senegal," *Azania: Archaeological Research in Africa* 49(2014): 354~385에서 디오우보이에의 사냥터에 대한 놀라운 분석이 이루어지기 훨씬 이전에 작성되었다. 사하라 사막을 횡단하는 여정에 대한 개괄적인 교역로는 불굴의 여행자 이븐 바투타Ibn Battuta의 여정을 모델로 했다. 이븐 바투타는 14세기에 여러 지역을 여행했고, 1350년대에 서아프리카로 가는 사하라 횡단 대상에 합류했다. 이븐 바투타의 여정에 관한 생생하고 접근이 가능한 설명은 R. E. Dunn, *The Adventures of Ibn Battuta: A Muslim Traveller of the Fourteenth Century*(Berkely and Los Angeles, 1986)에 있다.

K. B. Berzock, ed. *Caravans of Gold, Framents in Time: Art, Culture, and Exchange across Medieval Saharan Africa*(Princeton: Princeton University Press, 2019)는 중세 유럽에서의 사하라와 사하라 교역이 수행한 주요 역할을 검토하고 있다.

2.6

중세 유럽의 예술에서 흑, 백과 인종에 대한 인식

패멀라 A. 패튼

일반적으로 '흑인 성모 마리아'라고 부르는 이미지 유형보다 중세 유럽의 인종 인식에 관한 연구에서 강력한 도전은 없을 것이다. 그것은 '성모 마리아'를 검은색 피부의 성모 마리아(☞ 일러스트 2.6.1)로 묘사한 조각, 그림, 그리고 봉헌용 양초와 휴대폰 케이스로부터 문신에 이르는 오늘날의 생명력이 짧은 상징물에 걸쳐 경계가 느슨한 범주이다. 비록 이 같은 전통의 중심에 있는 중세의 조각들이 그것이 처음 제작되었을 당시 피부가 검다고 한때 생각되었다고 하더라도, 근년의 분석에 따르면, 그 다수는 중세 말기 즈음이나 그 이후에만 갈색이나 검은색으로 칠해졌다. 이보다 좀 더 많은 수의 조각이 물리적 마모로 인해 검게 되었을 수도 있다. 세밀하게 관찰해 보면, 이런 성모 마리아의 검은 피부라는 파격적인 묘사는 종종 태곳적의 시간을 드러내거나 성서 「아가서」에 나오는 "검지만 아름다운"* 신부 등의 성서 구절과 연계시키려는 욕구를

---

* 「아가서」 1장 5절.

일러스트 2.6.1
몬세라트의 '우리의 성모',
몬세라트 수도원.
자료: 엘리사 A. 포스터Elisa A. Foster

종종 반영하기도 했다. 그러나 인종에 집착한 후대의 식민주의 시대의 유럽에서 이는 비유럽인, 특히 아메리카인 사이에서 종종 개종을 촉진하기 위한 것으로 쉽게 이해되었다. 오늘날, 멕시코의 '과달루페의 성모' 같은 검은색 피부를 한 성모 마리아라는 인종적 특성은 그와 같은 인물의 정체성은 물론 그 사람을 숭배하는 공동체의 정체성에 본질적인 것으로 종종 인식된다. 하지만 인종에 대한 이 같은 인식을 중세의 이미지에 소급하여 적용할 수 있는지는 보다 복잡한 문제이다.

검다는 것이 중세에 인종적이었는가? 중세의 관찰자에게 그것은 어떤 의미를 지녔는가? 흑인 성모 마리아의 사례가 보여주듯이, 오늘날의 중세 예술 관람자는 피부색과, 당대의 사유를 반영하는 인종적 내지 민족적 정체성 간에 상관관계가 있다고 종종 주장한다. 하지만 세계에 대한 중세 유럽인들의 인식은 이 같은 주장이 도전을 받아야 하는 오늘날의 그것과는 사뭇 다르다. 이를 위해 우리는 중세 예술가들이 인종을 어떻게 표현했는지뿐만 아니라, 이들 예술가와 관람자가 인종을 어떻게 정의했는지를 먼저 살펴보아야 한다.

중세 유럽인들이 인종에 관해 생각을 했다는 것은 확실하지만, 그것을 표상하기 위해 사용된 개념이나 어휘, 그 어느 것도 오늘날의 그것과는 매우 다르다. '종race'이라는 어휘는 중세의 역사에서 매우 제한적으로 사용되었다. 즉 그것은 동물의 사육에 관한 15세기의 로망스어로 된 문헌에서 가장 먼저 사용되었으며, 18세기에서야 인간을 일관되게 분류하기 위한 용어로 발전하게 되었다. 역사학자 로버트 바틀릿Robert Bartlett이 지적했듯이, 중세의 작가들은 인간 집단을 분류할 경우 '겐스gens'*와 '나티오natio'** 등의 어휘를 사용했다. 이 어휘들 중 어느 것도 일관되게 사용되지는 않았으나, 매우 빈번히 이 두 어휘 모두는 자생적으로 구축된 혈연 집단을 의미한 것으로 보인다. 말하자면 공동의 조상과 공통의 관습, 언어, 전통 모두를 주장하는 '사람들' 내지 공동체를 의미했다. 이 같은 정의는 논리적일 수 있고, 일정 정도 생물학적일 수 있지만, 실제로 이들이 묘사하는 집단은 주로 언어, 종교적 관행 그리고 심지어 음식과 위생 습관 등의 사회적 특성을 기초로 인식되었다. 비록 신체적 외형과 가족의 조상 등의 신체적 속성이 이런 집단 분류에서 종종 중요하기는 했지만, 필수불가결한 것은 아니었다.

문학 연구자 제럴딘 헹Geraldine Heng과 다른 학자들이 지적했듯이, 중세의 인간 분류를 보다 강력하게 통합한 것은, 기존의 사회적 위계를 설명하려는 것이 아니라 그것에 일정한 방식으로 적용하는 특정한 인간 집단의 정수를 추출하고 그 범위를 한정할 수 있는 개연성이었다. 중세 유럽인들은 사물을 분류하는 데 뛰어났으며, 스스로가 정상에 있다고 상정한 사회 구조 내에서 원하는 권력관계를 강화하기 위해 이 같은 재능을 활용하는 데 주저하지 않았다.

---

* 씨족, 종족 등을 의미한다.
** 국가, 국민 등을 의미한다.

중세 유럽인들은 자신들이 만든 범주를 통해 지위를 부여하고 이동을 통제했으며, 자신들과는 다르다고 정의하고, 그리하여 자신들보다 열등하다고 간주한 집단의 힘을 제한했다.

외부인을 단지 다른 사람으로가 아닌 열등한 부류로 분류하는 관습은 적어도 고대 그리스 시대부터 존재했다. 고대 그리스의 히포크라테스Hippocrates는 그리스인들이 국경 너머에 대해 상상했던 거무스름하고 무기력한 아프리카인과 피부색이 창백하고 둔한 북유럽인에 비해 자신들의 종족을 대표하는 사람이 우월하다고 판단했다. 그리스인에게 이런 사람들의 극단적인 신체적 특징, 예를 들면 북유럽인의 금발과 매우 하얀 피부 등은 이들 민족의 도덕적·정신적 열등함을, 심지어는 노예로서의 적절성을 의미하기까지 했다. 이 같은 인식에 대한 명확한 생물학적 근거가 부족했던 고대나 중세의 세계 그 어디에서도 오늘날의 사람들이 인종주의자로 부를 수 있는 차별적인 견해나 관행이 없어지지는 않았다. 이 글에서는 '인종'을, 그것이 언어학적으로 시대착오적임에도, 이 점을 강조하기 위해 사용한다.

피부색에 관한 중세의 인식은 대체로 복합적이었다. 실제의 피부색과 묘사되는 피부색 모두는 중세 유럽의 관찰자에게 인종적 정체성과 명백히 거의 무관했던 폭넓은 함의를 지니는 것으로 이해되었다. 피부색이 어두운 사람을 묘사하기 위해 예술가들이 선택하는 갈색, 검은색, 푸른색, 회색, 심지어 보라색마저 인종과 무관한 것으로 이해되는 추상적이고 사회적인 자질 내지 도덕적 특성을 의미했다. 이런 특성 가운데 가장 일반적인 것은 사악함이나 죄악이었다. 이는 검은 것을 죄와 악마에 대한 비유로 인식한 초기 기독교 신학자들에게까지 거슬러 올라간다. 이들 신학자가 자신의 저술들에서 세례를 받은 사람은 죄를 씻음으로써 문자 그대로 희게 되었다고 기술할 정도로 도덕적인 어둠이라는 은유는 강력했다. 이와 유사한 생각은 검은 '에티오피아' 악마에 의한 극적이고 가시적인 유혹에 관한 수도원의 이야기에 영감을 불어넣었다. 중세의 예술가들이 아프리카인을 실제로 닮은 피부색이 검은 인물로 이 악마를 종종 묘사한 '에티오피아' 악마는 실상 이들 아프리카인과 거의 무관했다.

이같이 피부색과 죄의 연관성이 갖는 힘은 오히려 역설적이게도 중세 예술가들이 흑인으로 전통적으로 묘사한 극소수의 중요한 성인의 사례로 확인되었다. 이들 성인 가운데에 성서에 등장하는 시바의 여왕이 있다. 솔로몬 왕의 지혜를 얻고자 감행한 시바 여왕의 여정은 이교도의 개종을 위한 모델로 인식되었으며, 로마제국의 테베 군단의 군인으로 중세에 성인이 된 모리스*는 기독교에 대한 확고한 신앙으로 전설적인 순교자가 되었다. 비록 이 두 사람이 피부색이 검다는 묘사가 이들이 외국 출신이라는 사실과 유사한 지평에서 이해되기는 했지만, 기독교의 상징적 전통에 경도된 중세의 관찰자는 이들 인물이 영적 진리를 추구하면서 극복한 도덕적 약점을 시사하는 것으로 또한 이해했다. 시바는 에티오피아 그리고 모리스는 이집트 출신이었다.

시바와 모리스 등의 피부색이 검은 외국인은 흑인에 대한 중세의 두 번째 함의를 보여준다. 즉 출신지가 중세 유럽 세계가 아니라는 함의가 그것이다. 이 같은 거리감은 적개심과 위험에 대한 개연성을 자연스럽게 함의했다. 왜냐하면 인도와 에티오피아 등을 포함하여 피부가 검은 사람이 살고 있다고 공통적으로 생각되었던 먼 나라들은 심지어 이국적인 존재이자 무시무시한 존재의 고향으로 또한 여겨졌던 것이다. 고대 로마의 자연주의자이자 역사가였던 대ㅅ플리니우스는 이국적이고 무서운 이 존재들을 괴물로 묘사했다. 플리니우스로부터 영향을 받은 중세의 저술가들은 외발의 스키아포데스족으로부터 머리가 없는 대신 가슴에 얼굴이 있는 블레미에스족에 이르기까지 이들 존재의 신체적 특성을 공격, 우상숭배, 도덕적인 과도함 등의 부정적인 의미의 도덕 특성에 결부시켰다. 이러한 특징은 피부가 검은 인간의 이웃의 죄악과 이

---

* 3세기 로마제국하의 성인. 이집트 테베 출신의 로마 군인으로 동료 기독교도로 구성된 반란군을 살해하라는 황제 막시밀리아누스의 명령을 거역하다가 순교했고, 성인이 되었다. 신성로마제국의 황제들의 수호성인이기도 하다.

미 결부되었다.

이 같은 연역적 추론과 그에 따른 어두운 색은 유럽에 거주하던 외국인 내지 위험한 사람들로 인식된 다른 집단으로까지 확대되었다. 이를테면 12세기 이래, 중세 유럽의 예술가들은, 자신들이 만났던 대다수 무슬림은 피부가 보통이거나 밝은 색이었을 것이 사실임에도, 무슬림의 피부를 검게 묘사하는 경향이 점차 증가했다. 14세기의 루트렐이 기증한 「시편」에 등장하는, 기독교도 기사와 싸우는 무슬림 기사는 좋은 예를 제시한다. 화려한 이 기도서의 많은 주변 이미지처럼, 그 장면은 옆에 있는 「시편」 구절(「시편」 41편)을 직접 보여주지는 않는다. 그 대신 잉글랜드의 군주로 십자군에 참여한 리처드 1세에 맞선 12세기의 무슬림의 지도자 살라딘과 종종 동일시되는 한 기사를 묘사하고 있다. 이 인물의 환상적인 푸른색 피부, 조롱하는 표정 및 터무니없는 투구가 괴기한 분위기를 연출하는 반면에, 아프리카인의 머리는 그가 '이방' 출신임을 보여준다. 이 같은 이미지가 형성된 당시에 성지 예루살렘을 장악한 무슬림들이 기본적으로 피부색이 밝은 맘루크 왕조의 사람이었다는 사실은 루트렐 시편의 예술가와 관람객에게 거의 영향을 미치지 못한 것처럼 보인다. 이들에게 피부가 검은 살라딘은 다른 상징적인 모습으로 작용을 했으며, 종교적인 적대감, 지리적 거리감 및 십자군 운동에 사로잡힌 14세기 기독교도들에게 무슬림과 지속적으로 결부될 폭력에 대한 개연성을 시사했다.

묘사된 검은색 피부는 예속상태 내지 노예 등의 열등한 사회적 지위를 또한 상징할 수도 있었다. 이 같은 시각적 인습은 고대 로마의 미술에 뿌리를 두고 있었다. 고대 로마의 미술에서 검은색 피부는 목욕을 담당하는 흑인 시중 내지 낙타를 모는 흑인 등의 상투적인 인물을 창조하기 위하여 정형화된 아프리카인의 특징에 종종 결부되었다. 이 유형들이 로마제국의 여러 지역에서의 흑인 노예 소유라는 실제 관행을 일정 정도 반영한 반면에, 이 같은 노예제는 중세 대부분의 기간 동안에 유럽에서는 훨씬 덜 일반적이었다. 중세 미술에서 흑인 노예는 사형집행인과 보병으로부터 음악가와 가정의 하인에 이르는 모

든 예속인을 상징하는 추상적이고 정형화된 인물이 되었다. 이러한 많은 그림에서 낮은 사회적 지위의 함의는 이국적임 내지 종교적 차이 등과 같이 검은색 피부와 관련하여 견고하게 확립된 다른 함의와 중첩되었다. 활기찬 아라곤 Vidal Mayor 내지 아라곤의 법전Fuero de Aragón으로 알려진 1300년경의 법률에서 그림으로 꾸며진 첫 글자에서, 군주에게 선사된 도망 노예 두 명의 진한 검은색 피부는 스페인의 기독교도 관람객에게 이들의 예속적인 지위와 종교적 정체성 모두를 반영하는 것으로 이해되었다(☞ 일러스트 2.6.2).

앞서 지적했듯이, 중세 예술가들이 짙은 검은색 피부의 노예를 상정했다고 우리가 쉽게 단정하면, 이는 중세 대부분의 시기 동안 존재했던 실체를 혼동하게 된다. 사하라 사막을 횡단하는 교역을 통해 흑인 노예를 일부 수출한 이슬람 세계와 달리, 14세기 중엽 유럽에는 흑인 노예의 수가 비교적 적었다. 당시 포르투갈은 아프리카의 해안 탐험을 통해 노예가 된 아프리카인을 정규적으로 수입했다. 14세기 중엽 이전까지 노예에 대한 유럽의 수요는 군사적 정복이 이루어진 이후에 국지적인 포로를 예속시키거나 동방과의 교역, 특히 발칸 반도와의 교역을 통해 충족되었다. 어느 경우든, 이 같은 노예는 피부색이 밝은 것이 일반적이었다. 당시 중세 유럽의 그림에서의 아프리카의 흑인 노예라는 인습은 기본적으로 중세 문화에서 검은 피부와 관련된 부정적인 함의에 의해 자양분을 제공받았던 로마의 예술적 전통으로부터 유래되었고, 아마도 이슬람 세계의 노예 관행에 대한 모호한 인식으로 강화되었던 허구였을 것이다.

중세의 예술가들이 피부색을 실제로 신체적 외관에 연결시킨 것으로 보이는 한 맥락은 주로 유럽인들이 이집트, 에티오피아 및 아프리카의 다른 지역의 흑인이 거주한 것으로 알고 있었거나 생각한 지역의 출신 사람에 관한 묘사에서였다. 이들 인물에 관한 묘사는, 말리의 유명한 군주 만사 무사(통치기간 약 1312~1337)의 초상화에서, 카탈루냐 지도첩에서처럼(☞ 일러스트 2.6.3), 검은색 피부가 곱슬머리나 두툼한 입술과 같은 준準인종적인 특징과 결합되었다. 1375년경 유대인 지도제작자 아브라함 크레스케스가 제작한 이 지도첩에는 우주에 관한 설명 및 일부 항해도에 기초하여 만들어진 세계지도가 있다. 아프리카를 표시하는 부분에서 거의 명문銘x으로 "뮤스 멜리는 …… 기네바(가나)에 있는 흑인들 나라의 군주"라고 묘사된 말리의 군주는 방석이 깔린 왕좌에 앉아, 고딕 양식의 왕관을 쓰고, 왕권 및 완전하게 장악한 금광을 상징하는 홀과 황금 보주를 들고 있다. 군주의 피부색은 중간 갈색으로, 회색으로 가볍게 모델을 하고 있으며, 검은색 윤곽이 그려져 있다. 그의 머리와 수염은 매우 곱슬곱슬하다. 그리고 그의 옆모습은 아프리카인에 대한 유럽인들의 고정관념에서 흔히 볼 수 있는 낮은 코와 두터운 입술을 보여준다. 아라곤의 이 지도가 제작되기 반세기 이전에 무사가 말리에서 사망했기 때문에 이 그림은 틀림없이 날조된 것이겠지만, 무사의 검은색 피부와 정형화된 아프리카인을 특정한 지리적 위치 그리고 나아가 그의 부족이나 그의 '사람들'을 설득력 있게 결부시키고 있다.

일러스트 2.6.3
아브라함 크레스케스의 카탈루나 지도첩에 있는 만사 무사의 초상화(1375년).
파리 프랑스 국립 도서관 소장, 필사본 특히 30, 폴리오 3.

여기서 논의된 사례는 중세 미술에서 피부색으로 야기된 함의가 적어도 근대의 관찰자들이 정의하는 인종과 어떻게 거의 무관한지를 보여준다. 중앙아프리카 출신의 만사 무사 내지 다른 인물 등의 사례를 제외하면, 중세 유럽의 예술가들은 검은색의 피부를 특정 문화적 집단 내지 인종적 집단에 일관되게 결부시키지 않았다. 오히려 이들 예술가가 죄악, 이국적임, 폭력 및 사회적 열등 등의 일련의 부정적 가치를 검은 피부색을 한 사람에게 전가했다는 사실이 이후의 시각적 전통을 이해하는 데 보다 중요하다. 이에 따라 피부색은 특정 인종의 표식이 아니라 인종주의자 사유의 도구로서 기능하게 되었다.

이러한 전략은 중세 유럽의 예술가들이 검은색과 반대되는 흰색을 다룬 방식으로도 입증되었다. 중세 말기에, 고딕 양식에 등장하는 인물의 이상화되고 피부가 흰 사람의 특징은 도덕적인 순결, 사회적 지위 상승 및 정치적 권위의 상징으로 기여했다. 중세 로맨스 문학에 등장하는 눈처럼 하얀 공주(근대 백설 공주와 이와 유사한 인물의 선구자)를, 즉 매우 하얀 피부를 날씬한 비율, 우아한 제스처 및 값비싼 의류 등의 다른 긍정적인 사회적 표식에 비교하는 것은 이들의 우월한 사회적 지위를 주장하는 것이었다. 이 사례들에서처럼, 비록 중세의 예술가들이 흑과 백을 대하는 방식이 근대의 엄격한 의미의 인종적이라고 주장할 수는 없어도, 이들이 피부색을 당시의 도덕적·사회적·개인적 가치에 엄연하게 결부시키는 것은 근대 세계의 인종주의와 색차별주의*에 불편하지만 근접해 있다.

중세 유럽의 예술가들에게, 검은 피부색은 우리가 생각하는 것보다 덜 인종적인 것처럼 보이기도 하고, 더 인종적인 것처럼 보이기도 할 것이다. 인종 대 인종을 알리는 그것의 힘이 비교적 미미했던 반면에, 검은 피부색은 근대의 관찰자에게 쉽게 간과되거나 오해받은 근대의 인종적 사유를 예견한 사회적·종교적·도덕적 함의와 더불어 중세의 그림에 반영되어 있다. 중세에 검은 피부는 인종적일 수 있었으나, 보다 빈번히는 그렇지 않았다. 여하튼, 검은 피부는 많은 사람들이 인종주의자로 묘사할 수 있는 문화의 형성을 촉진했다. 잠시 멈추어 이 역설을 고려하는 것은 인종적 정체성에 관한 고유의 구체적이지만 변화되는 인식과 씨름하는 오늘날의 세계에 실제적인 의미를 제공한다. 흑인 성모 마리아와 같이 중세 유럽의 예술에서의 피부 색깔의 복합적인 함의는 중세인들의 가치가 단지 우리네 가치에 투영되어 있다는 스스로 강화되는 주장을 반박한다. 오히려 그것은 인종, 차이 및 자아에 관한 중세 유럽의 인식과 근대의 인식 모두의 저변에 있는 기재를 보여주고, 이에 도전하고 있다.

---

* 인종 간의 차별이 아니라 인종 내에서의 피부 색깔에 의한 차별로, 이를테면 흑인 가운데서도 피부색이 진한 흑인이 옅은 색의 흑인보다 더 차별을 받는다는 것이다.

더 읽을 자료

중세 유럽의 인종 인식에 대한 근대의 이해를 복잡하게 하는 언어적 개념적 차이에 관한 논의는 R. Bartlett, "Medieval and Modern Concepts of Race and Ethnicity," *Journal of Medieval and Early Modern Studies* 31, no. 1(2001): 39~56를 보기 바란다. 이 논문은 바틀레트 자신의 이전 연구에 대한 후속 결과물이다. 신체적 요소와 문화적 요소에 기초한 인종적인 사유 내지 관행이 중세 유럽에 이미 존재했다는 보다 폭넓은 논의는 G. Heng, *The Invention of Race in the European Middle Ages* (Cambridge: Cambridge University Press, 2018)에서 다루었다.

중세 예술가들이 인간과 괴물의 차이 모두를 암시하는 방식을 분석한 자료로는 D. H. Strickland, *Saracens, Demons, and Jews: Making Monsters in Medieval Art* (Princeton: Princeton University Press, 2003)의 영향력이 있는 연구서를 참고하기 바란다.

중세 유럽의 예술에서의 검은색 피부에 대한 연구를 위한 주요 사료에 관해서는 D. Bindman, H. L. Gates, and K. C. C. Dalton, eds., *The Image of the Black in Western Art*(Cambridge, Mass.,: Belknap Press, 2010)를 참고하기 바란다. 원래 1976~1989년 사이에 출판된 이 책은 새로운 몇몇 글이 첨부되어 신판으로 간행되었다. '흑인 성모 마리아'로 알려진 예술 장르에서의 검은색의 가변적인 함의 및 이 조각상들이 색깔을 지니게 된 시점에 관한 간단한 논의로는 E. A. Foster, "The Black Madonna of Montserrat: An Exception to Concepts of Dark Skin in Medieval and Early Modern Iberia?" in *Envisioning Others: Race, Color, and the Visual in Iberia and Latin America*, edited by P. A. Patton(Leiden: Brill, 2016): 18~50를 참고하기 바란다.

'브루난버 전투'에서
제국과 국가 사이에 있던 잉글랜드

엘리자베스 M. 타일러

잉글랜드의 민족주의는 잉글랜드의 역사적 단일성을 종종 당연하게 받아들이는 반면에, 영국U.K.을 구성하는 다른 국가들(스코틀랜드, 웨일스, 북아일랜드)에 대한 관심을 결여하고 있다. 이러한 동력은 가장 최근에 일어난 일로서 2016년 국론이 매우 분열된 가운데 진행된 국민투표 이후에 영국의 의도적인 유럽연합 탈퇴Brexit에서 매우 현저하게 나타났다. 영국이 민족주의 운동으로서 유럽연합을 탈퇴하면서 영국과 유럽의 나머지 국가들과의 관계에 급격한 변화가 나타났을 뿐만 아니라, 영국의 구성국인 잉글랜드, 스코틀랜드, 웨일스 및 북아일랜드 간의 관계도 불안정해졌다. 그렇게 된 것은 특히 북아일랜드와 스코틀랜드가 유럽연합의 지위 유지를 지지했던 반면에 잉글랜드와 웨일스의 다수 시민이 유럽연합 탈퇴에 찬성표를 던졌기 때문이다. 잉글랜드가 영국의 나머지 국가에 대해 정책을 일방적으로 지시하는 능력은 일부 잉글랜드(와 북아메리카) 사람들이 잉글랜드와 브리튼을 무시하는 경향을 상기시켜준다. 오늘날 영국의 복합적인 정체성에는 (스코틀랜드, 웨일스 및 북아일랜드를 아랑곳하지 않고) 잉글랜드와 브리튼에 대한 무시, 영국 구성국 간의 내부 분열 (북부 잉글랜드와 남부 잉글랜드 내지 북부 스코틀랜드와 남부 스코틀랜드 등의 분열) 및 영국의 이 다른 지역들 간의 지속적인 인구이동뿐만 아니라 아일랜드 공화국과 접한 국경선은 물론 유럽의 나머지 국가들과의 국경선 너머로의 지속적인 인구 이동이라는 요소도 포함되어 있다. 순수한 민족의 순수한 기원 신화에 반하는 이 같은 혼합 내지 다양성은, 잉글랜드에 관한 중세 초기의 문헌이 명확히 보여주듯이, 늘 브리튼과 아일랜드의 특징이었다.

이 글은 10세기 중엽 고대 영어로 작성된 시「브루난버 전투」에 대한 분석을 통해 중세 초기의 브리튼과 아일랜드의 정치적 복합성을 살펴보고자 한다. 이를 통해 고대 영시에서 통합된 잉글랜드인의 정체성을 곧바로 (내지 심지어 불가피하게) 발견하려고 했던 전통적인 문학 비평에 도전하고자 한다. 중세 초기의 브리튼은 여러 상이한 왕국으로 분열되었으며, 그 가계도가 5세기 게르만족의 이동으로까지 거슬러 올라가는 지배자들의 통제 아래 있던 여러 왕국을 포함했다. 이 왕국들을 통상 앵글로·색슨이라고 하고, 이들의 언어를 고대 영어라고 부른다. 「브루난버 전투」는 이 앵글로·색슨 왕국들 중 두 왕국(머시어와 웨식스)이 937년에 적을 물리친 것을 축하한 시이다. 이 전투는 이 글의 끝에서 더 자세히 설명할 것이다. 「브루난버 전투」의 시적 양식에 관한 분석에 따르면, 그 시가 한 왕국과 한 왕조(웨식스 왕국)가 인접 왕국들에 지배력을 행사하기 위한 시도를 미화하기 위해 브리튼의 내부적 다양성과 폭넓은 연계를 찬미하고 있다. 잉글랜드의 문학은 민족주의적 지평에서가 아니라 제국주의적 지평에서 시작되었다. 「브루난버 전투」를 통해 우리는 잉글랜드의 '민족주의' 문학을 형성한 작품의 제국적 기원을 알 수 있을 뿐만 아니라, 영국의 유럽연합 탈퇴라는 민족주의와 고대 영문학에 대한 우리네 인식 간의 연관성도 이해할 수 있다.

고대 영시와 민족적 정체성의 결합은 문학 비평 관행에 그 뿌리를 둔다. 19세기에 태동하여 오늘날에 이르기까지 문학 비평은 종종 근대의 민족적 정체성을 중세 유럽의 왕국들로까지 거슬러 올라가 투사한다. 특정 목적을 지향하는 이 같은 움직임은 종종 명백히 민족주의적이다. 문학사의 이같이 민족주의적인 방식 내에서 예컨대 독일어나 프랑스어보다 유난히 일찍 번성했던 고대 영어로 집필을 하는 것은, 8세기까지 거슬러 올라가는 잉글랜드인의 정체성에 대한 초기의 인식을 반영하는 것으로 종종 인식되었다. 하지만 최근의 역사·고고학·언어 연구는 중세 브리튼의 문학에 대한 앵글로 중심적인 접근을 재고할 것을 요구한다. 중세 초기 잉글랜드의 문학 및 문화에 관한 연구에서의 탈식민주의 비판이 로마 교회에 의한 기독교화의 일부로서 잉글랜드에 최초의 문해 도입이라는 제국주의적 지평을 드러낸 것은 생산적이었다. 그러나 탈식민주의의 고대 영어에 대한 비평은 후대 잉글랜드 엘리트의 제국적 기도에 관심이 적었고, 잉글랜드, 스코틀랜드, 웨일스 및 심지어 아일랜드의 나머지 지역의 이웃 국가를 지배하기 위한 남서부 잉글랜드에 소재하던 소왕국의 서西색슨 군주들의 군사원정에 특히 관심이 덜했다. 고대 영어 연구자들은 하나의 국가로서 잉글랜드에 관한 서색슨의 수사를 분해하고 분석하기보다는 수용하는 경향이 있다.

그럼에도 서색슨의 제국적 시도는 앵글로·색슨 잉글랜드라는 단일 국가 창설에 중요했다. 남서잉글랜드에 위치한 서색슨 왕국은 당시 브리튼의 여러 소왕국 가운데 하나일 뿐이었다. 앵글로·색슨 잉글랜드는 5세기 중엽 게르만어를 사용하던 정착민의 도래로부터 1066년 노르만족의 정복에 이르기까지의 잉글랜드를 의미한다. 잉글랜드라고 부르는 한 왕국에서 서색슨 지배하의 '잉글랜드인들'의 통합은 이미 결정된 것과는 거리가 멀었다. 오히려 그것은 고유의 역사를 지니고 있다. 우리는 그 역사에서 주요 순간을 확인할 수 있다. 중세로부터 내려오는 기록 문서에 따르면, 브리튼의 게르만족 거주민을 잉글랜드인이라고 최초로 부른 사람은 6세기의 로마인이었던 교황 그레고리오 1세였다. 이 같은 맥락에서 그레고리오 1세는 이들 잉글랜드인을 기독교로 개종시키기 위해 선교사를 파견하기로 결정하였다. 그레고리오 1세는 브리튼섬의 정치적 인종적 복합성 그리고 브리튼인과 아일랜드인이 이들 새로운 이주자를 이미 복음화하고 있다는 사실을 인식하지 못한 채 이 같은 결정을 내렸다. 8세기에 종교사를 집필한 베드Bede는 잉글랜드인의 개종이라는 그레고리오의 이념을 영향력 있게 발전시켰다. 베드의 『영국민의 교회사The Ecclesiastical History of the English People』는 브리튼과 아일랜드 그리고 유럽 대륙에서 널리 읽혔다. 교회 구조(말하자면 단지 종교적 정체성이라기보다는 잉글랜드인의 국가적 정체성의 형성)를 통한 정치적 단일성은 교황 그레고리오가 잉글랜드인이라고 명명하기 이전과 이후에 다른 여러 발전의 결과로 일어났을 뿐이다. 이 발전들은 5~7세기에 걸쳐서 앵글로·색슨족 엘리트들이 토착민이었던 로마 브리튼인을 포용하면서부터 시작되었다. 앵글로·색슨족의 이주 신화와는 달리 브리튼인들 모두가 살해되거나 웨일스로 쫓겨난 것은 아니다. 이미 8세기에 서색슨족은 다른 잉글랜드 왕국들을 장악하기 시작했고, 9세기에는 노섬브리어와 머시어가 이전에 장악한 지배력을 확보하게 되었다. 9~10세기에는 또한 서색슨족이 잉글랜드의 동부와 북부에 정착했던 스칸디나비아인(바이킹족)을 병합했다. 종국적으로 서색슨족은 잉글랜드인 그리고 브리튼과 아일랜드의 다른 민족들 간의 관계에 대한 제국적 인식을 형성하게 되었다. 브리튼과 아일랜드의 다른 민족들에는 오늘날의 남서스코틀랜드에 거주한 스트래스클라이드 웨일스인, 웨일스인 및 콘월인(이 세 종족은 로마 브리튼인의 후예였다), 스코틀랜드인 그리고 아일랜드-노르웨이족을 포함했다. 아일랜드-노르웨이족은 아일랜드인과 더블린 및 더블린 근교에 정착한 스칸디나비아인의 혼혈이었다. 필자가 여기서 말하는 제국적이라는 의미는 분열된 정치적 정체성을 지닌 여러 민족에 대한 지배를 의미할 뿐이다. 브리튼의 경우 이 민족들은 서색슨족의 군주들에게 그 정도는 달랐지만 복속된 개별 군주의 지배를 받았다. 잉글랜드인의 정체성은 이전에 존재하던 자연적인 정체성이 아니라 오히려 기록으로 충분히 입증된 과정의 결과였다. 그리하여 지배 엘리트는 인종적 정체성의 형성을 통해 그 권력을 공고히 하고 확대했다.

937년에 일어난 '브루난버 전투'는 서색슨의 군주였던 애설스탠이 스코틀랜드인, 아일랜드-노르웨이인 및 스트래스클라이드 웨일스인에게 승리한 것을 축하하는 『앵글로·색슨 연대기』의 도입부를 구성하고 있다. 「브루난버 전투」는 『앵글로·색슨 연대기』에 포함된 최초의 시이며, 그 자체로서 주변의 산문보다 크게 돋보인다. 이 시를 집중적으로 분석하기에 앞서 『앵글로·색슨 연대기』의 시작을 고려하는 것이 유익할 것이다. 명칭은 현대적이지만, 『앵글로·색슨 연대기』는 앵글로·색슨 잉글랜드에 관해 모든 것을 기술한 것이 아니라, 오히려 잉글랜드 전역을 지배하게 된 서색슨의 지배 왕조의 역사를 서술한다. 이는 한 국가의 역사라기보다는 한 왕조의 역사이다. 『앵글로·색슨 연대기』는 890년대에 알프레드 대왕의 궁정에서 시작되었으며, 잉글랜드의 정체성의 일부로서 (라틴어가 아닌) 기록된 고대 영어를 장려하는 알프레드의 정책의 결과 중 하나였다. 이 같은 견해는 교황 그레고리오의 『사목적 배려』의 번역본 서문에서 매우 명확하게 나타나 있다. 알프레드는 그 서문을 자신의 이름으로 집필했다. 알프레드는 영어를 '우리' '잉글랜드인Angelcynn' 모두가 이해하는 언어라고 기록했다. 그러나 제국적 인식은 자국어인 영어로 활용하는 것이라는 이 같은 인식을 지지했다. 잉글랜드인의 지식 정도를 조사하기 시작하면서, 알프레드는 템스강 남쪽에 위치한 자신의 왕국의 국경을 훨씬 넘어 험버강의 북쪽과 남쪽을 돌아다녔다. 더욱이, 알프레드는 문어 영어를 고대 세계의 품격이 있는 언어의 계승자라고 소개한다.

당시 나는 히브리어로 된 성서가 어떻게 최초로 발견되었는지 기억했다. 그 이후 히브리어를 습득한 그리스인들이 그것을 자신만의 언어로 완전히 전환시켰으며, 다른 모든 책도 그렇게 했다고 기억했다. 그 이후 그리스어를 습득한 라틴[로마]인도 이와 마찬가지로 뛰어난 번역자를 통해 그것을 자신만의 고유한 언어로 만들었다.

로마인을 따라 잉글랜드인은 자신의 고유한 언어로 글을 쓰게 되었다.

우리는 정치적·문학적 맥락과 더불어, 이제 「브루난버 전투」로 돌아가게 된다. 이 시의 번역본은 이 글의 말미에 있다. 이 시는 애설스탠 왕(924~939)과 그의 형제 에드먼드(939~946)가 잉글랜드 북부의 확인되지 않은 장소인 브루난버에서 어떻게 군사적인 승리를 거두었는지를 묘사하고 있다. 서색슨족과 머시어인의 도움에 힘입어 이들 형제는 아일랜드-노르웨이족과 스코틀랜드인들의 연합군을 격파했다. 아일랜드-노르웨이족의 군주 올라프 구스프리스손은 요크와 그 주변 지역의 소유권을 최근 되찾았고, 스코틀랜드족의 군주 콘스탄틴은 노섬브리어인과 스트래스클라이드 웨일스족의 앵글로·색슨 왕국들 가운데 자신의 권력기반을 공고히 하고 있었다. 애설스탠은 왕실의 문서로 알려진 특허장에서 '잉글랜드인의 군주'라고 칭한 최초의 군주였으며, 이 시는 잉글랜드 문학이 중세 초기의 브리튼의 복합적인 정체성을 어떻게 지니게 되었는지에 특별한 기회를 우리에게 제공한다. 다른 특허장들은 군주를 가리키는 그리스어 바실레오스basileos의 활용에서 잉글랜드인의 군주로서의 애설스탠의 지위에 대한 제국적 차원 및 브리튼 모두에 대한 애설스탠의 지배에 대한 주장을 보여준다. 애설스탠은 '잉글랜드인의 군주이자 브리튼의 모든 사람의 지배자'이기도 하다. 이와 관련하여 935년에 시렌세스터에서의 회동에서 작성된 특허장은 매우 인상적이다. 이 특허장에서 필경사는 "한때 로마인이 건설한 그 도시에서" 일어난 일을 묘사하고 있다. 애설스탠이 웨일스인의 군주에게 세금을 바칠 것을 일상적으로 요구한 곳이 바로 시렌세스터였다. 하위 군주 내지 보잘것없는 군주라는 별칭으로 불린 브리튼의 다섯 군주가 이 특허장에 대한 증인으로서 이들 군주는 스코틀랜드인의 군주 콘스탄틴, 스트래스클라이드 웨일스인의 군주 오와인, 그리고 세 명의 웨일스 군주인 히웰 데헤우바르스, 이달 그윈네드, 모르간 그웬트였다. 애설스탠은 잉글랜드와 브리튼 모두의 지배자로서 황제로 묘사되었다.

「브루난버 전투」에서의 알프레드의 제국적인 영어는 브리튼에 대한 애설스탠의 제국적 왕권 인식에서 고대 영어, 고대 스칸디나비아어 및 카롤링거 시대의 라틴어 시 양식을 결부시켰던 새로운 제국적인 시 양식의 기초가 되었다. 이 시는 잉글랜드의 정체성에 저항하고 있다. 말하자면 알프레드의 '영어 Angelcynn'는 그 어디에서도 언급되지 않았으나, 애설스탠과 에드먼드는 웨식스와 머시어의 사람들을 각기 지휘했다. 그 전투 이후에, 애설스탠과 에드먼드는 고국 웨식스로 돌아왔다. 브루난버에서 군주 다섯을 격퇴했다는 자신감에서 그 전투를 잉글랜드가 아니라 브리튼에 대한 지배를 위한 전투라고 그 시인은 묘사했다. 그 시인이 5세기 게르만족의 브리튼 침략으로까지 기세등등하게 거슬러 올라간 마지막 구절들은 브리튼 정복에 대한 동일한 인식을 잘 보여준다. 지리적 지평에서 볼 때, 그 시인은 공간을 폭넓게 배치하고 있다. 즉 아일랜드에서 강조되었던 것처럼, 패배한 콘스탄틴은 북으로 그리고 올라프는 더블린으로 되돌아갔다. 서西웨식스의 이 같은 인식은 더욱이 신의 승인을 받았다. '고상한æþel' 어휘에 관한 말놀이는 '애설스탠Æthelstan'('고귀한 돌, 번역본 1번째 줄)의 이름을, (고대 영어에서 '왕자æþeling'를 지칭하는 번역본 2번째 줄) 에드먼드의 직책을 그리고 (신의 '고귀한 창조물æþele gesceaft' 로 알려진 번역본 18번째 줄) 태양을 결부시키고 있다. 애설스탠의 제국은 신의 재가를 받았던 것이다.

이 시의 양식은 여러 언어로 된 문학에서 도출되었고, 시의 제국적 인식은 앵글로·색슨의 전통과 애설스탠을 둘러싼 국제적인 궁정 모두와 결부되어 있다. 애설스탠의 국제적인 궁정에는 노르웨이족의 스칸디나비아 연사와 유럽 대륙 카롤링거 왕국에서 온 성직자, 귀족 및 제후가 있었다(애설스탠은 유럽 대륙의 정계의 실세였다).「브루난버」의 전통주의는 고대 영어의 두운시적 형태에서, 명확한 의고적 어휘에서 그리고 전사자들의 시신을 소름끼치게 먹는(번역본 68~72줄) 전장의 야수와 같이 충분히 입증된 고대 영어의 모티프에서 명백하다. 강력하고 쇄신된「브루난버」는 서색슨의 제국적 야망을 지지함에서 전통주의를 강력하고 혁신적으로 사용하고 있다. 그러나「브루난버」는 혁신을 위해 고대 노르드어 시와 라틴어로 된 카롤링거의 시에서 따왔다. 『베어울프』처럼 전설적인 영웅들의 업적을 묘사하는 것이 아니라 당대의 앵글로·색슨의 지배자를 찬미하기 위해 운문을 놀랍도록 사용한 「브루난버」는 현존하는 가장 오래된 시이다. 이 점에서 「브루난버」는 고대 스칸디나비아어의 음유시적 운문 그리고 카롤링거의 황제들을 찬미하는 라틴어 시라는 양자의 영향을 보여준다(폭력과 승리 지상주의에 대한 취향을 지닌 시인에 대한 찬사는 「브루난버」 이전의 고대 영시에서는 견줄 만한 것이 없다). 두 가지 부류의 시는 「브루난버」가 대두한 것으로 보이는 애설스탠의 궁정에서 그 진가가 인정되었다. 이 궁정에서 모두가 경쟁적으로 군주를 찬사했던 음유 시인들은 라틴어 시에 친숙하게 되었으며, 노르웨이어와 영어의 시적 양식은 상호 간의 대화와 갈등에서 그리고 라틴어와의 갈등에서 형성되었다.

앞선 텍스트에서 논의되고, 애설스탠의 승리에 대한 신성한 동의를 암시하는 '고귀한æpel'에 관한 「브루난버」의 말놀이는 유럽의 나머지 지역에서 카롤링거 군주들을 위해 작성된 라틴어 시를 연상시킨다. 그 시에서 재담은 중요한 양식적 특징이었다. 애설스탠을 위해 작성된 라틴어 시 「서신이여, 그대의 발걸음을 인도하라Carta dirige gressus」는 '돌'을 의미하는 라틴어 삭숨saxum에 대한 재담놀이를 반복적으로 하고 있다. 이 돌은 애설스탠의 '색슨족' 선조와 애설스탠의 이름의 두 번째 요소인 '스탠stan', 즉 고대 영어의 '돌'을 연상시킨다. 한편 「브루난버」의 시인은 '전함'을 뜻하는 'cnear'(42줄)와 대칭(압축된 은유), '무기의 충돌'을 뜻하는 'wæpengewrixel'(54줄) 등의 고대 스칸디나비아어를 채택함으로써 음유시적 운문의 영향을 시사하고 있다. 그 과정에서 시인의 고대 영시는 음유시인 운문의 과시적이지만 모호함을 모방하게 되었다. 이와 같이 적의 시 양식을 전용함으로써 9세기 이후 스칸디나비아인들이 정착하고 통치한 브리튼 지역이 애설스탠의 영토가 되었다는 점을 일반적이고 양식적인 차원에서 알 수 있다. 동시에 그것은 애설스탠이 구축하고 있던 잉글랜드의 정체성이 동질적이지 않았고, 동일한 지배 아래 여러 민족을 하나로 결속시키고 있었음을 암시한다. 「브루난버」가 라틴어 시와 고대 노르딕 시 사이에 위치한 방식은 점화된 제국적 양식을 뒷받침하고, 영어와 잉글랜드인의 정체성 간에 어떤 형태의 단순한 동일시도 거부하고 있다.

잉글랜드인의 정체성은 이후 10세기의 『앵글로·색슨 연대기』의 특징이 되었다. 하나의 왕국으로 확립된 당시의 잉글랜드는 스칸디나비아인들의 재공격으로 위협을 받았고, 덴마크의 군주 크누트는 잉글랜드를 침공하여 이를 정복했다. 후대에 이들 스칸디나비아인의 등장은 오히려 왕국 건설기보다 외부적 위협이라는 맥락에서 잉글랜드인의 정체성을 정교하게 했다. 「브루난버」가 서색슨족이 브리튼을 지배하게 된 것을 축하하던 것에서 잉글랜드 방어로의 전환은 제국이 국가보다 선행했음을 의미하게 되었다. 먼저 웨식스의 패권이 없었더라면 잉글랜드도 없었을 것이다. 이 같은 연쇄는 고대 영어로 작성된 시 「브루난더」 이후에 집필된 『앵글로·색슨 연대기』의 기사에 그 흔적을 남겼다. 「브루난더」를 국가적 지평보다는 제국적 지평에서 이해하게 되면, 잉글랜드인의 정체성의 회고적 선언을 놓치게 않게 된다. 비록 이 같은 다양성이 잉글랜드의 지배에 복속한다는 점을 우리가 이해한다고 해도, 이 같은 인식은 브리튼의 다양성을 제기하고 있다.

만약 우리가 중세 초기 브리튼의 다양성을 인식한다면, 「브루난버」에서 묘사된 웨일스인에 대한 관찰은 영어로 작성된 문헌이나 잉글랜드인들이 집필한 문헌을 뛰어넘는 텍스트 이해의 중요성을 보여준다. 「브루난버」에 스코틀랜드인 및 아일랜드-노르웨이인과 더불어 웨일스인의 부재에 대해서는 설명이 필요하다. 브루난버가 북부를 위한 전투였기 때문이기도 하다. 애설스탠에 여전히 충성했던 웨일스 출신 웨일스인은 이 전투에 참여하지 않았다. 스트래스클라이드 출신 웨일스인의 군주 오와인은 전투 현장에 있었고, 아마도 그 시인은 스트래스클라이드 출신 웨일스인을 동맹관계에 있던 콘스탄틴의 군대에 복속시켰을 것이다. 그러나 아마도 웨일스인들이 부재한 이유는 다른 데 있을 것이다. 마지막 구절들에서 이 시인은 앵글족과 색슨족이 대륙으로부터 도착하기 수 세기 이전에 웨일스인이 정복당했다고 선언하고 있다. 「브루난 버」는, 베드의 『영국민의 교회사』에서와 마찬가지로 웨일스인의 복속을 주장하며, 초기 브리튼인들을 역사에서 지우려 하고 있다.

웨일스인은, 이미 정복당한 것으로 묘사되기는 했지만, 앵글로·색슨족에게는 여전히 강력한 위협이었다. 웨일스인은 특히 서색슨 군주의 제국적 야심을 그리고 잉글랜드가 웨일스 왕국들의 희생으로 창설되었다는 사실을 잘 알고 있었다. 브루난버 전투 직후 몇 년 동안 작성된 것처럼 보이는 웨일스의 시 「브리튼의 대예언」은 외세인 색슨족을 축출한 섬 지역의 폭넓은 연대, 즉 오늘날의 웨일스, 아일랜드, 만, 스코틀랜드 그리고 노르웨이인은 물론 브르타뉴인을 포함한 섬들의 광범위한 연합세력을 상상하고 있다. 「브루난버」와 마찬가지로 「브리튼의 대예언」이라는 시는 당시의 갈등이 5세기의 앵글족과 색슨족의 브리튼 해안으로의 도래와 더불어 시작되었다고 기술하고 있다(32줄). 「브루난버」가 애설스탠에 저항한 사람들의 운명이었듯이, 웨일스인에 의해 전투에 휘말린 이들 연합군은 패배한 색슨족을 '야수의 먹잇감'(60줄)으로 남기게 될 것이었다. 이 시는 '대군주'(애설스탠)에게로의 복속에 격분했다(100줄). 이 대군주는 시렌세스터에 있던 자신의 대리인들을 통해(69줄) 브리튼의 사람들에게 세금을 부과했다. 「브루난버」가 바다를 건너 브리튼으로 온 "훌륭한 전쟁 장인"이었던 앵글족과 색슨족의 도래를 회상하면서 막이 내리는(72줄) 반면에, 「브리튼의 대예언」은 "해안에 정박된" [배로] 추방되는 색슨족과 더불어 끝나고 있다(191줄). 「브루난버」와 「브리튼의 대예언」은 중세 초기의 브리튼에 거주한 민족들의 다양성을 강조하는 시이다. 「브리튼의 대예언」에 귀를 기울이게 되면, 우리는 이들 민족을 잉글랜드인들과 그 적으로 환원하는 고대 영시에 대한 곤혹스럽고 빈약한 민족주의적 해석으로부터 벗어나게 된다.

「브루난버」는 우리가 잉글랜드의 안정적인 정체성을 찾고자 과거 앵글로·색슨 족으로 되돌아가기보다는 잉글랜드인의 정체성이 (북잉글랜드에서처럼) 여러 속어와 다른 언어, 즉 (브리튼어 및 아일랜드어와 마찬가지로) 켈트어와 고대 스칸디나비아어를 사용한 사람들을 결속시키기 위한 정치적인 의도로 형성되었다는 사실을 강조하고 있다. 브리튼의 모든 민족에 대한 서색슨족의 제국주의적 구상 및 근대적 의미와 동일한 의미에서의 '잉글랜드적'이 될 정체의 복합적인 기원을 보여준다. 그 시와 고대 스칸디나비아어 및 카롤링거 시대의 라틴어 시와의 연관성은, 지적·정치적 교류의 더 넓은 세계에서의 서색슨족의 위상에 대한 시인 및 초기 독자의 인식을 드러낸다. 애설스탠의 특허장 및 「브리튼의 대예언」과 더불어 읽게 되면, 「브루난버」는 브리튼의 다양성과 잉글랜드의 헤게모니 모두를 전반적으로 보여주게 된다. 중세 문헌에 대한 윤리적인 독자로서 우리는 이 같은 다양성과 헤게모니를 모두 놓쳐서는 안 된다. 탈식민주의 이론은 잉글랜드의 근대 문학에 관한 우리네 이해방식에 혁신적으로 도전을 했다. 즉 우리에게 제국주의 시각으로부터 벗어나 제국으로 인해 상실된 것과 잉글랜드의 정체성에 대한 제국주의의 중요성을 이해할 것을 요구하며, 결정적으로 우리에게 식민지와 탈식민주의의 문학·문화를 비판적으로 이해하라고 요구하고 있다. 이 이론적·정치적 규범들은 중세 문학에도 동일하게 적용되고 있다.

브루난버 전투

이해에, 전사들의 주군이며 사람들에게 반지를 수여하는 애설스탠 왕과

그의 형제이자 왕자 에드먼드가 칼이 난무하는

브루난버 근교의 전투에서

평생의 영예를 얻었도다

이들은 방패 벽을

가르며 나아갔고,

해머의 나머지 부분과 더불어

전투용 참피나무를 갈랐도다

조상의 피를 타고 태어났기에,

에드워드의 아들들은 전투에서 모든 적에 맞서

자신들의 영토,

보화 및 가정을 수호해야 했도다

증오의 대상인 민족들이 몰락하고.

스코틀랜드와 뱃사람들이 패배했구나

영원한 주이신 신의

밝은 별이자 유명한 별인 해가, 아침에

지면 위로 미끄러져 올라가자,

그 고귀한 창조물이

정해진 질서대로 질 때까지,

그 전쟁터는

사람들의 피로 어둡게 되었고,

많은 사람들이

창에 처참하게 쓰러졌구나. 북부의 사람들이,

방패 위로, 화살을 맞았고, 스코틀랜드인들은

전쟁에 지치고, 신물이 나 있었도다.

서색슨족의 선발대는 증오의 대상을

온종일 계속해서 추격했고

도주하는 군인들을 뒤에서

연마된 날카로운 칼로

찔렀도다. 머시어인들은

어떤 사람들의 거친 주먹다짐도 견디지 못했도다

올라프와 더불어 그 사람들은, 배를 이끌고,

큰 파도를 헤치며, 그 영토를 찾았으나,

전사했도다. 젊은 왕들, 시신 다섯이

전쟁터에 놓여 있었도다

올라프의 일곱 전사와 마찬가지로

그 칼에 의해 잠들게 되었고,

뱃사람과 스코틀랜드인들의

수많은 무리가 [잠들어 있고] 그리고

북부인들의 왕은, 어쩔 수 없이, 소수의 군인과 함께

도주하여 뱃전으로 갔고.

전함은 물속에서 전진했고,

잠잠한 바다로 나간 그 왕은 자신의 목숨을 구했구나

또한 현자의 한 사람인, 콘스탄틴이 자신의 나라 북부로

도주했구나

백발의 이 노전사, 칼의 결투에서

기뻐해야 할 이유가 없었도다. 그 전사는 자신의

친척들을 빼앗겼고,

고향의 친구를 잃었고,

[많은 사람들이] 전투에서 살해되었으며, 전쟁 경험이 없이,

살육의 현장에 남겨진,

그의 아들은 부상으로 죽었도다.

백발의 그 노인은 올라프보다

칼의 격돌, 오랜 적과의 격돌을 자랑할 이유가 없도다.

패잔병과 더불어, 그들은

전투에서 뛰어났다고 자랑할 이유가 없도다.

그들이 살육의 현장에서 에드워드의 아들들과 함께 놀이를 할 때,

깃발들의 부딪침에서

창들의 부딪침에서, 전사들의

결속력에서,

무기의 충돌에서.

그리고 북부의 사람들은 못이 박힌 함선을 타고 갔으며,

창을 든 오합지졸의 패잔병들은, 딘게스미어에서

깊은 물 위로, 더블린으로,

아이슬란드로 치욕스럽게 되돌아갔도다

또한 전쟁에서 승리한, 그 왕[애설스탠]과 그의 형제 왕자, 모두는

자신들의 고향, 서색슨족의 고향을 향했도다

이들 형제가 떠난 후에, 남은 시체들을 배분하기 위해,

식탁을 즐기기 위해, 부리가 뿔 같은 검은 까마귀,

검은 옷을 입은 독수리, 흰꼬리수리,

탐욕스러운 전쟁 매, 그리고 회색 짐승과

숲 속의 늑대가 남아 있었노라. 이 섬에서

칼날과 더불어 사람들에 대한

이보다 무서운 살육 행위가 이전에는 없었도다,

책으로 기록되어 우리에게 전해왔듯이,

동쪽 출신 늙은 학자들인,

앵글족과 색슨족이 넓은 바다 위로 일어나,

브리튼을 향했도다,

자긍심이 강한 전쟁 대장장이들이 웨일스인을 이겼도다,

이들 영광스러운 용감한 전사가 조국을 얻었도다.

더 읽을 자료

「브루난버 전투」와 「애설스탠 왕의 생애와 위업」의 원문과 번역문은 *The Battle of Brunanburh: A Casebook, ed. M. Livingstone*(Exeter: Exeter University Press, 2011)에 게재되어 있다. 이 책에는 역사적·문헌적·언어학적인 분석과 더불어 「브

루난버 전투」 연구에 관한 다수의 원문이 포함되어 있다. 「브루난버 전투」에서의 여러 언어의 활용에 관해서는 E. M. Tyler ed. *Conceptualizing Multilingualism in England, C. 800-c. 1250*(Turnhout: Brespols, 2001)에 실려 있는 S. Zacher "Multilingualism at the Court of King AEthelstan: Latin Praise Poetry and The Battle of Brunanburh"에 잘 분석되어 있다. 자허S. Zacher의 글에는 애설스탠 시대의 라틴어 시와 고 노르웨이어 시의 주요 작품에 관한 참고문헌이 포함되어 있다.

P. Stafford, "The Anglo-Saxon Chronicles, Identity and the Making of England" (*Haskins Society Journal: Studies in Medieval History* 19(2008): 28~50)는 『앵글로·색슨 연대기』의 여러 판본에서 다루어진 복합적인 왕정적 정체성과 지역적 정체성을 언급하면서, '잉글랜드인의 정체성'에 대한 집착과는 거리를 두고 있다.

(J. Barrow and A. Warehma, eds., *Myth, Rulership, Church and Charters: Essays in Honour of Nichols Brooks*[Aldershot: Ashgate, 2008], 127~144]에 있는) S. Foot, "Where English Becomes British: Rethinking the Contexts for *Brunanburh*"는 그 시의 잉글랜드적 지평보다는 브리튼적 지평을 주장한다. T. Charles-Edward, *Wales and the Britons, 350-1064*(Oxford: Oxford University Press, 2013)는 웨일스의 시각으로부터 중세 초기의 브리튼을 조망하며, 「브리튼의 대예언」에 관해서도 논의하고 있다. 특히 제16장의 "The Britons and the Empire of Britain"을 참고하기 바란다. 탈식민주의 관점에서 앵글로·색슨 문학에 관한 영향력이 있는 논의에 대해서는 N. Howe, *Writing the Map of Anglo-Saxon England: Essays in Cultural Geography* (New Haven: Yale University Press, 2007) 중 "England and the Postcolonial Void" 장을 참고하기 바란다. 탈식민주의 관점은 브리튼 내에서의 잉글랜드의 제국주의가 아니라 잉글랜드와 로마와의 관계를 조망하고 있다.[*]

[*] 이 글은 덴마크 국립연구재단으로부터 재정 지원을 받은 중세문학센터의 지원을 받았다(프로젝트번호 DNRF 102). 중세문학센터는 남덴마크 대학교와 뉴욕 대학교에 소재한다.

---

[*]   이 밖에 비드, 『영국민의 교회사』, 이동일·이동춘 옮김(나남, 2011)을 참고할 수 있다.

2.8

누구의 스페인이란 말인가?

데이비드 A. 왝스

국가가 자국의 역사를 기술할 때, 인종적·종교적 소수자, 이주자 및 다른 주변 집단이 조직을 결성하여 목소리를 낼 때까지, 이들을 역사에 등장시키지 않는 경향이 있다. 미국이 태동한 이래 현존해 있는 미국의 아메리카 원주민, 아프리카계 미국인 및 멕시코계 미국인은 1950년대와 1960년대에 자신들의 정치적 힘을 주장하기 위한 조직을 결성했으며, 그 과정의 일부로서 자신들의 목소리가 학교와 대학의 교과과정에 포함되도록 로비를 했다. 스페인에서 역사에 의해 침묵을 강요받은 사람들의 목소리가 인정을 받기란 미국보다 훨씬 어렵다. 무슬림이나 유대인의 핵심 집단이 없는 한 스페인에서 이 문제는 내면의 독백이 되고 있다. 즉 스페인의 이슬람교 및 유대교가 **가톨릭적** 스페인에 무슨 의미가 있는가? 그리고 심지어 보다 논쟁적이게도, 유대교 및 이슬람교로부터 가톨리시즘으로의 대규모 개종의 역사를 고려해 볼 때, 가톨릭적인 스페인인들이 **그들**(유대인들과 무슬림)의 끝이 어디며, **우리**(가톨릭교도들)는 어디서 시작하는가라고 자문을 하고 있다. 근대 국민국가로서의 스페인의 정체성은 비非이슬람교와 비유대교에 달려 있다. 다수의 스페인 사람들이 유대인 조상 및 (내지) 무슬림 조상의 후손이며, 스페인 문화의 여러 요소가 이베리아반도의 중세의 유대교 공동체와 무슬림 공동체의 영향을 받았다는 사실은 널리 알려져 있다. 하지만 이러한 문화적 공헌을 이해하는 우리의 인식은 스페인 역사의 이 요소들이 현대 스페인 문화에 의해 전용된 유혈 과정 때문에 근본적으로 흐려지게 되었다. 중세의 이베리아반도와 폭력적인 과거가 오늘날 인종 관계에 관해 우리에게 말하고자 하는 바는 무엇인가?

스페인에서의 유대인들의 역사는 (적어도) 이베리아반도의 로마화로까지 거슬러 올라간다. 1492년 추방령이 내려질 때까지, 유대인들은 적어도 서기 4세기 이래 이베리아반도에서 거주했고, 무슬림은 710년 이베리아반도에 최초로 정착했다. 그리고 이베리아반도의 절대 다수의 지역은 곧 무슬림의 지배 아래 놓이게 되었고, 이 같은 상황은 이베리아반도 북부의 기독교 공국들이 알안달루스al-Andalus(무슬림이 지배하던 스페인과 포르투갈)를 침략하기 시작했던 11세기 초엽까지 지속되었다. 무슬림의 지배 초기에는 이베리아의 다수의 기독교도가 이슬람으로 개종했다. 심지어 13세기에 상황이 반전되어 기독교도가 지배한 이후에조차도, 그라나다 왕국은 1492년까지 무슬림의 지배하에 있었다.

스페인의 교과서에는 다음과 같은 이야기가 있다. 즉 그라나다의 함락, 유대인의 추방, 1502년부터 시작된 무슬림의 개종 등으로 비로소 스페인은 기독교 국가가 되었다는 것이다. 하지만 안달루시아 무슬림(알안달루스 출신 무슬림)의 다수는 알안달루시아가 형성될 당시 사실상 이미 이베리아반도에 거주하던 기독교의 후손이었다. 이 같은 사실로 '이슬람의 침략'에 의문이 제기되고 있다. 여하튼, 가톨릭교회가 이베리아반도를 정복하기 위한 십자군 전쟁을 선포했기 때문에, 스페인의 귀족은 십자군 전쟁의 유산을 상징하게 되었다. 이 같은 사고방식을 지닌 정복자들이 신세계로 갔다. 즉 비기독교도의 정복과 이들의 개종은 스페인의 주요 관심사이자 대두하던 국가적 정체성에 핵심적이었던 것이다. 스페인의 수호성인 (산티아고) 야고보의 별명이 '무슬림 살해자'였으며, 텍사스주의 국경 도시 브라운스빌에 바로 인접한 멕시코의 한 도시가 산티아고(야고보)로 명명되었다(전설에 따르면 그리스도의 제자인 야고보는 로마령 이스파니아에서 기독교 복음을 전파했다는 것이다).

이베리아반도의 무슬림과 유대인들은 자신들의 조국(아랍어로는 알안달루시아 내지 히브리어로는 세파라드)을 **사랑**했으며, 그 영광을 당당하게 노래했다. 1200년경 세비야를 근거로 활동한 시인 이스마일 이븐 무하마드 알샤쿤디는 "알안달루시아에서 태어나고, 안달루시아의 아들이 되는 행운을 나에게 주신 신을 찬양한다.…… 북아프리카가 알안달루시아보다 낮다고 찬사하는 것은 왼쪽보다 오른쪽을 선호하거나 밤이 낮보다 밝다고 말하는 것이다. 그건 말도 안 되지!"라고 자랑스럽게 주장했다. 같은 시기에 톨레도에서는 히브리어 작가 유다 알하지리가 자신의 고국을 "눈이 부시고, 고향의 빛은 하늘의 해와 같다. 고국의 이슬의 향기는 코의 몰약과 같으며, 고국의 달콤한 과일 향기는 입의 꿀과 같다"라고 묘사했다. 1615년 미겔 세르반테스는 무슬림에 대한 최종 추방이 이루어진 지 겨우 2년 후에 『돈키호테』에서 다수의 모리스코스(스페인의 마지막 무슬림)가 느꼈던 아픔을 다음과 같이 토로했다. "우리는 행운을 잃을 때까지 우리의 행운을 알지 못했고, 스페인으로 되돌아가는 것이 우리 중 거의 대다수의 간절한 바람이다. 이들 중 절대 다수, 그리고 이들 중 다수는 나와 마찬가지로 그 언어를 알고 있으며, 처자식을 버릴 정도로 스페인에 대한 애정이 각별하다. 그리고 지금 나는 자신의 나라를 사랑하는 것이 즐거운 일이라는 경구의 진리를 깨닫고 느끼고 있다." 스페인으로부터 추방된 유대인들은 이와 유사한 향수鄕愁를 느끼며 세파라드를 떠올렸다. 그런데 유대인의 이 향수에는 자신들이 받았던 탄압과 추방이라는 고통이 혼재되어 있었다.

물론 근년에 스페인과 포르투갈은 1492년과 1497년에 각각 추방되었던 유대인의 후손에게 시민권을 부여했지만, 안달루시아의 무슬림 후손에게는 시민권을 부여하지 않았다. 안달루시아의 무슬림은 여전히 자신들의 선조의 땅에서 이방인으로 인식되고 있으며, 서구 기독교 사회에서 '동쪽의' 침략자 내지 '동양의' 침략자로 간주되고 있다. 모로코 왕국의 아랍 이름인 '모그레브'는 기본적으로 '서쪽'을 의미한다. 이베리아반도는 모로코만큼이나 서쪽으로 멀리 있다. 그리하여, 여하튼 스페인은 누구의 서쪽인가? 유대인들은 이스파니아가 로마제국에 속한 이래, 안달루시아가 아랍 세계의 서부 지역에 있었을 때까지 서구의 이베리아에 존재했었다(비록 오늘날 '서양의' [나라로] 간주되지 않는 시리아와 이집트 등의 지역이 로마제국에 포함되는 것이 일반적이기는 하지만, 로마제국은 여전히 '서구'로 간주되고 있다).

안달루시아의 기념물들은 오랫동안 스페인의 국가 유산의 일부로 간주되어 왔다. 오늘날 스페인 사람들은 아랍 세계의 매우 뛰어난 일부 기념물의 수호자이다. 그라나다의 알람브라 요새, 세비야 주교좌성당의 히랄다 탑(이전에 뾰족한 탑으로, 지금은 종탑), 세비야의 알카자르 요새 등의 몇몇 기념물이 이에 속한다. 문제는 항상 스페인이 이집트나 인도에서 영국이 했던 것처럼 식민지 문화의 기념물을 관리하고 있었는가, 아니면 알람브라 궁전이 사실 그들 자신의 국가 문화 유산의 일부인가 하는 것이었다.

스페인에서 무슬림 및 유대인 기념물의 전용에서 기독교도들이 때로는 관용을 보이고 때로는 탄압을 했으나, 종국적으로 무슬림과 유대인을 추방한 일련의 복잡한 사건이 수반되었다. 카스티야의 군주 페르난도 3세(재위 1230~1252)는 쿠르투바(코르도바), 이시빌랴(세비야) 등의 안달루시아의 주요 도시를 정복한 공로로 성인으로 추대되었다. 페르난도의 아들 알폰소 10세(재위 1252~1284)는 종교적 공존에 대해 매우 다른 접근을 채택했다. 그는 세비야에 아랍 학문을 연구하는 학교를 설립하고 『쿠란』, 『토라』, 『탈무드』 및 『조하르』(13세기에 스페인에서 저술된 유대인 신비주의에 관한 핵심 문헌)를 카스티야어로 번역하는 작업을 제안했다. 카스티야어는 대중적인 라틴어 방언으로서, 종국적으로 스페인어로 알려지게 될 것이었다. 오늘날의 기준에서 볼 때, 알폰소 10세는 반反유대주의적인 것처럼 보이는 거친 정책(예를 들어 유대인의 복식 규정에 관한 법률을 제정하고, 성주간Holy Week에 자기 집을 떠나지 못하게 한 것)을 유지한 반면에, 다른 기독교 군주들보다 유대인과 무슬림의 처우에 훨씬 관대했다.

그럼에도 14세기 동안 고조된 대중의 반유대주의 물결은 1391년 여름 스페인을 휩쓴 끔찍한 집단학살로 끝이 났다. 15세기를 지나면서 상황이 악화되었고, 15세기 후반에 교황은 무슬림이 지배하던 그라나다의 정복과 유대인의 추방(1492) 및 무슬림의 강제 개종(1502)에 대한 공로를 인정하여 이사벨 여왕과 페르난도 왕을 '가톨릭 군주'라고 찬사를 보냈다. 그리하여 스페인은 스스로를 유대인과 무슬림의 과거로부터 이들의 신조를 근절하려는 열정으로 무장된 완전한 기독교 사회라고 생각하기 시작했다.

이 모든 것은, 1502년 이래 아주 최근에 이르기까지 스페인과 포르투갈 사회에 유대인이나 무슬림이 공식적으로 사실상 존재하지 않는다는 것을 의미했다. 그 이후 스페인에서의 사회적 명성은 유대인이냐 비무슬림이냐, 혹은 자신의 가족이 전쟁터에서 얼마나 많은 무슬림을 죽였느냐에 따라 크게 좌우되었다. 15세기 말엽에 (상위 귀족 출신의) 카스티야의 시인 호르헤 만리케는 유명한 시에서 "선한 성직자와 수도사는 신에게 기도하고 간구함으로써, 그리고 유명한 기사는 무슬림과의 투쟁에서 고통을 감수함으로써 구원을 얻는다"라고 매우 분명하게 언급했다. 로마 교황청에서 발송한 십자군 전쟁에 관한 공식 서한이라는 흐름은 무슬림이 지배하던 그라나다를 상대로 싸웠던 이베리아반도의 기독교도들을 위한 경제적·영적 지원과 더불어 이 같은 태도를 강화했다. 공공연한 반유대주의에 대한 존중과의 이 같은 결합은 수정된 형태로 오늘날에도 지속되고 있다. 대중의 반유대주의적 폭력은 역사적으로 성주간에 야기되었다. 이 성주간에 십자가에서의 그리스도의 죽음을 기념하는 이들 신도가 그리스도를 죽인 사람을 보복하기 위해 지역의 유대인 공동체를 방문하여 폭력을 가했다. 레온에서는 성주간에 레모네이드가 섞인 포도주를 마시는 전통이 있는데, 이 같은 관행을 여전히 '유대인 죽이기'라고 부르고 있다. 동일한 이유로, 2015년까지 카스티야의 한 도시는 카스트리요 마타 후디오스(유대인 살해 캠프)라고 불렸으나, 지금은 카스트리요 모타 데 후디오스(언덕 위 유대인 캠프)로 부르고 있다.

이 모든 것을 고려해 볼 때, 스페인과 포르투갈로 알려진 영토의 유대인 문학과 아랍 문학이 오늘날의 스페인 학교에서 어린이나 대학생의 필독서가 아닌 것은 놀라운 일이 아니다. 사실상 이베리아반도에서 매우 뛰어난 아랍어 시인들이 많이 배출되었는데도, 마드리드의 대중 서점에서 스페인어로 번역된 안달루시아 시인의 시집을 발견하기란 쉽지 않을 것이다.

하지만 종교재판, 추방 및 문화 규제가 수 세기에 걸쳐 진행되었음에도 이베리아는 유대인 및 이슬람의 문화가 다양하면서도 지속적으로 존속한 지역이었다. 유대인을 추방하고, 1492년에 스페인에 남아 있기로 결정한 유대인들이 기독교로 개종하면서, 스페인은 유대인 세계에서 히브리 학문의 가장 중요한 중심지로부터 라틴 기독교 세계에서 히브리 학문의 가장 중요한 중심지로 변모되었다. 다수의 지식인 랍비들은 기독교도가 되어 교회의 예배에 참석했다. 그리하여 스페인의 인문주의자 대학들은 히브리어로 된 성서 연구에서 탁월한 성과를 거두었으며, 알칼라데에나레스 대학교의 학자들로 구성된 한 팀은 1517년 다언어 성서(히브리어, 라틴어, 그리스어 및 아랍어로 된 텍스트 포함)를 최초로 간행했다. 하지만 히브리어를 잘못 공부하는 것도 문제가 될 수 있다. 몇십 년 후에 살라망카 대학교의 히브리어 교수이자 유대인의 후손으로 기독교로 개종한 탁발 수사 루이스 레온은 종교재판을 통해 「아가서」를 히브리어에서 스페인어로 번역을 한 죄목으로 1572~1576년까지 투옥되었다(당시 성서의 자국어 번역은 법으로 금지되었다).

아랍어와 히브리어에 관한 연구는 오랫동안 이베리아반도의 기독교 군주들이 무슬림과 유대인 소수자들을 지배하기 위한 하나의 방식이었다. 13세기로 거슬러 올라가면, 카스티야의 군주 알폰소 10세와 탁발 수사 라몬 률은 기독교 사제들에게 『쿠란』의 언어를 가르치기 위한 아랍어 학교를 개설했다. 이들에게 아랍어 연구는 두 가지 분명한 목적이 있었다. 첫째, 만약 『쿠란』을 이해할 수 있다면, 무슬림을 개종시킬 기회가 더 많아지게 될 것이라는 것이다. 둘째, 카스티야어를 사용하는 기독교도들은 아랍어로 된 과학 및 천문학 서적에서 많은 것을 배우고 싶어 했다는 것이다.

이베리아반도의 초기 기독교도들이 안달루시아의 뛰어난 자료 및 과학 문화에 관심을 가지고 있었음에도, 다수의 스페인인들은 이베리아반도의 무슬림 및 유대인, 그리고 이들의 문화적 유산을 여전히 자신들의 고유한 문화적 정체성의 일부로 간주하지 않는다. 그 이유는 무엇인가? 인종 문제가 이와 관련된 무엇일 수 있다. 물론 근대의 사료에서는 안달루시아 무슬림이 아프리카인의 진부한 특징을 종종 표상하는 것으로 언급되어 있으며, 피부색이 검은 것으로 묘사되고 있다(그리고 확실히 안달루시아 무슬림 가운데 일부 흑인 아프리카인들이 있었다). 우리가 아는 한, 이베리아반도의 무슬림은 일반적으로 그 이웃인 기독교도와 신체적으로 구별되지 않는다. 이를테면 칼리프 아브드 알라흐만 3세(889~961)는 머리와 수염이 붉은색이었는데 아랍인의 위엄을 보이기 위해 이를 갈색으로 염색했다고 사료에 묘사되어 있다. 오늘날 '인종'의 기능과 유사한 사회적 기능을 수행한 종교적 차이는 오히려 의상, 머리 모양, 음식 및 (종종) 언어로 확인되었다. 13세기의 알폰소 10세의 『성모 마리아 찬가』 등 일부 자료에서는 세례 후에 '정상인으로 돌아오는' 유대인의 진부한 특징(이를테면 큰 코가 작아지는 등)이 묘사되어 있다. 그리고 이 묘사들이 신체적으로 정확하지 않지만, 오히려 기독교도 세례의 영성적 변화를 상징한다.

1391년과 1492년에 있었던 유대인의 대규모 개종, 그리고 그 이후 1502년의 무슬림의 대규모 개종으로 기독교도가 상당수 창출되었던바, 이들 기독교도는 한때 유대인이나 무슬림으로서 자신의 종교를 신봉했던 유대인과 무슬림의 후손이었다. 이들 개종한 기독교도는 자신들이 무슬림이거나 유대인이었을 때 직면했던 동일한 사회적 제약을 받지 않았고, 교회, 궁정 그리고 지역의 행정부에서 영향력 있는 지위를 자유롭게 차지할 수 있게 되었다. 개종한 페드로 카발레리아는 은밀하게 유대교를 지속적으로 신봉했다는 죄목으로 종교재판에 제소되었다. 페드로는 개종 후에 아라곤의 알폰소 4세의 궁정에서 관리로 있던 인물이다. 페드로는 변론 과정에서 (진정이든 아니든) 자신이 개종함으로써 엄청난 사회적 출세를 하게 되었다고 증언했다. 종교재판의 기록물에 따르면, 그는 "유대인으로서 제가 랍비의 지위보다 더 높은 지위를 차지할 수 있었을까요? 그러나 지금 제가 그 도시의 핵심 시정위원의 하나라는 사실을 보십시오. [예수를] 처형한 보잘것없는 사람으로서, 모든 명예가 저에게 부여되고 있으며, 그리고 사라고사시市에 명령과 법령을 내리고 있습니다"라고 말했다. 이 같은 개종자들의 급격한 사회적 신분 상승은 기존 기독교도의 우월감을 위협했다. 이들 기존 기독교도는, 유대인이 그러했듯이, 새로 개종한 기독교도를 이류 시민으로 전락시키기 위한 방안을 강구했다. 그 해답은 피에 있었다. 세례는 개종자의 피로부터 유대교의 오점을 깨끗하게 지울 수 없으며, 만약 더러운 피를 가진 유대인이 합법적인 기독교도가 될 수 없다면, 이들 유대인이 '순수한' 피를 가진 다른 기독교도에게 부여된 혜택을 누려서는 안 된다고 기존 기독교도들은 주장했다.

15세기 중엽에 스페인은 나치의 뉘른베르크 법률*과 유사한 순혈령을 공포하면서, 새로운 기독교도의 권리와 자유를 제한하기 시작했다. 이는 새로운 기독교도를 이류 시민으로 격하시키고, 직업 선택 및 경제 활동에 제약을 가하며, 사회적 영향력을 축소하기 위한 조치였다. 이 법률들은 강한 강제력으로 뒷받침되었다. 1478년에 시작된 스페인 종교재판소는 비교적 무한한 권력과 자원을 가진 거대한 국제 비밀경찰(신성한 형제단)에 못지않게 스페인의 기독교 정체성의 경계를 폭력적으로 감시했다. 스페인의 기독교도 공동체에서의 이단을 근절하기 위해 창설된 스페인의 종교재판소는 새로운 기독교도를 잔인하게 표적으로 삼았고, 비밀리에 유대화하거나 유대교를 신봉하던 친구, 이웃 및 가족 구성원을 비난하는 스페인 신민을 장려했다. 어떤 경우 스페인 신민은 개종하지 않

---

* 1935년 뉘른베르크에서 열린 나치 전당대회에서 공포된 독일제국 시민법과 혈통보호법을 말한다. 이 법령에 의해 유대인은 시민의 자격에서 제외되었고, 유대인과 독일인의 결혼이 금지되었으며, 유대인은 게토에 격리되었다.

은 유대인을 탄압할 수 있는 권한을 부여받기도 했다. 매우 강력한 이 제도는 곧 경제적인 부의 보유도 가능하게 했다. 말하자면 이들에게 죄인의 재산을 압류할 수 있는 권한이 부여되었고, 압류재산은 군주 몫으로 일부 삭감되었다. 이같은 장려책은 거역할 수 없는 것으로 판명되었고, 스페인, 아메리카 및 필리핀 전역에 걸쳐 종교재판 사무소가 설치되었다.

투옥이나 심지어 사형의 위협에 처하면서도, 개종한 다수의 기독교도들은 계속해서 유대교나 이슬람을 은밀하게 신봉했다. 이슬람으로부터 기독교로 개종한 모리스코스(글자 그대로의 뜻은 '무슬림 같은')는 조롱이 섞인 이름으로, 아랍인 주인공들과 더불어 스페인어로 집필된 지하 문학을 생산했다. 즉 알자미아어로 작성된 (아랍어의 아자미야 내지 비非아랍어로부터 유래한) 문학이 등장하게 되었다. 16세기에 스페인 군주는 모리스코스로부터 이들의 문화를 박탈하기 위한 일련의 칙령을 공포했다. 이 칙령들은 서적과 일상 대화에서 아랍어 사용을 금지했을 뿐만 아니라 전통 음식, 의복, 음악 그리고 심지어 모리스코스 공동체에서의 공동 목욕도 금했다. 이 같은 탄압의 고조는 유혈 내전을 불러왔다. 이 내전에서 종종 기존 기독교도에게 스페인의 라이벌이자 지중해의 초강대국인 오스만 제국의 다섯 번째 종대로 여겨졌던 모리스코스의 군대는 그라나다의 알푸하라 산맥 남쪽에서 봉기하여 3년 동안 왕실 군대를 격퇴했으나, 잔인하게 진압당했다. 이와 같이 군사적으로 결정적 패배를 당했음에도, 적어도 일부의 모리스코스는 17세기 초엽에 스페인으로부터 추방되기 전까지 자신들의 문화와 종교를 계속해서 고수했다. 영국 청교도들이 메이플라워호를 타고 아메리카의 플리머스에 도착하기 10년도 채 되기 전 스페인의 무슬림들은 거의 9세기 동안 이슬람의 유산과 더불어 계속 살아가고 있었고, 스페인의 유대인들은 유대인으로 당당하게 생활할 수 있었던 암스테르담과 이탈리아로의 도피를 도모했다. 스페인의 이들 유대인 중 일부는 가톨릭 대학에서 교육을 받았다. 좋든 싫든, 한 세기 이상 종교재판의 모든 노력에도, 스페인은 여전히 이 세 문화가 공존한 나라였다.

더 읽을 자료

스페인의 무슬림과 유대인의 유산에 관해 자세히 알고 싶은 학생은 매력적이고 사려 깊은 책 M. R. Menocal, *The Ornament of the World*(Boston: Little Brown, 2002)를 참고하기 바란다. 이 책은 이 분야의 표준적인 저술이다. 무슬림의 역사와 유대인의 역사에 관한 연구에 초점이 각기 맞추어진 B. Catlos, *Kingdoms of Faith: A New History of Islamic Spain*(New York: Basic Books, 2018) 및 J. S. Gerber, *The Jews of Spain: A History of the Sephardic Experience*(New York: The Free Press, 1992)를 각각 참고하기 바란다. M. Carr, *Blood and Faith: The Purging of Muslim Spain* (New York: New Press, 2009)은 무슬림의 유혈의 추방에 관한 후대의 역사의 일부를 설명해 주고 있다.

우리는 J. M. Monro, *Hispanic-Arabic Poetry: A Student of Anthology*, 2nd ed. (Piscataway, N. J.: Gorgias Press, 2004)를 통해 중세 이베리아반도에서 활동한 아랍의 주요 시인들의 몇몇 작품 선집을 쉽게 접할 수 있다. 한편 P. Cole, *The Dream of the Poem: Hebrew Poetry from Muslim and Christian Spain, 950-1492*(Princeton: Princeton University Press, 2007)는 독자에게 이베리아반도의 풍요로운 히브리 시 전집의 일부를 소개해 주고 있다.

✳

어설픈 학습은 위험하다

피에리아 샘*을 깊이 마셔라, 그렇지 않으면 이 샘을 맛보지 마라

얕은 한 모금의 물은 뇌를 중독시킨다

그리고 많이 마시게 되면 또 다시 우리의 정신이 들게 된다

— 알렉산더 포프,** 『비평론』(1709)

(종종 '어설픈 지식은 위험하다'라고 잘못 인용되거나 표현되는) 지식의 원천에 대한 얕은 참여나 잠깐의 참여의 위험에 대한 알렉산더 포프의 경고는 인터넷 시대에 쉽게 적용될 수 있다. 디지털 출판물, 스트리밍 비디오 및 소셜 미디어가 널리 보급된 시대에 절대 다수의 매체는 사실상 '작은' 것이다. 말하자면 우리는 손보다 작은 화면에 맞춰진 작은 꾸러미로 이것을 접하게 된다. 이 압축된 형태에서 풍자적인 유머, 이미지와 몇 마디 재미있는 말의 인상적인 병존, 혹

---

* 그리스 신화에 등장하는 아홉 명의 뮤즈가 태어난 곳.

** 1688~1744. 18세기 영국의 신고전주의 시인이자 풍자가. 작품으로는 『우인열전』, 『시선집』, 『인간론』 등이 있다.

213

은 작렬하는 짧은 비디오는 쉽게 입소문이 날 수 있고, 순식간에 세계적으로 엄청난 독자를 확보할 수도 있다. 이미지, 비디오 루프* 및 신랄한 밈과 더불어 이 같은 공공연한 입소문을 타기 위해 경쟁하는 이념은 헤드라인이나 단편적인 소수의 텍스트로 환원된다. 신속성과 영향력이 모든 기준이 된다.

    이같이 끊임없이 쏟아지는 커뮤니케이션, 객관적이지 못한 논평 내지 해시태그의 세계에서 중세는 어떻게 다루어지고 있는가? 중세는 어떠한가? 한편 미디어가 변하듯이, 중세는 놀랍게도 인상적이고 논쟁적인 주제나 이미지의 강력한 원천으로서 전면에 등장하게 된 것처럼 보인다. 말하자면 미국의 화이트 캐슬이라는 패스트푸드 식당의 건축과 브랜딩에서 어디서든 중세에 대한 비교적 무미건조한 언급을 미국 극우파의 온라인 논쟁 포럼에서 기사騎士에 관한 이미지를 기초로 구축된 폭력적이고 위협적인 화상에 비교할 경우, 이는 특히 사실이다. 제3부에서 다루는 주제들이 보여주듯이, 오늘날 중세는 남성성, 인종적 정체성, 젠더 역할, 인종 및 민족(성), 종교에 관한 논쟁을 위해 소환되고 있다. 중세적 과거를 상기시키는 이 모든 것에서, 중세는 대중적이고 접근이 가능한 시대로 인식되고, 그리고 많은 유머와 창의성의 원천으로 이해되고 있다. 하지만 디지털 문화의 주류에서 다른 많은 것들이 그렇듯이, 근거가 확실치 않고 맥락 없이 활용되는 이미지와 이념들은 중세에 대한 천박한 이해를 불러와, 누구나 참여하여 자신들의 상상력에 따라 해석을 하도록 한다는 사실을 의미했다. 폭넓은 독자와 중세의 만남이라는 현상이 빈번하게 증가하면서 밈과 약칭 표현의 원천에 대한 대화의 필요성이 우리에게 더 많이 제기된다. 이는 전문가들이 대중과의 대화 그리고 대중 자신들이 보고 있는 것에 적극적인 참여의 필요성을 제기하는 것이다. 포프의 경고처럼, 보다 충분한 이해에 자양분을 제공하는 정보에 관한 보다 완전한 원천 대신에 과거에 관한 단지 '얼마 안 되는 한 모금'만을 우리가 선택함으로써, 많은 것이 희생되

---

* 영상과 음향이 계속 반복되는 필름테이프.

고 있다.

제3부는 입소문을 타는 소셜 미디어 현상이라는 순수한 소재를 다루는 두 개의 장과 더불어 시작된다. 즉 현저하고 재미있으며, 즉각 소비되고 즉각 사라지는 중세에 관한 정보의 조밀한 단위를 다루고 있다. 메리언 블리크Marian Bleeke에게 우리가 인터넷에서 보게 되는 밈은 정치적·사회적 비평을 제공할 의도로 유머를 빈번하게 사용하면서 중세의 여백의 글marginalia과 공유되고 있다. 오늘날의 밈 창작자들이 생각하는 '전통적인' 젠더 역할과 사회적 태도를 지지하기 위해 중세의 이미지를 주로 사용하는 곳에서, 중세의 여백의 이미지는 사실상 지배적인 젠더 규범에 도전하기 위해 종종 사용되었다. 앤드루 리브Andrew Reeves는 중세의 성性에 관해 널리 확산되고 디지털화되어 공유되는 흐름도를 고려하도록 우리에게 소개한다. 중세 유럽의 기독교 사회에서 법률과 성에 관한 학문적 연구를 위해 원래 만들어진 이 흐름도는 중세의 성에 관한 차갑고 존재하지 않을 것 같은 청교도적인 성격의 실 사례나 중세 법률의 비일관성에 관한 사례로 활용되고 있다. 리브는 우리가 법률들을 그것들의 고유한 맥락으로 되돌릴 뿐만 아니라, 이 법률들이 당시의 신앙 공동체의 성에 대한 태도보다 일관되거나 일관되지 않은 것인지를 고려하고 있다는 점을 시사해 준다. 우리가 중세적인 밈을 만나게 된다면, 중세에 관한 이 편린은 현대인으로서 우리가 누구인지에 대해 안심시키려고 하는 것인가? 라고 블리크와 리브는 질문하고 있다.

중세적 과거를 연상시키는 이미지를 둘러싼 인종적 정체성과 그것의 정교화는 이어지는 매기 M. 윌리엄스Maggi M. Willams와 헬렌 영Helen Young의 글의 주제이다. 윌리엄스와 영 모두는 중세에 기초한 일부 이미지가 전적으로 유럽의 백인의 전유물이어야 한다는 기대감을 표명하고 있다. 윌리엄스는 이른바 '켈트 십자가'의 역사를 탐구하고 있다. 원에 새겨진 이 십자가는 사실상 기독교를 예견하고, 아일랜드와 무관한 맥락에서 등장하고 있다. 19세기 말과 20세기 초엽 이래 이 상징물이 구체적으로 함의하는 영역은 중세적 표출과는 거의 무관하다. 윌리엄스는, 미국의 아일랜드인 공동체들이 백인의 특권에 대한 자신들의 주장을 확고히 하기 위해 투쟁했듯이, 이 상징물이 어떻게 아일랜드 가톨릭교도 및 그 이후 아일랜드계 미국인의 정체성의 징표가 되었는지를 설명해 준다. 20세기에는 또한 제2차 세계대전 중 나치가, 1960년대 이래 백인 우월주의자의 감옥 갱단이, 오늘날에는 신新나치주의자들이 이 상징물을 사용하는 것을 또한 볼 수 있었다. 영은 백인 당국자들, 영화제작자들 및 청중이 중세의 역사 드라마에서나 〈왕좌의 게임〉과 같은 중세를 배경으로 하는 판타지 이야기에서 비백인 배우를 캐스팅하는 데 좀처럼 동의하지 않은 이유를 설명해 준다. 윌리엄스와 마찬가지로, 영은 미국인과 영국인이 동질적인 중세의 '백인'의 역사에서 자신들의 인종적 기원을 안전하게 정착시키기를 열망했던 때인 계몽주의 시대 및 계몽주의 이후의 민족주의 시대에서 '중세'와 '백인' 간의 가상의 연계의 기원을 발견하고자 한다.

소셜 미디어에서 지속적으로 반복되고 공유된 중세의 모티브 가운데 인종은 물론 성과 종교에 결부된 것도 있다. 윌 체르보네Will Cerbone가 '자신의 주먹과 도끼로' 살아가는 사람들의 남성다운 힘의 전형으로서 중세 스칸디나비아 전사의 이미지를 채택한 반면에, 애덤 M. 비숍Adam M. Bishop은 백인 우월주의자와 비백인 및 비기독교인에 대한 인종·민족·종교적 갈등을 옹호하는 사람들에 의해 십자군 이미지 및 십자군 전쟁으로부터 영감을 받은 해시태그 '#신이원하는바이다deus vult'의 사용을 분석하고 있다. 이 두 글은 중세의 이 모티브들이 언급하는 바이킹과 십자군의 역사가 이 밈들의 함의보다 복합적이라고 주장하고 있다. 체르보네와 비숍은 모두, 대중문화에 관한 역사적 자료에 대한 논의를 역동적이고 풍요롭게 하기 위해서 일종의 독성을 지닌 남성성(바이킹의 사례) 및 인종주의자의 증오(십자군의 사례)의 표출로서의 연구 주제가 면밀한 검토 대상에서 제외되어서는 안 된다고 주장한다.

J. 패트릭 혼벡 2세J. Patrick Hornbek II의 글은 오늘날의 한 공동체(진보적인 가톨릭교도)가 스스로를 중세의 범주(이단)의 현현으로 인정해야 한다는 요구에 부

응한다. 몇몇 교리적 가르침에 동의하지 않는 사람을 사실상 이단으로 '인정'하거나 인식해야 한다는 오늘날의 보수적인 가톨릭교도의 주장이 무슨 의미가 있는가? 혼벡이 설명하듯이, 가톨릭의 전통에서 이단의 역사는 그 같은 비난을 매우 심각하고 선동적인 것으로 만든다. 동시에 혼벡의 글은 신학적 논쟁, 신학적 견해차 및 개인적인 선택('이단'이라는 어휘 배후에 있는 뿌리 깊은 개념)이 어떻게 중세 종교사의 특징이었는지를 보여주고 있다. 비숍 및 체르보네와 마찬가지로 혼벡은, 중세가 테러와 폭력의 시대였다는 고정 관념에 우리가 굴복하거나 '#이단이라고인정하세요ownyoureresy'는 해시태그를 활용하는 것이 밈 및 해시태그가 구축된 오늘날의 미디어에서 매우 용이한 대화를 지속적으로 혼란에 빠뜨리거나 차단한다는 점을 이해하기 위해 중세적 태도에 대해 사과해야 할 필요가 없다고 생각하고 있다.

3.1

현대의 기사, 중세의 달팽이
그리고 외설적인 수녀

메리언 블리크

2017년 8월 12일 미국 버지니아주 샬러츠빌의 극우주의자 시위대로부터 온라인의 매크로와 밈에 이르기까지, 21세기에 오용된 중세는 빈번하는 기사제의 이상을 전제로, 그리하여 폭력에 근거한 남성성의 구축을 특징으로 한다. 샬러츠빌에 모인 시위대 관련 사진에는 젊은이들이 노르웨이의 룬 문자로부터 신성로마제국의 검은 독수리에 이르는 중세의 다양한 상징물이 선명하게 새겨진 방패와 깃발을 들고 있다. 그뿐만 아니라 다수의 온라인 매크로,[*] 즉 이미지와 텍스트의 조합은 무장한 기사를 결합하고 있고, 무슬림에 대한 폭력을 요구하는 문구와 더불어 가슴, 헬멧과 방패에 십자가가 그려진 십자군으로 확인된다. "무슬림이 없다면, 무슬림 금지는 필요 없다"라는 문구가 있는 반면, "나는 그대의 지하드를 볼 것이고, 그대에 맞서 십자군 전쟁을 일으키겠

---

[*]   여러 개의 명령을 하나의 명령으로 만든 것으로, 효율적인 작업을 위해 사용되는 부분을
       약자로 정의하여 반복적으로 사용하는 명령어.

다"라는 또 다른 문구도 있다. 극우 시위대 및 온라인 콘텐츠에서의 중세에 관한 언급은 '비열한 사람'으로 알려진 카일 채프먼Kyle Chapman의 사진을 기초로 한 비디오와 매크로가 결합되어 등장하고 있다. 채프먼은 2017년 3월 버클리에서 벌어진 시위에서 시위대를 비판한 사람을 폭행했던 인물이다. 채프먼에 대한 이 같은 이미지는 그를 일종의 '극우 기사'로 각인시키는 다수의 이미지의 토대가 되었다. 한 번은 십자군과 더불어 채프먼은 "우리 시대의 영웅인 그 극우 기사가 일어나며, 몽둥이를 들고 행동하는 그대에게 감사하노라"라는 찬사를 받고 있다.

이 장에서는 중세 유럽의 자료를 활용하는 극우주의 운동과 온라인 매크로에 등장하는 젠더, 즉 남성성과 여성성이 어떻게 구축되는지를 먼저 살펴보고자 한다. 곧 분명하게 드러나겠지만, 중세라는 과거는 젠더가 항상 그리고 앞으로도 이러한 특정 방식으로 구성되어야 한다고 종종 시사함으로써 남성성과 여성성 모두의 편협하고 제한적인 유형을 정당화하기 위해 빈번히 활용되고 있다. 중세 사료의 이 같은 활용을 비판하기 위하여 필자는, 여백의 글 marginalia로 알려지고 중세 예술작품의 주변부에 등장하는 이미지로 정의되는 화상의 유형을 그다음으로 소개하고자 한다. 여백의 글을 이해하기란 쉽지 않기는 하지만, 여기서 논의된 특정 사례들은 오늘날의 극우주의자와 온라인 자료에 등장하는 것들과 유사한 젠더에 관한 구축물을 참고로 인용하는데, 그것은 이를 훼손하기 위해서이다. 말하자면 이 글에서는 달팽이 앞에서 두려움에 몸을 움츠리는 기사, 자기 욕구를 충족시키기 위해 나무에서 음경을 뽑아내는 수녀들을 다루게 될 것이다. 젠더에 관한 구축물이 항상 논쟁에 열려 있었으며, 그리하여 중세라는 역사가 남성성이나 여성성이라는 특정한 목적을 정당화하기 위해 활용되어서는 안 된다는 점을 이 그림들이 보여주고 있다.

여성성에 관한 구축물은 오늘날의 극우주의자로부터 유래한 자료에서 훨씬 덜 보이며, 의도적으로 그렇게 되고 있다. 아일라 스튜어트Ayla Stewart는 '[백인 우월주의] 운동에서 여성의 역할'이라는 제목으로 자신의 블로그 〈목표가 있는 아내〉의 한 포스트에서, 샬러츠빌에서의 시위 연설 약속을 철회하고 그 시위에 참여하지 않기로 결정한 이유를 설명해 주고 있다. 스튜어트는, 그 시위의 규모가 커짐에 따라, 연설이 어머니의 역할이 아니라 지도자의 역할이라고 생각되었기 때문에, 샬러츠빌에서의 연설이 '적절하지 않다'고 생각하게 되었다는 것이다. 이러한 설명은 리더십을 암묵적으로 야기하고 있으며, 어머니로서의 자신의 정체성에 대한 리더십을 비판함으로써 리더십을 남성의 역할과 동일시한다. 그리고 그 시위에서 예견된 폭력으로 위험이 야기될 수 있기 때문에 시위에 참여하지 않겠다고 자신의 경호 팀을 설득했다고 스튜어트는 부연했다. 이 같은 언급은 여성성과 연약함을 동일시하는 것으로 신변의 안전에 대한 우려가 있었기 때문이지만, 분명히 남성 시위자들의 안전은 아니었다. 그다음으로, 스튜어트는 앞으로 자신이 취할 행동을 열거하고, 이것들을 '여성의 고유한 역할'과 동일시하고 있다. 말하자면 여성을 겨냥한 단지 사적인 기회에서의 연설 또는 남편이 참석한 가운데 이루어진 공적 연설, 응급처치의 습득, 긴급 구호품의 비축 및 백인 우월주의 운동에서의 남성에 대한 도덕적 지지의 제공 등이 이 목록에 포함되었다. 이러한 언급은 사적 영역 및 거기에서 이루어지는 돌봄 역할과 더불어 극우주의자의 여성성을 동일시하는 것이다. 백인 우월주의 운동에 참여한 다른 여성들은 사적이고 보조적인 역할보다는 공적 역할을 수행하느라 남성 동료로부터의 적대감에 직면했다. 이를테면 2017년 12월 3일 일련의 트윗에서, 타라 매카시Tara McCarthy는 그 운동에 참여한 여성을 외견상 인터넷으로부터 우리를 괴롭히기 위해 "저급한 무명의 트롤*에게 지속적으로 괴롭힘을 당하는" 존재로 묘사했다. 역설적이게도, 이 트윗들은 그 이후 삭제되었다.

여성성에 관한 유사한 구축물은 중세 자료를 활용하는 온라인 매크로에서 등장하고 있다. 바이외 자수 벽걸이(대개 바이외 태피스트리라고 부적절하게 부르

---

* 인터넷 토론방에서 남의 화를 부추기기 위해 보낸 메시지 또는 이런 메시지를 보내는 사람.

일러스트 3.1.1
바이외 자수 벽걸이에 등장하는 앨프기바와 성직자. 잉글랜드(약 1070년).
자료: 에리히 레싱, 미국 국립예술자료관.

고 있는)로 알려진 11세기의 직물 작품은 앨프기바(☞일러스트 3.1.1)라는 이름
의 여성에 관한 여러 이미지를 포함하는 매크로를 위한 토대가 되었다. 이 이
미지들 중 두 군데에서 무릎까지 오는 칼을 차고 왕관을 쓴 남성이 앨프기바
를 가리키고 있으며, 그녀에게 등을 부엌으로 돌리라고 명령하는 문구가 수반
되어 있다. 즉 "여성이여, 이곳은 그대의 부엌이 아니다"라고만 쓰여 있는 반
면에, 다른 이는 "젊은 처자여, 부엌으로 돌아가라! 인터넷에는 당신 같은 여
성을 위한 자리가 없다!"라고 외치고 있다. 이는 여성성을 사적인 영역이나 가
정에 또한 한정시키고, 온라인에서 여성의 공적 목소리를 부정하는 일반적인
여성혐오 밈의 중세적 양식의 버전이다. 이 중세화된 인식들에 칼이 추가되는
것은 여성이 '자신의 자리'를 벗어나지 못하도록 위협을 가하는 폭력이라는 함
의가 내재되어 있다. 이에 대한 첫 번째 사례에서 이러한 밈의 중세로의 투사

는 세월이 지났음에도, 젠더 규범에서 연속성을 창출하고, 그리하여 이 이념들에 오늘날 정당성을 추가로 부여하려는 의도일 수 있다. 하지만 두 번째 사례에서의 인터넷에 대한 언급은 재미있게 보이는 것 같지만 시대착오를 불러일으킨다. 여기서 우리는 뒤떨어지거나 낙후되었다는 의미에서 이 같은 여성성에 대한 설명을 '중세적'이라고 조롱할 수도 있다. 만약 그렇다면, 이 특정한 매크로는 사실상 젠더에 관한 이러한 일련의 인식에 대한 비판을 제공할 수도 있다.

바이외 자수 벽걸이에 기초한 다른 매크로는 앨프기바를 남성의 성적 호기심의 대상으로 표현하고, 여성의 성적 효용성을 여성성의 특징으로 삼고 있다. 매크로는 이 두 가지를 앨프기바를 손가락으로 가리키는 남성 및 그녀의 가슴에 대한 접근을 요구하는 문구와 결부시킨다. 즉 "가슴 아니면 꺼지라", 그리고 "가슴을 보여주거나 아니면 얼른 떠나라"라는 문구가 있다. 이 매크로들은 단단히 옷을 여민 앨프기바와 가려진 신체의 특정 부분을 불러내는 문구 간의 대비에 기초하고 있다. 이 같은 대비가 의도한 바는 유머일 수 있다. 하지만 앨프기바에게 가슴을 보여달라거나 그렇지 않으면 꺼지라는 요구는 잠재적 유머를 그녀에 대한 적대감으로 돌변시킨다. 이것들은 일반적인 여성혐오 밈에 대한 중세화된 인식이다. 이는 특히 포챈4chan*과 관련 게시판 등이 자신을 여성이라고 밝힌 모든 참여자의 신체 사진을 올리거나 그렇지 않으면 참여하지 말라고 요구하는 온라인의 몇몇 토론 포럼에서 활용되었다. 첫 번째 사례인 앨프기바에 관해 논의되었듯이, 이 밈을 중세로 소급하여 투사하는 것은 여성의 신체에 대한 남성의 접근 요구가 젠더 규범에서 일상적이며, 그리하여 이를 정당화하려고 한다는 사실을 시사해 준다.

바이외 자수 벽걸이에 기초한 매크로는 '역사 이야기 구성 키트'를 활용하

---

* 4chan은 영어권 이미지보드 웹사이트이다. 이 사이트의 이용자들은 일반적으로 익명으로 기고하며, 주제별로 특화된 여러 게시판으로 분리되어 있는 구조로 되어 있다.

면서 탄생했다. 이 웹사이트에서는 바이외 자수 벽걸이에 등장하는 인물들을 불러와 [원하는 곳에] 위치시킬 수 있으며, 이들 인물에 수반하여 글귀를 넣을 수도 있다. 이 사이트가 이 매크로들의 직접적인 원천이라는 사실이 함의하는 바는 이 매크로들의 생산자가 바이외 자수 벽걸이 원작에 반드시 친숙할 필요가 없으며, 앨프기바를 묘사한 그 자수 벽걸이로부터 직접 영감을 받지 않을 수도 있다는 것이다. 하지만 그 매크로는 원작에서의 앨프기바의 위상을 어느 정도 환기하고 있다. 그 자수 벽걸이에서 앨프기바 역시 자신에게 돌진하는 공격적인 남성과 짝을 이루고 있다. 하지만 여기서 앨프기바는 자신을 둘러싸고 있는 구조에 의해 어느 정도 보호를 받고 있으며, 남성이 그 구조에 침투하고 있다는 사실은 남성의 행위가 잘못된 것이라는 인식을 제공한다. 그 매크로와는 달리, 원작에 있는 그 문구는 단지 "성직자와 앨프기바는 어디에"라고 쓰여 있는 문장이 완전한 문장이 아니듯이, 이들 인물의 상호작용의 정확한 본질에 의문을 남겨둔다.

마지막으로, 바이외 자수 벽걸이의 하단 구석에는, 성기를 발기한 채 벌거벗은 남성이 막힌 지지대 기둥의 밑에 웅크린 채, 앨프기바에게 손을 뻗는 성직자의 반대 방향으로 손을 뻗고 있다. 이 남성은 앨프기바에게 성적으로 접근하려는 성직자를 명확히 지적하고, 그것이 불법임을 보여준다. 그리하여 논의된 마지막 두 개의 매크로가 앨프기바에 대한 성적인 접근을 지지하는 것처럼 보이는 사례는 중세로부터 기원한 것이 아니다. 바이외 자수 벽걸이에서 성직자의 행위는 여러모로 정당화되지 못하며, 그로테스크처럼 보이는 주변적인 남성을 통해 특히 불법임이 드러나고 있다.

앨프기바 밑에 웅크리고 있는 사람은 바이외 자수 벽걸이의 마지막 부분에서 등장하는 일련의 이미지 중 하나이며, 자수 벽걸이의 가운데 부분에서 벌어지는 행위에 관해 의견을 제시하는 것처럼 보인다. 이 이미지들은 여백의 글의 초기 사례로서, 중세의 다양한 예술 작품의 마지막 부분에 등장하고 중심을 차지하는 그림과 문구에 다양하게 결부되어 있다. 여백의 글은 13~14세기에 잉글랜드와 북부 프랑스에서 만들어진 필사본 책에서 특히 일상적이었다. 이 책들의 텍스트는 성서의 시편으로부터 랜슬럿*의 이야기에 이르기까지 다양하며, 이 여백의 그림들은 심지어 훨씬 광범위하다. 여백의 그림은 그로테스크하고 혼종의 피조물뿐만 아니라 성적인 주제나 난잡한 주제를 포함하는 만큼이나 오늘날의 독자를 종종 놀라게 한다. 학자들은 이들 이미지의 함의를 이해하려고 노력했으며, 단일한 설명으로는 이 모든 것을 해명하지 못한다는 사실이 명확해졌다. 하나의 장르로서 여백의 글은 앞서 논의된 매크로만큼이나 다양하며, 사회적 규범을 강화하거나 잠식할 수도 있다. 이 이미지들의 일부는 이 장 서두에서 논의된 극우주의자의 인식과 유사한 젠더 및 성생활에 관한 구성물을 패러디하거나 비판하고 있다. 중세의 이 이미지들은 젠더와 성생활에 관한 이같이 편협한 인식이 늘 도전을 받아왔다는 사실을 명확히 하며, 그리하여 현재에도 그것이 지속되고 정당화되도록 하기 위해 중세사에 대한 준거의 활용을 잠식하고 있다. 중세의 여백의 설명은 이상적인 남성성의 구현으로서 무장한 기사라는 개념을 조롱하고, 비가시성과 성적 활용성보다는 여성의 대리자를 시사하고 있다.

중세 말기 여백의 그림의 매우 흔한 모티브 하나는 무장한 기사와 달팽이의 싸움이다. 우리는 『스미스필드 교황령』에서 사례를 하나 볼 수 있다. 이 교황령은 여백에 잉글랜드에서 추가된 그림과 더불어 14세기 초에 남부 프랑스에서 제작된 교회법 전집의 사본이다(☞일러스트 3.1.2). 이 필사본의 여백의 이미지들은 교황령의 생산 및 활용에 관한 장면에서부터 성서의 이야기, 기적 이야기 그리고 달팽이와의 싸움을 포함한 기사 관련 장면에 이르기까지 다양하다. 여기서 언덕에 있는 달팽이는 공중으로 몸을 날려 자신을 보호하면서 기사를 공격하는 거인이다. 그리하여 달팽이의 더듬이 하나는 기사의 방패에 붙게 된다. 방패에 가려진 옆얼굴은 달팽이를 노려보지만, 기사는 그 괴물을

---

* 랜슬럿은 원탁의 기사들 중 한 명으로, 가장 강력했으며 기사도 정신으로 무장했다.

피해 몸을 빼고 있다. 칼 대신에 곤봉을 들고 있는 기사의 뒤로 칼자루가 뻗어 있는데, 마치 기사의 다리 사이에 꼬리가 끼여 있는 것처럼 보인다.

14세기 초엽에 잉글랜드에서 만들어진 『골스턴 시편』으로 알려진 『시편』 사본에서 두 가지 사례가 추가되었다(☞일러스트 3.1.3). 이 시편의 그림에는 넓은 여백과 더불어 기독교의 대표적인 인물들이 포함된 첫 글자가 여럿 포함되어 있다. 이 이미지들에 등장하는 달팽이는 『스미스필드 교황령』의 사례보다 그 수가 적으나, 기사의 무릎을 꿇게 할 정도로 힘을 지니고 있다. 한 그림에서 기사는 달팽이로부터 자신을 방어하기 위해 칼과 방패를 들고, 방패에 있는 얼굴은 공격적으로 혀를 내민다. 하지만 다른 이미지에서, 마치 달팽이에게 자비를 구하듯이, 기사가 이미 자신의 칼을 내려놓았기 때문에, 패배자처럼 보인다.

이 그림들과 다른 그림들에서 달팽이에게 명백히 패한 기사가 겁쟁이의 표상으로 해석되는 것은 매우 설득력이 있다. 이 같은 해석은 기사와 달팽이 모티브를 남성성을 기사다움의 기준으로 보는 것에 대한 비판으로 이해함으로써 확장될 수 있다. 이상적 남성으로서의 기사는 비겁해서는 안 되고 용감해야 하며, 힘이 있고 강력해야 한다고 상정되어 있다. 하지만 이 덕목들은 기사의 장비에서 주로 비롯된 것이다. 말하자면 기사가 타는 말, 외부의 공격을 막아주는 방패와 갑옷 그리고 반격을 가하는 칼 등이 그것이다. 이 그림들에서

일러스트 3.1.3

기사와 달팽이. 『골스턴 시편』의 세밀화. 1310~1324년경. 대영박물관. 부가 필사본 49622. 폴리오 193v.

자료: 대영도서관 이사회 제공.

장비에 의존한 것은 기사에게 불리하게 작용했다. 이들 기사는 말을 타지 않은 대신 일반적으로 매우 작은 달팽이와의 병존을 통해 최소화된다. 기사의 방패는 기사보다 더 용감하다. 방패의 얼굴은 달팽이와 정면으로 마주보고 있고, 반면 기사는 그 뒤에서 움츠러들고 있기 때문이다. 마지막으로 기사의 무장은 그 색깔과 세부양식을 통해 달팽이의 껍데기와 정교하게 결부되어 있다. 『스미스필드 교황령』의 그림들에서 달팽이의 푸른색 껍데기는 기사의 푸른색 튜닉을 또한 연상시키며, 『골스턴 시편』의 그림들에서 달팽이의 청록색 껍데기는 기사의 방패의 안쪽과 기사가 입은 튜닉의 노출된 안쪽을 연상시켜준다. 마지막으로, 이 세 가지 모두에서 달팽이의 껍데기의 직선 모양의 세부내용은 기사의 팔과 다리를 감싸고 있는 쇠사슬 갑옷의 세부양식을 연상시킨다. 이 같은 시각적 유추를 확대하게 되면, 만약 기사의 갑옷이 달팽이의 껍데기와 동일하다면, 그렇다면 갑옷 안에 있는 기사의 몸은 달팽이와 유사해야 한다. 부드럽고 약해야 한다는 것이다.

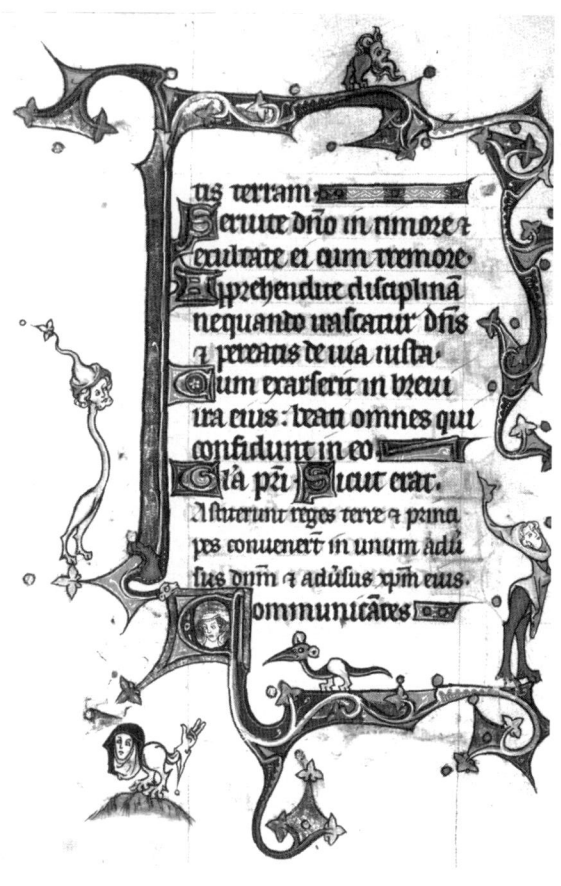

다른 유형의 여백의 그림들 또한 앞서 논의된 여성성의 구축물에 도전을 하고 있다. 우리는 중세 수녀들이 폐쇄적인 수녀원에서 이상적인 여성성을 보이지 않고 목소리를 내지 못하는 사례를 기대할 수 있다. 하지만 수녀는 필사본의 여백에 빈번히 등장하며, 여기서 표현된 모습은 놀랍다. 14세기 북부 프랑스에서 제작된 기도서(일종의 사적인 기도서)의 한 사례에서 수녀는 독특한 곱슬곱슬하고 검은 베일을 쓴 머리를 동물의 엉덩이 부분과 장갑 낀 손이 되는 꼬리에 붙여 축복의 제스처를 취한다(☞일러스트 3.1.4). 이 페이지에서 동물 모양을 한 수녀는, 가까이에 첫 글자로 된 여성의 머리가 그 수녀를 향하고 글자의 황금색 프레임의 모서리가 동물 모양의 수녀를 향하며 붉은 잎 모양으로 확장됨에 따라, 상당한 관심의 대상이 되고 있다. 이 수녀는 움츠러들지 않으며 오히려 그 장면에서 뽐을 내면서 독자와 관람자 앞에서 축복을 받고 축복을 하는 엉덩이를 흔들고 있다.

더욱이 다른 그림에서 수녀를 묘사한 일련의 여백의 그림들은, 이들 여성이 자신들의 성적 힘의 행사를 보여줌으로써 앨프기바 매크로에서 구축된 공격적인 남성의 성생활을 통한 여성성에 도전하고 있다. 이 그림들은 약 1325년부터 1353년까지 파리에서 제작되었고, 잔 몽바스통이라는 여성이 적어도 일부분을 채색한 『장미 이야기』의 사본에 등장한다. 이 필사본의 여백에는 수녀가 남성들과 성관계를 하고, 남성의 성기를 조종하고 있다. 한 삽화에는 수녀가 성기에 부착된 끈으로 남성을 이끌고, 그리고 탑의 정상에 있는 수녀와 연결된 사다리를 오르도록 감독하고 있다. 또 다른 삽화에서는 한 남성이 수녀 앞에서 무릎을 꿇고 기도를 하고 있고, 두 사람은 옷을 벗고 성관계를 한다. 필사본에 있는 이 두 그림은 성기가 열매로 열리는 나무를 묘사하고 있다. 한 그림에서 수녀는 그 나무로부터 성기를 붙잡고, 남성을 껴안으며, 그리고 다른 그림들에서 두 수녀가 나무에서 성기를 붙잡는 반면에, 남성은 자신의 성기를 제3의 수녀에게 전달하고 있다(☞일러스트 3.1.5). 성기 나무의 그림들은 이것들이 자율적인 여성의 성생활을 시사하고 있다는 점에서 특히 두드러진다. 즉 남성의 성기로 만족을 할 수는 있지만, 남성을 필요로 하지는 않는다는 것이다. 이들 수녀는 스스로를 보살피고 있다.

필사본 책이 그 소유자인 엘리트와 독자 겸 관람자를 위해 만들어졌기 때문에, 이 그림들의 독자는 원래 제한적이었을 것이고, 이는 남성화된 규범에 대한 비판의 힘을 제한했을 것이다. 이 여백에 있는 그림들의 위치도 마찬가지로 논평의 힘을 제한했을 수 있다. 왜냐하면 나중에 덧붙인 것으로 이해되어 쉽게 무시될 수 있기 때문이다. 하지만 오늘날의 인터넷에는 이 같은 이미지를 보다 폭넓은 독자가 이용할 수 있도록 만드는 능력이 있다. '달팽이와 기사'

성기의 나무에 있는 수녀들, 그리고 한 남성이 자신의 성기를 한 수녀에게 전하고 있다. 『장미 이야기』 필사본의 세밀화, 1325~1353. 프랑스 국립 문서보관소, 파리, 필사본 fr.25526, 폴리오 1606.

모티브와 '수녀와 성기 나무' 이미지 모두는, 비록 중세의 필사본에 주로 관심을 가진 집단들의 관심사이기는 하지만, 온라인상에서 어느 정도 주목을 받았다. 아직 일어나지 않은 것은 이 장 서두에서 논의한 것과 같이 젠더에 관한 오늘날의 중세적 구축물에 도전하기 위해 이 그림들이나 이와 유사한 그림들을 계획적으로 활용하는 것이다. 필자는 이 글의 독자가 그렇게 도전하기를 바란다. '역사 이야기 구성 키트'로 가서 앨프기바를 전투적인 남성을 막아내는 전사로 묘사하거나, 바이외 자수 벽걸이로부터 다른 그림을 활용하여 기사적인 남성성을 공격할 수 있는 자신만의 매크로를 만들라. 여러분은 다른 밈 제작자에게 필사본의 여백의 사례들을 업로드할 수 있고, 이 사례들을 자신만의 고유한 매크로를 위한 기초로 활용할 수도 있을 것이다. 이 사례들을 폭넓게 공유함으로써 우리는 남성성이나 여성성과 관련하여 구속하고 파괴하는 구축물을 정당화하기 위해 중세라는 역사의 활용에 도전을 하는 그림과 더불어 인터넷의 공적 공간을 차지할 수 있을 것이다.

더 읽을 자료

Michael Camille, *Image on th Edge: The Margins of Medieval Art*(Cambridge: Harvard University Press, 1992)는 중세의 여백의 글의 다양한 유형에 관한 개관 및 그 잠재적 함의를 제공해 준다. 오늘날 온라인 문화에서의 중세 자료의 활용에 관해서는 Andrew B. Elliott, *Medievalism, Politics, and Mass Media: Appropriating the Middle Ages in the Twenty-First Century*(Woodbridge: D. S. Brewer, 2017)에서 논의되었다. Ryan M. Milner는 *The World Made Meme: Public Conversations and Participatory Media*(Boston: MIT Press, 2016)에서 밈을 분석했다.

Kathleen M. Blee, *Inside Organized Racism: Women in the Hate Movement* (Berkeley: University of California Press, 2002)는 1990년대 인종주의 운동에서의 젠더와 여성의 역할을 검토했으며, 반명예동맹의 근년의 보고서인 *When Women Are the Enemy: The Intersection of Misogyny and White Supremacy*(https://www.ad.org/resources/reports/when-women-are-the-enemy-the-intersection-of-misogyny-and-white-supremacy)는 오늘날의 극우주의자에 대해 최신 분석을 시도한다.[*]

---

[*] 중세 기사의 남성성에 관해서는 차용구, 『남자의 품격: 중세의 기사는 어떻게 남자로 만들어졌는가』(책세상, 2015)를 참고하기 바란다.

성생활과 죄악의 중단

앤드루 리브

일러스트 3.2.1은 중세사가 제임스 브런디지Brundage의 『중세 유럽의 법률, 성 그리고 기독교 사회』에서 처음 등장했고, 밈으로서의 위상을 차지하게 되었으며, 지금은 소셜 미디어에서 반복해서 등장하고 있다. 이 도표는 때로는 그 근거에 따라 신뢰감 있게 등장하기도 하지만, 때로는 중세 기독교와 성에 관해 약간 재미있는 소재로서 등장하기도 한다. 우리는 성직자가 성관계를 가질 수 있는 개연성 있는 여러 방식에 대해 자세히 생각하는 것을 상상하면서 자극적인 웃음을 즐길 것 같다. 어떤 형태의 성행위 체위가 허용되는지에 대해 우리는 이런 수준의 생각을 하는 것을 상상할 수 없기에 슬며시 웃게 된다. 제임스 햄블린James Hamblin은 《디 아틀란틱》*에 이 도표를 다시 게재하면서, 왜

---

* 1857년 보스턴을 중심으로 활동한 시인 랠프 에머슨 등의 지식인들에 의해 설립된 문학잡지로 출발했다. 그 이후 정치·외교·경제 등의 분야로 그 영역이 확대되었으며, 마크 트웨인, 헤밍웨이, 마르틴 루터 킹 등의 저명한 인사들이 이 잡지에 글을 기고하기도 했다.

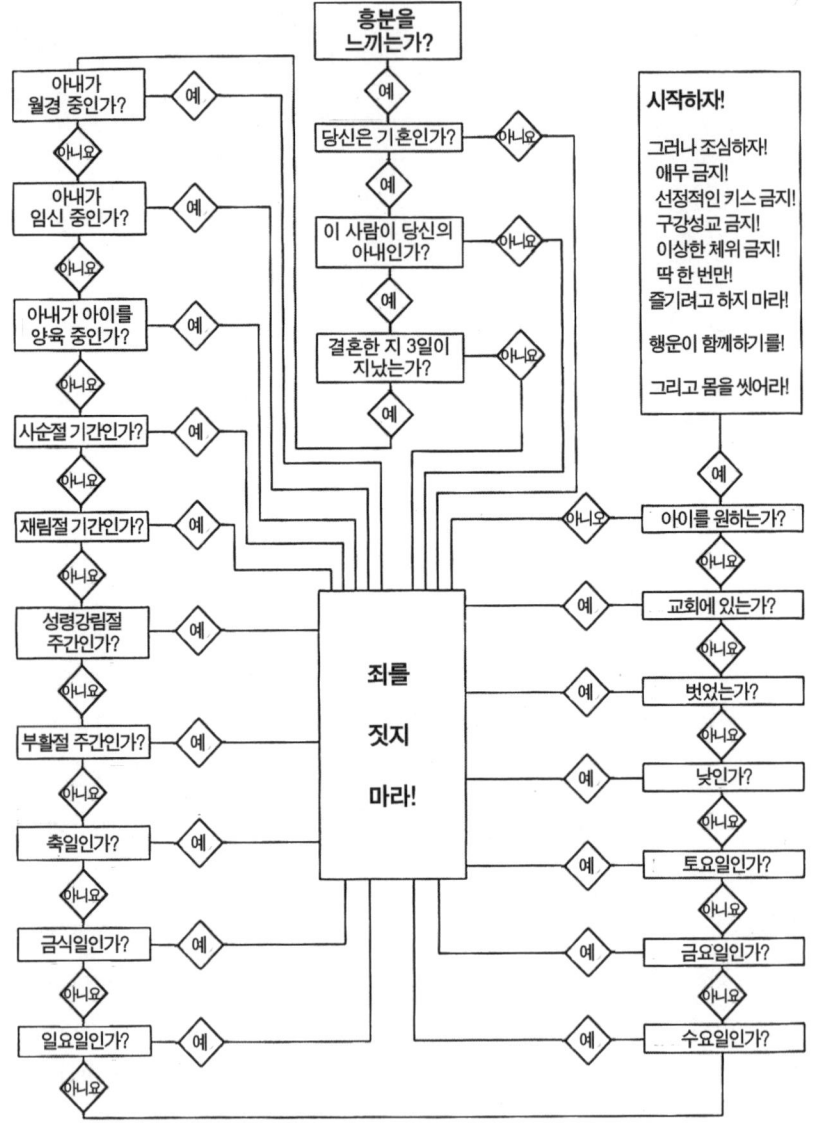

일러스트 3.2.1

중세의 성에 관한 도표.

자료: J. Brundage, *Law, Sex, and Christian Society in Medieval Europe*(Chicago: Chicago University Press, 1990).

"성이 여전히 기이한 일인지"를 그것이 설명해 준다고 지적했다. 한 걸음 더 나아가 우리는 이 도표가 20세기 중엽 이전에는 불이 꺼진 상태에서 이성 간에 이루어지는 정상 체위 이외의 성관계가 없었다는 사실을 말해준다고 생각할 수도 있다. 이 도표를 읽고 공유한 일부 사람들은 스스로를 급진적 전통주의자(온라인에서는 종종 '래즈트래즈rads-trads'로 부르기도 함) 내지 (이상적인 사회 질서란 가톨릭교회와 국가의 통합이라고 믿는 사람들인) '통합론자'로 동일시한다. 이 도표를 본 독자는 인간이 성에 관해 보다 건전하고 균형이 잡힌 인식을 가진 시대를 상상할 수도 있다.

그 맥락이 제거되고 밈으로 전락한 이 도표는, 중세 기독교도가 성생활과 몸을 어떻게 이해했으며 교회의 규범이 평신도 가운데서 어떻게 준수되거나 준수되지 않는지에 관해 우리에게 전해주는 만큼이나 모호하다. 이런 질문을 추가할 경우, 성이 좋지 않다는 중세인의 생각을 보여주는 도표로 등장하게 되면 즉각 매우 복잡한 문제가 된다. 이 규제들을 만든 사람은 누구인가? 이 규제들을 작성한 이유는 무엇인가? 그리고 누가 이 규제들을 준수했던가? 이런 질문은 모두 심지어 오늘날의 보수적인 기독교도의 신학과는 훨씬 동떨어져 있을 뿐만 아니라, 기껏해야 이에 관한 교리와 가르침에 단지 절반만 동의하는 평신도에게 불편하게 받아들여지고 있다.

이 도표의 원천은 우리에게 성의 역사에서 핵심적인 질문을 제기한다. 성관계란 인간이 행하는 가장 사적인 행위 중 하나인데, 이에 어떻게 하면 과거 수세기 동안의 이러한 행위의 창을 열 수 있을까? 이에 대한 해답의 하나가 고해 과정이다. 기독교가 시작된 이래 성직자들은, 만약 세례를 통해 죄를 용서받은 기독교도가 또 다시 죄를 범한다면 어떻게 대처해야 할지를 가지고 씨름해 왔다. 자신의 죄를 용서받은 기독교도가 또 다시 죄를 범하는 이 문제는 어떻게 해결되었는가? 이에 대한 초기 교회의 해법은 약간 모호했다. 우리는 몇몇 중죄를 범한 사람을 신도집단 공동체에서 축출시켰던 지역 공의회의 산재된 법률을 만나게 된다. 이 같은 죄를 범한 신자에게는 죄에 대한 통한을 입증하기 위한 일련의 행위를 행한 후에야 점진적인 재입교가 용인되었다. (4세기에 성 암브로시우스*가 이를 명문화했듯이) 참회복을 입거나 머리에 재를 쓴 채 교회 문 밖에 서 있는 등의 행위가 여기에 포함되었다. 그러나 교회로부터의 출교 및 재입교 사례의 대다수는 공적으로나 널리 알려진 죄와 관련된 것이었다. 사적으로 행해진 죄에 관해서는 그 근거가 훨씬 불확실하다.

우리는 이른바 참회 서적에서의 사적인 죄 및 화해를 먼저 살펴보고자 한다. 이 참회 서적은 6세기에 아일랜드 수도사들을 위해 만들어진 것이다. 이런 참회서는 사적으로 죄를 범했고 이를 자신의 상위자에게 고백한 수도사에게 개인적 참회, 즉 기도와 자기 부정이라는 처방을 내리고 있다. 그러나 이런 규정은 곧 수도원과 관련이 있는, 즉 수도원이 소유한 토지를 경작하는 예속 농민으로서나 종교적 생활에 적극 참여하기를 원했던 평신도 내지 기독교 평신도 여성에게 적용되었다. (수도사는 개별적으로 청빈이 요구되었으나, 수도원은 대규모 토지를 집단적으로 소유할 수 있었다.) 아일랜드 수도사들이 7세기에 유럽 대륙에 수도원을 건립함에 따라, 이런 참회서는 서유럽 전역에서 활용되었다. 829년 수아송 공의회가 참회를 더 표준화하라고 명령하기는 했지만, 표준화된 참회조차도 여전히 아일랜드 모델을 추종하는 경향이 있었다. 이 도표가 보여주듯이, 심지어 (이성 간의) 결혼에서조차 무엇이 허용되고 무엇이 허용되지 않는지에 대한 요구사항은 특히 제한적이었다. 더욱이 참회는, 수년간 지켜야 하는 금식 기간 등과 같이 종종 매우 엄격하고 고정된 것이었다. 이 도표가 밈으로서 전달하고자 하는 바가 명확한 것처럼 보인다. 그러나 만약 우리가 이를 보다 자세히 검토하게 되면, 그것이 전달하고자 하는 바는 보다 복잡해진다.

---

* 340~397. 아우구스티누스, 교황 그레고리오, 히에로니무스(제롬)와 더불어 라틴 4대 교부의 한 사람. 밀라노의 주교로서, 아리우스파에 맞서 가톨릭의 3위 일체설을 옹호했고, 그리스의 황제교권주의를 비판했다. 아우구스티누스에게도 많은 영향을 주었다.

중세의 도덕 신학자들은 죄를 그 경중에 따라 분류했다. 이른바 7대 죄악*
목록이 그 사례이다. 이 죄악들은 적어도 교황 댓그레고리오(재위 590~604)
시대 이래로 다른 모든 죄악의 근원으로 간주되었다. 이 죄들 가운데 종종 성
욕으로 번역되는, 이에 대한 보다 좋은 대역어인 호색이라는 죄는 성에 관한
교회의 가르침에 어긋나는 행위와 관련이 있다. 성직자들은 그것이 주요 죄악
중 가장 덜 심각한 죄로 생각했다. 가장 심각한 죄인 교만은 인간의 영성적 본
성의 왜곡으로부터 유래했으나, 호색은 신이 부여한 기능인 성욕의 왜곡이었
다. 오늘날의 보수적인 기독교도 및 이들을 비판하는 사람 모두는 신학적으로
나 사회적으로 보수적인 기독교가 성적 죄악을 매우 무서운 죄악으로 간주한
다고 종종 주장하고 있다. 복음적인 프로테스탄트 기독교를 부흥시키기 위한
연작 소설인 유명한 『남겨진 자』**에서 (또는 덜 유명하고 누군가의 정치에 의존적
인) 클로위라는 독자에게 모범이 되어야 할 영웅 중 한 캐릭터가 기독교적 삶
의 규범을 '도덕과 성 그리고 그 모든 것'이라고 언급할 때, 우리는 이러한 생
각이 정제된 것이라고 이해한다. 그러나 이러한 생각은 죄에 관한 중세의 위
계를 정확하게 반영하고 있지 못하다. 성에 대한 이 같은 강조는 지난 세기의
사회적 변화 및 사회적 변화에 대한 대응으로부터 유래했다.

신학적으로나 사회적으로 보수적인 기독교도는 사실상 성에 관한 중세 신
학을 통해 매우 놀라게 될 수도 있다. 제임스 돕슨***(1936년생)은 이성 간 일부
일처 결혼 이외의 모든 유형의 성관계를 비판했다. 하지만 청소년 자녀를 걱
정하는 부모들과 상담을 하면서 돕슨은 만약 자녀가 자위행위를 한다면 이는
비교적 매우 경미한 죄라는 사실을 인정했다. 중세의 도덕 신학자라면 이와는

---

* 교만, 인색, 질투, 분노, 음욕, 탐욕, 나태. 가톨릭에서 '7죄종罪宗'이라고 부른다.
** 『남겨진 자』는 1995년 팀 라하예와 제리 B. 젱킨스가 집필한 소설로, 이를 바탕으로 〈남겨진 자〉라는 영화로 제작되기도 했다.
*** 미국의 복음주의적 기독교 작가이자 심리학자로서, 개인의 사회적 가치 형성에서 가족의 중요성을 일깨우기 위한 '가족 중심Focus on the Family'이라는 운동을 창시했다.

거의 반대되는 주장을 할 것이다. 즉 동성 간의 성관계가 부자연스럽다고 돕슨이 주장하는 것보다 자위행위가 훨씬 더 부자연스럽다는 것이다. 자위행위는 능동적인 파트너와 수동적인 파트너 모두가 되고, 남성과 여성의 역할 모두를 맡게 되며, 그리하여 자연을 혼란스럽게 한다는 것이다. 13세기의 도덕 신학자였던 로베르 소르본은, 고해를 들은 고해신부가 자위행위를 한 누군가가 "[자신의] 어머니와 성관계를 한 것보다 심각한 죄악을 범했다"라고 고해자에게 말해야 한다고 지적한 바 있다.

오늘날의 가톨릭교회는 피임과 낙태를 구분하고 있으며, 대다수의 복음주의자들도 동일하게 구분하고 있다. 하지만 중세의 의학과 도덕 신학은 유산과 피임을 구분하지 않았다. 모든 것이 "독극물 [내지 독약이다. 왜냐하면 라틴어의 독약 potiones이라는 어휘는 불모와 동일어]이기 때문이며" 그리고 모든 것이 금지되어 있다. 그러나 오늘날의 보수적인 기독교도가 구분을 하지 않는 영역에서, 중세의 도덕 신학자들은 구분을 했다. 중세의 교회법학자들 및 의사들은 배아가 40일 이후에 영혼을 배태하며, 따라서 40일 이전의 유산은 물론 매우 중대한 죄이지만 '영혼이 생성된' 후의 낙태만큼 심각한 것은 아니라고 대개 주장했다.

동성 간의 성관계에 대한 어휘에는 순서가 있다. 중세 가톨릭의 도덕 신학은 동성 간의 성관계를 금지했다. 도덕 신학에 관한 지침서들에서는 동성 간의 성적 죄는 "원래 의도된 장소 이외에서의 성관계"에서 일어나는 죄라고 기본적으로 정의하기는 했다. 이들 지침서 작성자는 이성異性 간의 구강성교 내지 항문성교를 마치 동성 간의 성관계만큼이나 "본성에 반하는 죄악"이라고 간주했다. 사실상 중세인들이 동성애자의 존재를 하나의 범주로 인식했는지 아니면 동성애 행위만을 광범위한 '비정상적' 성의 범주로 인식했는지는 오늘날 역사가들 사이에서 의견이 분분하다.

중세 전성기, 즉 11~12세기에 고해와 참회에 관한 지침들이 어떻게 변했는지를 우리가 살펴보게 되면, 성에 관한 중세 성직자의 이해는 모호해진다. 후대의 사료에 나타나는 일부 참회 지침은 여전히 놀라우리만큼 가혹하지만(예를 들어 7년간 매주 수요일과 금요일에 금식), 다른 참회 지침은 현저히 느슨하다. 가령 살인죄의 경우, 존속 살인자에게 항구적인 육식 금지부터 정상참작의 여지가 없는 살인자에게는 7년간의 육식 금지 등에 이르기까지 다양했다. 수간에 대한 참회를 정리한 교회법학자 이보 샤르트르(1040~1115)는 일부 성직자가 참회 10년을, 또 다른 성직자가 7년을 그리고 일부 성직자가 1년을, 그리고 어떤 경우에는 겨우 100일을 제안했다고 지적했다. 이보는 참회를 성직자의 판단에 맡겨버렸다. 12세기 말경 고해성사 성직자를 위한 지침서에는 제시된 참회를 제안했지만, 고해 신부에게 최상의 판단을 활용하라고 조언했다. 그리하여 1217년부터 1228년까지 솔즈베리의 주교를 지낸 리처드 푸어는 간통에 대한 참회를 제안하면서, 한 여성에게 남편의 분노를 초래하지 않도록 간통사실을 숨기라는 식의 참회를 조심스럽게 용인했다. 한마디로, 고해성사를 듣는 사제들을 위한 집필에 그 기준은 엄격했지만 기대감이 현실적이기도 했다. 12세기 이후 몇 년 동안, 가혹한 참회조차도 처벌을 위한 것이라기보다는 참회자가 미래에 지을 죄를 예방하려는 것이었다. 1215년에 개최된 제4차 라테란 공의회가 사제와 평신도를 포함한 모든 기독교도가 1년에 한 번은 고해성사를 해야 한다고 공포했을 때, 표준이 된 것은 보다 인도적인 참회 제도였다.

참회에 관한 지적인 논쟁과 지침은 교육을 받은 성직자가 작성했다. 지금처럼 우리는 그 당시에도 누가 거기에 귀를 기울였는지 질문을 해야 한다. 이 도덕 신학 및 평신도들의 경험을 만나게 되자, 엄격하고 완고한 일련의 금지조항들처럼 보인 것은 미묘한 차이를 얻게 된다. 이 규범적인 요구들이 종종 이상을 표상한다는 사실을 우리는 먼저 인식해야 한다. 요컨대 샤를마뉴는 다뉴브강과 라인강 사이에 운하(그 거리가 약 960km)를 건설하려 시도했으나 실패했고, 역사가 알렉산더 머리Alexander Murray는 중세의 야심찬 계획과 실제 간의 간격이라는 사례로 이 실패를 보여주고자 했다.

도덕 신학과 교회법학자들이 규정한 내용과는 매우 다르게 행동을 했던 사제와 평신도 모두에 대해 성직자들이 빈번히 불평을 했기 때문에, 이론과 실제가 종종 다르다는 것을 우리는 알고 있다. 서유럽 전역의 주교는 주교구의 사제가 평신도에게 결혼하지 않은 채 이루어지는 성관계가 중대한 죄이며 비록 양쪽 당사자가 결국 결혼을 전제로 성관계를 맺는다 하더라도 마찬가지라는 사실을 알리라고 일관되게 촉구했다(결혼하지 않고 이루어지는 성관계는 신에 대한 계획적인 불복종으로, 고해를 통해 용서를 받지 못하면 지옥의 형벌을 받게 된다는 것을 의미했다). 그와 같은 지침이 매우 명백히 시사하는 바는, 도덕 신학에 관한 지침서의 기준이 무엇이든, 평신도가 거기에서 방안을 발견하고서 대부분 기뻐했다는 것이다. 심지어 서품을 받은 사제마저 그 규정을 어기기도 했다. 교회가 서품을 받은 모든 사제에게 독신을 유지해야 한다고 요구한 이후에, (13세기 초엽에 집필을 한) 토머스 초범 등의 도덕 신학자들은 사제가 아내를 두고, 결혼한 사제가 상대 아내의 고해성사를 듣는다고 불만을 토로했다.

이는 교회의 가르침을 이해하지 못한 평신도와 교구 사제의 문제만이 아니었다. 교회법과 중세의 교회 법정의 기록물은 중세의 성에 관한 매우 좋은 사료 중 그 일부이다. 왜냐하면 그것들은 말하자면 평신도가 '그 제도를 교란하려는' 시도에서 매우 정교한 논쟁거리를 만들 정도로 교회법을 잘 알고 있었음을 보여준다.

예를 들어 교회법학자와 도덕 신학자들의 가르침은 결혼이란 해소될 수 없는 관계라는 것이었다. 마태복음 19장 6절의 말씀처럼, "하나님이 짝지어 주신 것을 사람이 나누지 못할 것이라"라고 했다. 물론 교회법학자들은 비록 혼인 성사가 이루어졌다고 하더라도, 교회법적으로 혼인이 유효하지 않는 환경이 있다고 또한 주장했다. 이른바 혼인 무효annulment 선언을 통해 그 결혼이 성사가 되지 못했다거나 못한다고 선언될 수 있었다. 모든 결혼이 행복한 것이 아니다. 이는 오늘날과 마찬가지로 중세에도 마찬가지였다. 불행한 (또는 정치적으로 불편한) 결혼 상태에 있는 사람들은 혼인 무효를 초래할 수 있는 일련의 상황을 찾아보면서 혼인 무효 제도를 불행한 여건에서 벗어나기 위한 방안으로 보았다. 이를테면 교회법은 어린이의 대부와 대모 간의 결혼이 무효라고 주장했다. 왜냐하면 그것은 근친상간이며, 교회법학자와 도덕 신학자들이 묘사하듯 '영적 근친상간'이기 때문이다. 이러한 법에 따라 결혼한 부부가 결혼을 무효화하기 위해 어린이의 대부와 대모가 되지 않으려는 관행이 나타났다. 사회의 모든 계층이 이 같은 전술을 활용했으며, 교황 알렉산데르 3세(1159~1181)가 그렇게 되지 않는다고 선언할 정도로 주목받는 사안이었다. 대부와 대모는 결혼 계약을 체결할 수 없었으나, 대부와 대모로 서 있는 남편과 아내는 이미 존재하던 결혼을 무효화하지 않을 것이다. 그 이후 13세기의 주교들은 결혼이 여전히 교회의 관심사임을 시사하고 있다.

혼인무효의 시도는 평신도가 성관계를 성사적 결혼에 한정시키는 외견상의 엄격한 요구조항에 역동적으로 대응할 수 있었던 유일한 방안이 아니었다. 평신도들이 무엇이 혼인을 무효로 만들었는지 항상 명확히 알지는 못했다면, 그들은 혼인을 유효하게 만드는 방안은 알고 있었다. 교회법에서는 약속의 말(나는 그대와 혼인한다)과 성관계에 뒤이은 양쪽 당사자의 동의를 현재형으로 규정했다. 이는 서품을 받은 성직자의 개입이 필요 없었던(필요 없는) 세례와 더불어 두 가지 성사의 하나였다. 성관계에 수반된 혼담은 신과 교회법 앞에서 두 사람의 혼인을 성사시켰다.

그리하여 사회적 지위가 낮은 평신도가 교회 법정의 기록물에 빈번하게 등장하는 보다 일반적인 사례 중 하나는, 두 사람이 성적 대상자를 가지게 되었고, 성관계에 앞서 주고받은 말이 논쟁이 될 때이다. 성관계가 제안된 순간 마음으로부터 말한 "나는 [결국] 그대와 결혼을 할 것이다"라는 말은 "나는 그대와 결혼한다"라는 말과 법률적 결과가 전혀 다르다. 그 결과는 종종 중요하게 될 것이었다. 왜냐하면 만약 결혼과 동의라는 말이 교환되고 성관계가 이루어졌다면, 비록 결혼식에 당사자 이 두 사람만 참석했다고 해도, 이들 부부는 결혼의 구속을 받았다. 다른 사람의 눈에 띄지 않게 이루어진 이 같은 부류의 결혼은 비밀 결혼이라고 불렀다.

비밀 결혼은 (엘리트에 의해 성사된 경우) 가족에 의해 마련된 요구사항을 뛰어넘어 이루어지는 결혼의 한 방식으로서 교회법의 요건을 활용했다. 심지어 교회법이 동의를 요구한다고 하더라도 양가의 의견 조율과 허락으로 대부분의 남녀가 결혼을 하여 부부가 되는 것이 일반적이었다. 이는 사회적 지위가 상승할수록 더욱 그러했다.

하지만 만약 결혼 약속이라는 말을 주고받고 성관계를 가졌다면, 이들 부부의 결혼은 유효하고 해소될 수 없었다.

이 모든 이유로, 교회법은 비밀 결혼을 금지했다. 그럼에도 비밀 결혼은 여전히 유효했다. 비록 현대 평론가들이 지적했듯이, 이 비밀 결혼에는 결혼에 관한 교회의 핵심 교리에 있는 모순이 나타나 있지만, 교회법학자들이 인간의 성이라는 종종 혼란스럽고 무질서한 영역에 질서를 유지하려 시도를 했음에도, 이를 통제하기란 매우 어려웠음을 보여준다. 비밀 결혼은 결혼 및 성을 자신의 손 안에 통제하려던 평신도들의 노력을 대변해 줄 수 있다.

그렇다면 브런디지의 도표가 우리에게 말하고자 하는 바는 무엇인가? 그 도표는 몇몇 환경에서, 교회에 의해 용인된 성관계의 유형이 거의 없었다는 것을 보여준다. 그러나 그와 같은 금지는 성과 신체에 관한 신학에 존재했고, 그것은 많은 면에서 우리 자신의 것과 완전히 다르지만, 그것 자체의 내부적 일관성을 가지고 있었다. 그리고 이 규범들은 교회의 가르침이라고 인식하고 단지 복종하기보다는 그것들에 종종 창의적으로 대응하고 그것들을 대했던 평신도와는 대비되었다. 우리가 믿을 비웃는다면, 이는 중세의 성에 관한 우리네 이해를 보여주는 것이 아니라, 오히려 우리가 근대 세계에 남겼다고 (혹은 근대 세계에서 상실했다고) 생각하는 것을 아마도 반영하고 있을 것이다. 우리는 좋든 싫든, 아무리 이들이 구속을 받았다고 하더라도, 중세인들의 고유한 관점에서 이들을 이해하기 위해 이들을 보다 공정하게 대할 것이다.

더 읽을 자료

물론 중세의 성에 관한 매우 훌륭한 입문서의 하나는 이 도표의 원천인, James Brundage, *Law, Sex, and Christian Society in the Medieval Europe*(Chicago: University of Chicago Press, 1987)이다.*

죄와 고해[성사]에 관한 중세의 지침서들이 어떻게 발전했고 성에 관한 이 지침서들의 언급이 어떻게 발전했는지에 대해 자세한 내용을 소개하고 있는 훌륭한 연구서는 Pierre Payer, *Sex and the Penitentials: The Development of a Sexual Code, 550-1150*(Toronto: University of Toronto Press, 1984); *Sex and the New Medieval Literature of Confession, 1150-1300*(Toronto: Pontifical Institute of Mediaeval Studies, 2009); *The Bridling of Desire: Views of Sex in the Later Middle Ages* (Toronto: University of Toronto Press, 1993) 등의 세 권이다. Rob Meen, *Penance in Medieval Europe, 600-1200*(Cambridge: Cambridge University Press, 2014)는 중세의 고해[성사]가 공적 참회로부터 엄격하게 규정된 사적 참회로, 그리하여 마침내 성직자의 판단에 기초한 참회로 어떻게 변화했는지에 대한 훌륭한 안내서이다.**

유감스럽게도 고해[성사]에 관한 실제 지침서의 다수는 [영어로] 번역되어 있지 않다. 영어로 번역된 주요 사료는 John T. McNeil and Helen M. Gammmer, *Medieval Handbooks of Penance: A Translation of the Principal "Libri poentieniales" and Selections from Related Documents*(New York: Columbia University Press, 1938) 에 게재되어 있다. 이런 자료를 참고할 경우, 약간의 주의가 요구된다. 이는 주로 중세 초기의 자료이며, 여기에 실린 참회는 종종 가혹하여 오늘날의 학자들이 완전한 참회가 어떻게 평신도에게 부과되었는지에 대해 종종 의구심을 드러낼 정도이다. 12세기 말엽 및 그 이후에 작성된 참회에 관한 지침서에 대한 근거는 보다 확실하지만, 이 지침서들은 대부분 라틴어로 작성되어 있다.

---

* 유희수, 「금욕주의와 자연주의」, 『낯선 중세』(문학과지성사, 2018), 333~339쪽 및 남종국, 「성욕은 죄악이다」, 『중세를 오해하는 현대인에게』(사해문집, 2022), 51~54쪽을 참고하기 바란다.

** 이필은, 「7~8세기 앵글로색슨 참회고행지침서에 나타난 성범죄 지침에 관한 연구」, 《현상과인식》, 32권 4호(2008), 130~147쪽.

참회에 관한 중세 말기의 보다 간략한 지침서(알렉산더 스타번스비의 참회 지침서)는 John Shinners ed., *Medieval Popular Religion*(Toronto: University of Toronto)의 1차 사료에서 찾을 수 있다. 알렉산더의 이 『참회론』은 중세 말기의 교구 사제가 고해[성사]와 참회의 부과 모두에서 활용한 일종의 지침서에 대한 유용한 사례를 제공한다.

마지막으로, 중세 기독교 사회에서의 동성 간의 관계는 다루기가 쉽지 않은 주제이다. John Boswell, *Christianity, Social Tolerance, and Homosexuality: Gay People in Western Europe from the Beginning of the Christian Era to the Fourteenth Century* (Chicago: Chicago University Press, 1980)는 이 분야를 개척한 기념비적인 저술이다. 보스웰은 중세 초기의 기독교가 중세 후기의 기독교보다 동성애에 대해 훨씬 관대했다고 주장했던바, 이는 커다란 학문적 논쟁을 촉발했다. 오늘날에는 그 같은 증거에 대한 보스웰의 이해가 선택적이었고, 이 글의 토대가 된 도덕 신학의 지침서에 대해 관심을 거의 기울이지 않았다는 공감대가 학자들 사이에 있다.

'켈트' 십자가와 백인 신화

매기 M. 윌리엄스

우리가 [나치의] 스바스티카 문양을 사용하지 않는 이유는
켈트족의 십자가를 사용하기 때문이다.
켈트족의 십자가는 기독교 공화국과 기독교 및 백인,
기독교가 전래되기 이전의 유럽의 백인 부족들을 상징한다.
　　　　　— 백인 민족주의자 웹사이트 스톰프론트의 토론 집단 게시물
　　　　　　　　(사용자명: Luftwaffe Trooper, 2010년 4월 4일 게시됨)

백인 민족주의자 웹사이트인 스톰프론트Stormfront의 이 포스트는 '켈트족' 십자
가가 인종차별적인 개 호루라기*로서 현대적 기능을 하고 있음을 보여준다.
'켈트족의 십자가'라는 문구는 둥근 십자가형의 다양한 디자인을 묘사하기 위

---

* 개를 훈련시키기 위해 개만이 들을 수 있도록 부르는 휘파람 또는 호각. 이는 특정 집단만
  이 이해하는 단어나 구절을 통해 소통하는 코드화된 메시지로서, 주로 정치적 영역에서 특
  정 집단의 지지를 얻고자 많이 활용되고 있기도 하다.

해 사용되며, 고대의 상징물인 그것이 오늘날에는 유럽 및 미국의 고대, 중세 및 근대 문화 간의 차이를 종종 흐리게 한다. 이 같은 맥락에서 보다 암암리에 사용되는 '켈트'라는 용어에는 그 이미지가 지닌 민족주의와 백인 우월주의라는 중세 이후의 오랜 역사가 있다. 여기서 필자는 중세 및 근대의 둥근 십자가를 묘사하기 위해 '켈트'라는 어휘의 사용에 대한 비판적인 인식을 제공하기 위한 아일랜드의 사례를, 그리고 특히 아일랜드계 미국인과 아프리카계 미국인 간의 긴장의 역사를 활용하고자 한다. 이 장의 목적은, 중세 아일랜드의 이미지에 관한 역사를 지나치게 단순화하고 종국적으로 현대 세계에서 유색인종 및 유대인을 비판하기 위해 역사를 무기화하려는 백인 우월주의자의 서사의 해체에 기여하려는 것이다.

스톰프론트 게시물에 묘사된 시각적인 이미지는 정사각형의 백색 십자가로, 검은색 윤곽을 하고, 검은 원 안에 있다. 스톰프론트의 십자가에는 원 주변에 '백인의 자긍심을 전 세계로'라는 슬로건이 포함되어 있다. 고대 세계에서 그와 같은 디자인은 스칸디나비아반도, 중부 유럽, 아일랜드 등지에서 출현했으나, 이것들은 시기적으로 기독교가 대두하기 이전의 산물이며, 그러므로 독일 공군의 포병이 그러했듯이 원래 '기독교와 기독교 공화국'을 상징하지는 않는다. 기독교 이전의 문화와 기독교 문화의 이 같은 의도적인 융합은 이미 문제가 되고 있으나, 그 게시자가 이 디자인을 '기독교 이전의 유럽의 백인 종들'과 계속 동일시할 때, 그것들은 특정 시기와 장소를 초월하는 무엇으로서의 기독교 백인이라는 광범위하고 해로운 구성물에 참여한다. 사실상 백인 우월주의자들은 국가가 성립되기 이전의 유럽에 관해 종종 환상을 가지면서 백인으로 분류할 수 있는 켈트족, 바이킹족, 앵글로·색슨족 같은 피부가 창백한 민족의 문화를 혼합하는 상상을 한다. 사실 이들 민족 각각은 백인 우월주의자들이 생각하는 것보다 이미 훨씬 다양했으며, 각각의 민족은 비유럽의 유색인종과 또한 명백히 접촉을 했다. 더욱이 중세인들은 인종에 대한 인식이 매우 상이했던바, 여기에는 '백인'이라는 개념이 포함되지 않았다. 하지만 백

인 우월주의자 포럼에서 룬 등의 스칸디나비아반도의 상징물이 '켈트' 상징물
과 더불어 자주 등장하며, '바이킹켈트' 등의 사용자 이름은 매우 대중적이다.

그리하여 만약 유럽에서 가장 오래된 둥근 십자가의 역사적 사례가 '켈트적'
이지도 '기독교적'이지도 않다면 그것은 무엇이며, 오늘날 그 옹호자들 중 일
부가 이를 어떻게 오해하고 오용해 왔는가? 스웨덴 키빅의 청동기 시대 암각
화의 사례에서(☞일러스트 3.3.1) 원 안의 정사각형 십자가는 여러 개념을 상징
한다. 즉 중앙에 있는 돌에서 십자가는 전차 바퀴를 나타내지만, 오른쪽에서
는 독립적인 상징물처럼 보인다. 백인 민족주의자들은 종종 이 이미지를 '오
딘'의 십자가라고 부른다. 물론 그 디자인이 노르웨이의 신 오딘과 연관되었
다는 증거는 없다. 기독교 이전의 신과 십자가에 대한 기독교적 인식을 이런
식으로 결합하는 것은 매우 다른 맥락들을 하나의 편리한 서술과 지배의 상징

**일러스트 3.3.2**
청동기 시대 말기(기원전 약 1000~900년)의 청동 펜던트 제품. 뱅 뒤 크레, 뇌샤텔. 자료: Y. 앙드레/라테니움, 2010. CC BY 라이선스 3.0 으로 사용 허가를 받음.

으로 융해시키는 '백인' 기독교 문화에 대한 모호한 인식을 야기한다.

둥근 십자가 및 바퀴 무늬가 있는 청동기 시대 유물의 사례로는 스위스에서 발견된 펜던트로 추정되는 금제품 몇 가지도 포함된다(☞일러스트 3.3.2). 스위스, 동유럽 지역, 그리고 심지어 중동이 이 지역들에서 켈트족의 인종적·문화적 기원을 역사적으로 보여주는 (DNA를 포함한) 물리적 증거를 제공한다는 사실을 알게 되면 우리는 놀라지 않을 수 없다. 철기 시대로부터 중세 초기에 이르는 기간(기원전 약 2500~기원후 500년)에 북유럽으로 이동한 인종적·언어적 집단의 하나인 켈트족은 아일랜드의 원주민이 아니었다. 물론 켈트족이 아일랜드에 강력한 영향을 주었다는 것은 의심의 여지가 없다. 둥근 원형의 십자가 디자인을 예술에서 종종 활용했지만, 켈트족은 기독교도가 결코 아니었다. 남아 있는 희소한 증거에 따라 켈트족이 다신교를 신봉했고, 이 같은 맥락에서 십자가는 그리스도, 십자가 형벌 내지 기독교의 구원을 의미하는 것이 아니라는 점을 알게 된다. 사실상 일부 역사가들에 따르면, 일찍이 아일랜드가 기독교로 개종을 한 5세기경에는 고대 켈트족의 문화가 퇴조하였다. 그럼에도 '켈트적'이라는 어휘는 18세기에 시작된 아일랜드와 결부되어 있으며, '켈트' 교회에 대한 학문적 언급에 그리고 정치적 민족주의의 시기 모두에 결부되어 있다. 우리가 아는 한, 사실상 켈트족은 중세 아일랜드의 돌 십자가를 세우는 데 역사적으로 현저한 역할을 하지 않았으나, 굽은 형태에 대한 켈트족의 외관상의 선호는 둥근 형태의 십자가에 영향을 주었을 것이다.

대략 7세기로부터 12세기까지 돌로 만들어진 원형의 라틴 십자가 수백 개가 아일랜드 전역에 세워졌다('라틴' 십자가는 동일한 길이의 수직선과 수평선이 있는 십자가와는 대비되는 커다란 수직 모양을 하고 있다). 일부 학자들은 아일랜드의 둥근 십자가가 아프리카와 중동으로부터 수입된 예술 작품으로부터 영감을 받았을 수 있다고 주장했다. 특히 (기독교도였던) 콥트족의 이집트산 직물과 시리아산 기독교 필사본은 유력한 출처로 제시되었다. 현존하는 아일랜드의 십자가의 높이는 약 2미터 10센티미터로부터 6미터에 이르고, 사암에서 화강암에 이르기까지 다양한 재료로 이루어져 있으며, 대부분 부조로 알려진 얕은 3차원의 이미지가 장식되어 있다. 서사(주로 성서의 장면들)가 정교하게 조각되어 있는 십자가도 있으며, 복잡하게 엮인 디자인이 담긴 십자가도 있다. 학자들은 중세의 독자가 이미지를 '판독'한 방법을 이해하기 위해 인물 장면을 폭넓게 연구해 왔다. 고고학자들은 십자가가 세워진 유적지를 다수 발굴했는데, 일부가 매장지와 결부되어 있다는 사실을 발견했으나, 그 양식은 18세기에 이르러서야 개별 무덤을 표시하기 위해 일반적으로 활용되었다.

십자가가 본래 설정된 의미에 관해 기록된 증거는 거의 없다. 연보로 알려진 역사적 자료에서 이 십자가들에 관해서는 '높은' 십자가라는 극히 간략한 언급만 있고, 몇몇 십자가에는 그 조각이 만들어진 연대를 측정하기 위해 연보로까지 추적할 수 있는 몇몇 이름이 새겨져 있다. 관련 문헌 기록이 부족한 가운데에서도 학자들의 관심을 끌고 있는 십자가 중 하나는, 풍부하게 장식되고 조각된 클론맥노이스의 '성서의 십자가'이다(☞ 일러스트 3.3.3). 클론맥노이스는 6세기에 성 시아란이 건립한 수도원 정착지였다. 아일랜드를 가로질러 동서 주요 도로와 남북의 핵심 수로인 섀넌강이 교차하는 지역에 클론맥노이스가 건설되었다. 아일랜드의 중앙에 자리함으로써 클론맥노이스의 이 소규

일러스트 3.3.3
클론맥노이스의 '성서의 십자가'.
자료: 필자 촬영.

모 수도원은 주변으로 상당한 규모의 평신도 촌락을 발전시킬 수 있었으며, 고고학적 증거와 역사학적 증거 모두 클론맥노이스가 중세에 종교적·경제적 활동의 중심지였음을 시사해 준다. 10세기 초엽에 클론맥노이스는 국지적 군주들에게 인기가 있는 매장지가 되었으며, 그 공동체는 성벽 내의 돌에 새겨진 기념비적인 십자가들을 세울 수 있는 재원을 보유하게 되었다. 클론맥노이스에는 중세 십자가가 세 개, 그리고 조각품 몇 조각도 현재까지 전해진다.

사암에 새겨진 높이 3.9미터의 '성서의 십자가'는 인물 형상과 교차 문양으로 곳곳이 장식되어 있다. 고대 아일랜드어로 기록된 비문이 두 개 있는데, 복원해서 번역하면 이는 대략 "군주 플랜드를 위한 기도, 아일랜드의 군주를 위해 기도하라" 그리고 "군주 플랜드와 더불어 그 십자가를 (세운?) 콜먼을 위한 기도"이다. 역사가들은 그 이름이 새겨진 플랜드와 콜먼을 11세기 초엽 아일

랜드의 일부를 지배한 군주 및 당시의 클론맥노이스의 수도원장에 결부시켜
왔다. 역사가들은 이 십자가가 건립된 연도를 약 900년으로 추정하면서 플랜
드와 콜먼 등의 이름은 물론 조각품의 양식 분석도 활용했다. 십자가에 있는
이미지에는 성서에 나오는 많은 이야기와, 식별하기 어려운 몇 가지 장면이
포함되어 있다. 한 장면은 10세기 초엽 함께 수도원을 재단장한 군주 플랜드
와 수도원장 콜먼을 묘사하는 것처럼 보인다(☞ 일러스트 3.3.4). 그 지역의 건
축물은 대부분 그 당시에 세워졌으며, 십자가들은 그 건설 운동의 산물처럼
보인다. 그 이미지는 동시에 6세기에 수도원을 창설한 성인을 지칭하는 것일
수도 있다. 왜냐하면 중세의 이미지는 종종 다양한 의미로 해석될 수 있었기
때문이다.

중세의 관람객에게 '성서의 십자가'와 같은 조각은 여러 용도로 기여했다.

그중 한 가지로, 그 조각이 풍경에서 수도원의 소재지를 표시했을 수도 있다. 그 십자가는 멀리서도 눈에 잘 띌 정도로 컸다. 성서의 십자가는, 고고학적 발굴로 십자가 근처에 몇몇 엘리트의 무덤이 드러나고 있듯이, 그 지역의 가장 성스러운 곳의 경계를 표시하는 보다 특정한 용도로 사용되었을 수도 있다. 십자가 근처의 성소 내부로 들어갈 수 있었던 수도사, 귀족 출신 평신도 및 순례자에게 그 십자가는 아마도 종교적 헌신의 대상물로도 여겨졌을 것이다. 거기에 쓰인 비문과 정치적으로 중요한 장면의 일부는 십자가 밑부분, 조각상 앞에서 성인이 무릎을 꿇을 때 시야 근처에 있다. 그 지역 마을 사람이나 행인에게 십자가는 그 자체로서 종교적 헌신의 대상물이라기보다는 대표적인 지형지물로 작용했을 것이다.

여하튼, '성서의 십자가' 등의 기념물은 클론맥노이스 공동체의 다양한 구성원들을 상징했다. 그 십자가는 마치 자유의 여신상 같은 무엇으로서 이들에게 지역적 자긍심의 상징물이었다. 십자가에 조각된 이미지의 수준에서 볼 때, 그 십자가는 신성한 성서를 묘사하고 중요한 정치적 관계를 다시 강화했다. 이를테면 서로 협력하는 군주 플랜드와 수도원장 콜먼의 이미지는 성직자와 강력한 평신도들 모두에게 스스로를 클론맥노이스 공동체에 기여하는 구성원으로 인식시켜 주었다. 동시에 그 십자가의 이미지는 이 국지적 관계들을 기독교의 구원이라는 대단히 중요한 종교적 주제에 결부시켰다. 처음부터 '성서의 십자가'의 의도는 국지적이고 지역적이며 심지어 국제적인 이념들을 지칭하는 복합적이고 다층적인 상징을 명확하게 표현하려는 것이었다. 그 십자가는 단순한 십자가 그 이상이었다.

중세의 정교한 상징물은 결국 '켈트'라는 용어가 특히 19세기 '켈트의 부활' 동안에 이 대상들에 적용되고 정치에 활용되면서 결국 와해되었다. 19세기에 아일랜드 문화 및 (스코틀랜드) 문화는 잉글랜드 문화와 대비되는 '켈트' 문화로 규정되었다. 문학과 시각 예술 모두에서 켈트의 부활은 아일랜드가 영국의 지배에서 벗어나려 함에 따라 아일랜드의 정치적 민족주의를 직접 불러일으

컸던 문화적 향수라는 환경에서 이루어졌다.

아일랜드의 가톨릭교도들은 수 세기 동안 탄압이라는 가혹한 현실에 직면했으며, 심지어 잉글랜드인과 구분되고 (이들보다 못한) 인종으로 분류되기조차 했다. 여러 이유로 해서, 북아메리카에서 아일랜드인에 대한 억압이 아프리카 노예의 억압에 비유된 사례도 있었다. 나아가 대니얼 오코넬Daniel O'Connell(1775~1847) 등 일부 아일랜드 지도자들은 미국의 노예제 폐지를 열정적으로 대변했으며, 아일랜드에서의 오랜 반反노예제 전통과 오코넬이 목격한 고국에서의 가톨릭교도에 대한 탄압 및 해외에서 아일랜드인들이 겪는 고통과의 연관성을 강조했다. 오코넬은 1842년 1월 보스턴에서 아일랜드 이민자 수천 명이 서명한 노예제 비판 성명서를 발표했다. 유감스럽게도 미국에서의 잔인한 관행에 대한 이 같은 비판은 모든 영역에서 많은 공감을 얻지는 못했다. 아일랜드계 미국인들 중 일부는 이 문제에 대한 외국인의 목소리가 부적절하다고 생각한 반면에, 다른 일부는 노예제 폐지가 미국을 약화시키기 위한 영국의 음모라고 주장할 정도로 보다 강력하게 반발했다. 그리고 종국적으로 오코넬이 초점을 맞춘 것은 아일랜드의 상황이었다. 오코넬은 아일랜드의 가톨릭교도를 해방시키고, 아일랜드의 자치와 더불어 연방법(1800)의 폐지를 성취하기 위해 자신의 삶을 헌신했다. 오코넬과 연방법 폐지운동 연합Repeal Association은 그 이상으로 통치에서 가톨릭교도의 완전한 참여를 추구했던바, 이는 1829년의 가톨릭교도 해방법으로 비로소 가능하게 되었던 그 무엇이었다. 연방법 폐지운동 연합은 미국에 그 지부들도 있었고, 이 지부들은 부유한 아일랜드계 미국인들의 재정적 지원을 종종 받았으며, 이들 가운데에는 남부의 노예 소유자도 있었다. 아일랜드계 미국인들의 재정적 지원이 필요하다고 생각한 오코넬은 노예제 폐지론을 철회했다.

오코넬과 다른 저명한 아일랜드계 미국인들이 정치적 영역에서 노예제 폐지를 둘러싸고 논쟁을 벌이던 반면에, 가난에 허덕이던 수백만의 아일랜드인은 미국으로 이주를 하고 있었다. 이들 아일랜드인은 미국의 노동 시장에 진입하면서 대부분 노동이나 사회적 안정을 위해 마찬가지로 다른 인종 집단과 직접 접촉을 하고 필사적으로 경쟁하게 되었다. 이들은 단지 피부색으로만 해방된 아프리카 노예와 구분되었으며, 매 순간 이러한 이점에 의존했다. 실제로 미국으로 이주해 온 다수의 아일랜드 이민자에게, 노예제 폐지는 기껏해야 불편한 것이었다. 노예제 폐지로 해방된 노예가 노동 시장으로 몰려오게 되자, 아일랜드인들은 일자리를 놓고 이들 해방 노예와 경쟁을 하게 되었다. 노엘 이그나티에브Noel Ignatiev가 1995년에 발행한 저서 『아일랜드인들이 어떻게 백인이 되었는가』에서 논증했듯이, 노예 폐지 운동이라는 의제로 인해 미국의 노동 운동과 아일랜드의 정치적 투쟁이 종종 갈등을 겪었으며, 특히 아일랜드계 미국인과 아프리카계 미국인 간에 긴장이 고조되었다. 그러나 노동 시장에서의 경쟁만으로는, 예를 들어 아일랜드인들이 여성과 아동을 포함한 흑인을 적극 공격한 광범위한 증거가 있는 필라델피아 인종 폭동의 어두운 역사를 설명할 수 없다. 이그나티에브가 주장하듯이, "미국에서의 노예는 인종 카스트라는 양극화된 제도의 일부였으며, 그 제도에서는 심지어 '백인' 중 최하층의 사람들[즉 아일랜드인]조차도 '흑인' 중 가장 지위가 높은 사람들보다 중요한 측면에서 우월한 사회적 지위를 향유했다"라는 것이다. 그 이후 그는 다음과 같이 정리했다.

미국에서는 흑인이 노예의 상징이 되었기 때문에,
그곳에서 자유로운 노동 제도에 진입한 아일랜드 출신 사람들은
그 제도에 따라 지배 인종의 일부가 되었다. 비숙련 노동자로서 이들은
지배 인종 내에서 가장 낮은 지위를 차지했다. 인종이 그 자리를 차지했다.

여기서 인종은 특별히 아일랜드인을 의미한다. 한편 흰 피부색은 아일랜드인에게 '지배 인종의 일부'가 되는 것을 용인했다. 1900년을 전후한 수십 년의 이 동일한 기간에 '켈트' 십자가의 이미지는, 특히 묘지의 표지나 작은 장식용

모형으로서 인기를 얻기 시작했다. 시카고 만국박람회(1893)와 세인트루이스 만국박람회(1904)에서의 아일랜드 전시관에는 판매용 소형 기념품은 물론 실물 크기의 높은 십자가 석고 모형도 있었다. 심지어 1910년부터 미국인들은 시어스 백화점의 카탈로그에서 '켈트' 십자가 묘비를 구매할 수도 있었다. 좋든 싫든, 이러한 종류의 가시성은 '켈트' 십자가라는 상징물이 아일랜드계 미국인의 정체성과 확고하게 연관되도록 해주었는데, 이 같은 정체성은 일반화된 '백인' 개념과 매우 종종 동일시되기도 했다.

20세기에 이 같은 이미지는 인종주의자의 맥락에서 더욱 적극적으로 활용되기 시작했다. 미국의 매우 오래된 백인 우월주의자 단체의 하나인 KKK단은 1900년경 이래 '피의 십자가'로 알려진 원형의 십자가 디자인을 활용했다. 제2차 세계대전 이후 유럽에서는 프랑스의 과업L'Œuvre Française* 및 영국의 국가사회주의 운동British National Socialist Movement** 등의 백인 민족주의자 집단이 스톰프론트 웹사이트에 나타나는 것과 같은 둥근 십자가라는 상징물을 사용하기 시작했다. 21세기 초엽에 백인 민족주의 운동이 현저하게 대두했으며, 정사각형의 '켈트' 십자가가 그 상징물로 빈번히 등장한다. 동일한 디자인은 종종 타투로도 등장하고 있다. 이를테면 인기 있는 쇼인 〈오렌지 이즈 더 뉴 블랙Orange is the New Black〉***의 스킨헤드족 헬렌이라는 백인 우월주의자는 자신의 오른쪽 귀 뒤에 백인의 자랑거리로서 '켈트' 십자가 문신을 했다.

명백히 인종주의적인 오늘날의 이 같은 '켈트' 십자가는 먼 과거를 시사하

---

* 1968년 피에르 시도스가 창설한 극우 단체로, 프랑스의 민족주의, 반유대주의 운동 등을 전개했다. 2013년 프랑스 당국에 의해 해체되었으나, 여전히 불법적으로 활동하고 있다.

** 1962년 아돌프 히틀러의 생일인 4월 20일에 영국의 콜린 조르단이 결성한 신新나치 집단으로서, 반유대주의 운동을 전개했다.

*** 직역하면 오렌지색은 새로운 검정색이다, 즉 오렌지색이 보편적인 색인 검정색을 대신한다는 뜻으로, 상류층 출신의 여성 뉴요커가 과거의 범죄에 발목을 잡혀, 교도소에 수감되면서 벌어지는 일들을 묘사한 드라마 시리즈이다. 에미상 수상작이기도 하다.

는 상징적 전략으로 이용되면서, '백인' 문화가 보편적이고 규범적이라는 잘못된 인식을 조장하고 있다. 설령 아일랜드의 둥근 십자가를 세운 사람들이 켈트족이 아니었다고 해도, '켈트'라는 용어와 그 이미지는 아일랜드에서 민족주의가 공격적으로 일어난 시기에 결부되었다. 억압을 받은 아일랜드의 가톨릭교도는 자신들의 고유의 역사에 대한 향수 및 자긍심과 그 이미지를 열정적으로 연계시켰다. 아일랜드계 미국인들이 해방 노예와 직접 경쟁을 한 이래, 흑인 미국인에 대한 물리적 폭력이라는 역사적 사건에 의해 입증되고 있듯이, 그 같은 열정은 부정적으로 변질되었다. 아일랜드 이민자들이 미국에서 권력을 장악하자, 이들은 권력을 유지하기 위해 종종 흑인을 억눌렀으며, 특권적 지위를 가진 계층으로 이동했다. 아일랜드의 둥근 십자가가 새로운 이교도들 사이에서와 같이 외견상 무관한 맥락에서 나타나는 근대적 사례들이 분명히 있다. 하지만 제도적인 인종주의는 미국 문화에 매우 만연되어 있기에, 우리는 심지어 이들 '비인종주의자' 시나리오에마저 의구심을 가져야 한다. 이그나티에브와 다른 작가들이 보여주었듯이, 미국의 다른 집단은 물론 아일랜드계 백인에 대한 인식은 흑인에 대한 인식과 직접 대립되면서 발전했다. 백인은 흰 피부색이 사회적인 지위의 우월과 동일시되는 기존의 위계라는 관점에서 정의되었다. 오늘날의 세계에서, 단순화된 '켈트' 십자가의 이미지는 백인 우월주의자와 신파시스트주의자 집단 사이에서 자주 등장한다. 우리는 그것이 등장하는 배경에 주의를 기울어야 한다. 말하자면 그것이 백인 우월주의 이데올로기를 일부 가린 채 언급되고 종종 이용되고 있기에, 우리는 심지어 그 이상으로 '켈트'라는 용어에 비판적인 안목으로 접근해야 한다.

더 읽을 자료

이 글은 *In the Middle*에 있는 시에라 로무토Sierra Lomuto의 2016년 블로그 게재물인 "백인 민족주의와 중세학의 윤리White Nationalism and the Ethics of Medieval Studies"에서 영감을 받았다. https://www.inthemedievalmiddles.com/2016/12/white-nationalism-and-ethics-of.html. 페터 하비슨Peter Harbison은 중세 십자가에 관한 매우 폭넓은 목록을 작성했다. *The High Crosses of Ireland*(Bonn: Römisch-ermanisches Zentralmuseum. Forchunginstitut fürgeschichte in. Verbindung mid der Royal Irish Academy, 1992). Jeanne Sheehy, *The Rediscovery of Ireland's Past: The Celtic Revival, 1830-1850*(London: Thames and Hudson, 1980)는 켈트 예술의 부활에 관해 광범위한 연구를 제공한다.

적극적인 인종주의자의 '켈트' 십자가의 역사에 관한 보다 많은 정보는 반명예연맹의 사이트(https://adl.org/education/references/hate-symbols/celtic-cross) 및 미국 남부 빈민법센터Southern Poverty Law Center *(https://splcenter.org/fighting-hate/intelligence-report/2006/look-racist-skinhead-symbols-and tattoos)에서 발견된다. 노엘 이그나티에브Noel Ignatiev는 *How the Irish Became White*(New York: Routledge, 1995)에서 19세기 미국에서의 아일랜드인들의 인종적 태도의 발달을 묘사한다. 미국 정치에서의 인종주의자의 상징물과 언어의 기능에 관해서는 I. H. Lopez, *Dog Whistle Politics: How Coded Racial Appeals Have Reinvented Racism and Wrecked the Middle Ages*(New York: Oxford University Press, 2014)를 참고하기 바란다.

---

* 시민의 권리와 공공이익을 위한 청원 및 소송을 담당하는 미국의 비영리 법률 단체. 미국의 남부 알라버마 주의 몽고메리에 소재하며, 백인 우월주의자에 맞선 소송 등으로 널리 알려져 있다.

3.4

대중 매체에 '실재하는' 중세의 눈가림

헬렌 영

대중문화에서의 중세 유럽의 재창조는 정치적으로 우려스러운 일일 수 있으며, 특히 (전적이지는 않다고 해도) 유색인종을 대변할 경우 그러하다. 1403년 보헤미아를 무대로 하는 비디오 게임 〈킹덤 컴: 딜리버런스Kingdom Come: Deliverance〉(2018)는 '역사적 정확성'이 게임에서 유색인종의 배제가 정당한지 그리고 그 같은 배제가 인종주의적 행위인지를 둘러싸고서 국제적인 논쟁을 촉발시켰다. 그것은 새로운 논쟁이 아니었다. 2014년 킥스타터Kickstarter* 캠페인의 성공적인 기간 동안 텀블러Tumblr 사이트 이용자 @medievalpoc은 폭력적인 위협의 표적이 되었다. 이 블로거는 '현실감 있는' 게임이 인종적으로나 문화적으로 다양한 캐릭터를 포함할 수 있다는 것을 보여주었고, '유럽 예술사에서의 유색인종'이라는 사이트에 역사적·학술적 증거를 제공했다. '역

---

* 창의적인 프로젝트에 생명력을 불어넣기 위해 2009년 설립된 미국의 비영리 단체로, 세계적인 크라우드펀딩을 통해 다양한 분야의 창의적인 예술 및 문화 활동을 지원하고 있다.

사적인 정확성'이라는 개념은 중세주의자들의 판타지 무대, 즉 마법이나 이와 유사한 비현실적 요소를 포함하는 중세 유럽으로부터 영감을 받은 무대에서 유색인종을 배제하는 것을 정당화하거나 이들이 포함되는 것을 비판하기 위해 사용되었다. 예를 들어 조지 R. 마틴George R. R. Martin은 자신의 소설 『얼음과 불의 노래A Song of Ice and Fire』*에서 아시아인을 포함하지 않은 것을 변론하기 위해 라이브저널 포스트에서 역사적 중요성을 환기했다. 이와는 반대로, HBO 채널의 드라마 〈왕좌의 게임〉과 바이오웨어의 〈드래곤에이지〉 게임이라는 중세주의자들의 세계에서 유색인종을 포함시킨 것은, 마블 영화 〈토르〉에서 영국의 흑인 배우 이드리스 엘바Idris Elba**가 헤임달의 배역을 맡았듯이, 일부 팬들에게 반감을 샀다. 좀비 용, 마법과 마법사 그리고 슈퍼히어로와 외계인이 이 사례들에 다수 등장한다는 것은 이러한 가상의 세계에서 '사실적인' 요소가 핵심이 아니라는 것을 분명히 한다. 중세 유럽에 유색인종이 살았을지도 모른다는 단순한 생각에 대한 이러한 요구와 부정적인 반응의 저변에는 역사적 사실이 아니라 오늘날의 정서가 깔려 있다. 이 장에서는 일반적으로 오늘날의 관객이 '역사적'인 세계든 '판타지'이든 중세 세계에서 등장하는 캐릭터가 왜 백인이기를 기대하는지를 살펴보고자 한다. 그 기대가 충족되지 않았을 때 일부의 반응은 왜 부정적이고 폭력적이기까지 하는지를 알아보고자 한다.

우리는 먼저 중세로 돌아감으로써 이 질문들에 답할 수 있을 것이다. 학자들의 연구에서 점점 더 드러나듯이, 유색인종은 중세 유럽에 존재했다. 8세기에 이베리아반도에서 아프리카 출신 무슬림이 왕국들을 설립했던 것은 중세 유럽에서 대규모 인구 이동과 문화 융합이 있었다는 널리 알려진 사례 중 하나일 뿐이다. 그 출신이 어디이든, 중세인은 오늘날 우리가 상정하는 것보다

---

* 조지 R. R. 마틴, 『얼음과 불의 노래』 1부 1~2부 4권, 서계인·박정숙 옮김(은행나무, 2000~ 2001).

** 1972~. BBC 시리즈에서 마르틴 루터 역과 넬슨 만델라 역을 맡았으며, 2012년 골든 글로브 TV 시리즈 남우주연상을 수상하기도 했다.

더, 상인이나 순례자로서 그리고 침략자와 정복자로서 먼 지역으로 종종 여행을 했다. 텀블러의 @medievalpoc이 보여주듯이, 적어도 13세기 이래 중세 유럽 전역에 걸쳐 나타나는 수많은 예술 작품에는 사하라 사막 이남의 아프리카인과 동일시되는 인물이 묘사되어 있으며, 이는 그 예술가들이 실생활에서 이 지역 출신자와 친밀한 관계를 맺고 있었다는 사실을 강력하게 시사해 준다. 13세기 마그데부르크 주교좌성당의 성 모리스상은, (이 책에서 패멀라 패튼이 2.6장 「중세 유럽의 예술에서의 흑, 백과 인종에 관한 인식」에서 자세히 설명했듯이) 단지 하나의 사례일 뿐이다. 오늘날 우리가 중세주의자들의 허구에서, 매체를 불문하고 유럽인으로서 인식할 수 없는 유색인종이나 다른 인종이 포함된 것은 역사적으로 부정확한 것이 아니다.

중세의 유색인종을 표상하는 것이 역사적으로 부정확하다는 비판적인 주장이 고도의 역사적 신뢰성을 지향하는 텍스트에서 이루어지고 있는 것만큼이나 종종 판타지 텍스트에서도 이루어지고 있다. 즉 사실주의에 대한 직접적인 욕구인, 아마도 그랬을 법한 역사적 세계의 반영은 문제의 핵심이 아닐 수 있다. 오히려 우리는 독자와 창작자들이 바라는 바가 정확성이 아니라 진정성이라고 생각할 수 있다. 말하자면 이들 독자와 창작자는 자신들의 '역사적' 세계와 이야기가 **사실이기를** 바라기보다 **사실인 것처럼 느끼기**를 원하는지 아닌지를 우리는 고려할 수 있다. 심지어 전문 역사가도 유럽의 어느 지역의 사람들이 무엇을 보았고 무엇을 들었으며 무슨 냄새를 맡았고 무엇을 느꼈는지에 대한 이해가 제한적일 때, 독자로서는 이 가상의 세계들과 관련하여 무엇이 '정확하고' 무엇이 정확하지 않은지를 어떻게 주장할 수 있는가? 오히려, 어떤 매체에서든 중세주의자들의 소설에 관해 우리가 알고 있다고 생각하는 것과, 우리가 보고 있는 것이 중세주의자들의 유럽(내지 유럽과 유사한) 무대에 대한 우리의 기대가 일치하는지 여부이다.

그렇다면 '중세 유럽'인들이 백인일 것이라고 우리가 기대하는 이유는 무엇인가? 중세에 관한 다른 근대적인 개념들과 마찬가지로, 중세 유럽이 인종적으로 단일하고 '순수한' 백인으로 구성된 사회였다는 인식은 18~19세기에 발달했다. 약 16세기로부터 18세기 중엽까지 그리스와 로마의 고전기가 다수의 유럽 문화와 사회가 모방해야 할 모델을 제공했던 반면에, 중세는 우리가 거의 관심을 가지지 않거나 가치를 부여하지 않는 야만적인 시기로 인식되는 것이 전형적이었다. 하지만 18세기 말엽에 기원에 관한 고전적 서사로부터 중세적 서사로의 중요한 이동이 있었다. 이는 종종 계몽주의 시대라고 부르는 기간에 일어난 새로운 과학적 방법론에서 발전한 인종에 관한 새로운 인식과 강하게 결부되어 있었다. 18세기에 유럽 및 그 식민지들에서 새롭게 대두한 과학적인 담론과 방법론은 인류를 인종으로 범주화하고, 그리하여 범주화된 민족들 간의 차이를 설명하기 위해 그것이 활용되었다. 이 같은 사유방식에 따르면 '인종'에는 피부, 머리카락 색깔, 지성 및 예술적 표현력 등의 고유한 특성이 있으며, 이러한 특성이 유전되고 수 세기 동안 변하지 않고 지속된다는 것이다. 문화, 특히 언어와 문학은 한 인종의 내면적 성향의 외향적 표현이라고 주장되었다.

이 같은 인식에 힘입어, 중세는 유럽의 모든 국가, 민족 및 문명의 공통적인 문화적 유산으로 여길 수 있는 역사적 시기가 되었다. 왜냐하면 모든 유럽인들은 그리스 및 로마의 고전기 문화와는 달리 자신들이 중세인의 후손이라고 주장할 수 있었기 때문이다. 또한 백인만이 그 조상이 중세인이었다는 필연적이고도 그릇된 믿음과 함께 중세 유럽에서만 이러한 일이 일어난 것으로 이해되었다. 그리하여 인종적으로 순수한 중세라는 인식은 유럽인들과 다른 모든 인종 정체성의 본질적인 차이로서 백인을 구성하는 데 중요한 요소가 되었다. 이는 인종과 백인이라는 개념이 중세 유럽에서와 근대 초기 내내 명확한 개념이 아니었다는 것을 말하려는 것이 아니다. 즉 이 글의 말미에 있는 '참고문헌'의 제럴딘 헹의 저서는 이 개념들이 명확했음을 보여준다. 오히려 18세기에 인종과 백인이라는 개념은 계몽주의의 과학적 사유에 대한 대응에서 새로운 지평을 띠게 되었으며, 백인이 세계의 다른 모든 인종과 선천적으로 구분되고 이들보다 우월하다는 잘못된 근거에 기초한 이 개념은 유럽의 식민주의와 제국주의를 변론하는 데 활용되면서 강력한 힘을 얻게 되었다.

18세기 말엽 이래 유럽과 그 식민지, 그리고 미국과 오스트레일리아 등 예전에 유럽의 식민지였던 나라에서 중세에 대한 인종주의자의 관심은 건축, 문학 및 정치에 이르기까지 문화의 거의 모든 분야에서 현존했다. 이를테면 토머스 제퍼슨은 인종적 특성을 신봉하고 미국 백인의 선조가 중세의 앵글로·색슨족이었다고 굳게 믿은 열렬한 아마추어 중세주의자였다. 제퍼슨은 잉글랜드에 최초로 도착한 색슨족의 전설적인 인물 헹기스트와 호르사를 미국 국장國章의 주인공으로 삼으려고 시도했으나 실패했다. 사실상 19세기의 문화는 현재의 우리가 '중세적'이라고 생각하고 인정하는 많은 부분을 형성했다. 중세 유럽에 관한 허구화된 인식이 큰 인기를 끌게 된 것이 바로 이 시기였는데 호레이스 월폴Horace Walpole의 『오란토의 성The Castle of Otranto』(1764)과 후대의 월터 스콧 경의 역사 소설 등 고딕 소설을 통해서였다. 스콧 경의 매우 유명한 소설 『아이반호Ivanhoe』(1819)는 미국과 오스트레일리아 등 영어권 세계에서 매우 널리 읽혔다. 우리는 '정확성'과 '진정성' 간의 차이를 적어도 스콧에까지 거슬러 올라갈 수 있다. 아마도 그의 작품들 가운데 가장 저명하고 영향력이 있는 작품인 『아이반호』의 시작 부분 머리말에서 스콧은 그 시대의 전반적인 '인물과 관습이 (……) 존중되는 한' 과거에 대한 '정확한 모방'은 불필요하다고 지적했으며, 소설에서 "2~3세기의 관습을 혼동하는 것"을 용인했다. 더욱이 스콧의 소설 및 다수의 작품에서는 유럽의 여러 국가들이 '백인만의' 공간으로 부정확하게 표현되었고, 그 시대의 인종 이론에 직접 결부되는 것이 전형적이었다. 그리하여 『아이반호』는 중세 잉글랜드에서의 인종에 관한 논의와 더불어 시작되는데, 이 논의는 노르만족과 앵글로·색슨족이 중세 말기에 단일한 민족이 되었음을 시사해 준다.

하지만 오랜 관행은 21세기의 독자들이 기대하는 바를 형성시킨 유일한 요소가 아니었다. 우리 중 많은 사람이 중세 유럽에는 백인만 살고 유색인종은 가끔 이국적인 외부인으로만 등장할 것이라고 여기는 또 다른 이유는, 아마도 우리가 어린 시절부터 영화, 텔레비전, 비디오 게임 등에서 이를 많이 보아왔기 때문일 것이다. 서구 대중문화에서는 일반적으로 백인이 국가별 인구 구성비보다도 훨씬 높은 비율로 등장한다. 예를 들어 2016년 서던캘리포니아 대학교의 조사에 따르면, 할리우드 영화에 등장하는 인물 중 전국 인구의 평균에 부합하는 경우는 7퍼센트뿐이며, 미국 인구에서 유색인종이 차지하는 비율이 40퍼센트라는 점에 비추어볼 때 인종적·민족적인 배경이 다양한 인물이 30퍼센트나 적다. 중세 이야기에서 유색인종이 스크린에 등장할 때 이들은 일시적이고 고립된 인물이거나 침략자로 등장하는 경향이 있으며, '중세 유럽'이라는 무대에서 외견상 자연스러운 백인과는 현저히 대비되고, 이야기 전개상 미미한 존재로 등장한다. 〈로빈 후드: 도적의 왕〉(1991)에서 모건 프리먼Morgan Freemans이 연기한 아짐Azeem은 자신의 생명을 구해준 은혜를 갚기 위해 로빈(케빈 코스트너 역)과 더불어 중동에서 잉글랜드까지 여행을 마다하지 않았다. 보다 근년에는 HBO 채널의 〈왕좌의 게임〉 시즌 1의 6화에서 웨스테로스의 전 지배가문의 백인으로서 금발을 한 마지막 자손 대너리스 타가리엔은 에소스 대륙으로 추방당했다. 시즌 7에서 대너리스는 갈색 피부의 무적군Unsullied 및 도트락인Dothraki이라는 침략군과 더불어 가문의 권좌를 되찾기 위해 웨스테로스에 도착한다. 이들의 문화를 구축하기 위해 활용된 준거는 유럽 외부의 실재 세계에서 유래한 것이 분명하다. 즉 몽골족, 훈족 및 아메리카 원주민의 문화를 혼합한 도트락인이 말을 기르는 유목민인 반면에, 무적군은 오스만 제국의 친위보병에 비견되는 노예군이다. 이들 유색인종에게는 대너리스의 사례처럼 판타지 유럽으로의 여행에 대한 설명이 필요한 반면에, 대너리스에게는 유럽 밖에 있는 이유에 대한 설명이 필요하다. 중세주의자들의 유럽이라는 무대에서 이들 유색인종 캐릭터의 존재는 어떤 특정한 비판을 받지는 않았다. 앞서 언급한 〈토르〉에서 엘바의 캐스팅을 둘러싸고서 야기된 분노와 이를 비교해 보라. 노르웨이의 신화에서 영감을 받은 인물인 헤임달이 유럽인으로 이해되었고 그러므로 백인으로 기대되었던 반면에, (판타지에서) 비유럽 출신의 침략군에게서는 그러한 기대가 없었다는 차이가 있다.

비록 오늘날의 대다수 대중문화가 인종에 관한 이념에 직접 결부되는 것처럼 보이지는 않는다고 해도, 대중문화는 중세에 관한 19세기의 대중적 표상에서 글로 표현된 인종주의 이념을 종종 계승하거나 전달하고 있다. 정확히 말하자면 19세기에는 대중문화가 이 이념들을 인식하지 못하거나 이들 이념에 도전하지 않았던 것이다. 3부작으로 이루어진 J. R. 톨킨*의 소설 『반지의 제왕』(1954~1955)과 이를 바탕으로 제작된 영화 및 비디오 게임(2001~현재)은 제작 기간이 수십 년에 이르는 대중문화가 시대에 뒤떨어진 인종과 중세 시대의 이른바 백인이라는 개념이 오늘날의 문화에 어떻게 전달되는지를 보여주는 좋은 사례이다. 작품에 등장하는 중간계의 '선한' 인종, 즉 요정, 난쟁이 및 인간은 유럽의 문화와 유럽인을 준거로 하여 생성되었다. 이를테면 로한의 기병은 앵글로·색슨 잉글랜드의 문화를 다수 참고했다. 톨킨은 자신의 글들에서 바다의 괴물이라는 오크를 인종적인 용어로 묘사하면서, 이를 '(유럽인에게) 가장 증오의 대상인 부패하고 혐오스러운 몽골인 유형'이라고 불렀다. 톨킨은 자신의 책에서 검은 피부 등의 특징을 인종차별화했다. 중간계의 여러 민족에 관한 이야기는 19세기의 다원성 이론을 반영했다. 이 이론은 신에 의해 여러 인종이 다른 시기에 창조되었다는 것이다. 톨킨의 주장에 따르면 요정, 인간 및 난쟁이는 모두 다른 시기에 그리고 다른 장소에서 창조되었다. 『반지의 제왕』은 또한 인간의 본질적인 차이 및 인종 혼합이 문명을 와해시킨 원인이라는 19세기의 인식을 또한 반영했다. 톨킨이 집필을 할 당시에 이러한 인식에 의문이 제기되었고 그 이후에 유전자 연구 및 근대 과학에 의해 사실이 아닌

---

* 1892~1973. 영국 옥스퍼드 대학교의 언어학 교수이자 작가. 『반지의 제왕』, 『호빗』 등의 작가로 근대 판타지 문학의 대부로 알려졌다. 1972년 엘리자베스 2세로부터 대영제국의 훈장을 수여받았다.

것으로 판명되기는 했지만, 그러한 인식은 여전히 지배적이었고 톨킨 소설의 중세로부터 영감을 받은 세계에 반영되어 있다. 인종에 관한 19세기의 이념들은 톨킨 세계의 핵심에 포함되었으며, 후대의 적응 과정에서 인종주의자의 표상에 관한 당대의 유형을 통해 계속 반복되거나 확대될 것이었다. 피터 잭슨의 영화에 등장하는 오크는 인종주의화되었다. 즉 우루크하이는 키, 검은 피부 및 여러 가닥으로 꼰 머리카락으로 판에 박힌 반反흑인의 상징을 구현하고 있다. 잭슨의 영화를 기반으로 하여 현재 워너 브라더스에서 출시한 20개 이상의 비디오 게임은, 톨킨이 처음 그것을 만들었듯이, 중간계의 인종주의화된 구조를 취함으로써 그리고 그 영화로부터 시각적인 미학과 장면을 통해서 이러한 부정적이고 판에 박힌 유형을 동일하게 반복하고 있다.

하지만 대중문화의 일부 작품은 중세 유럽의 가상의 백인을 반복하는 것에 적극적으로 저항했다. 아프리카계 미국인 최초의 베스트셀러 작가였던 프랭크 여비Frank Yerby*는 9세기 스페인을 무대로 하는 자신의 소설 『신성의 향기 An Odor of Sanctity』(1965)의 서문에서 중세의 인종적 순결성에 관한 인식에 도전했다. 여기서 그는 유럽 대륙 및 북아프리카로부터 스페인으로의 천 년 이상의 인구 이동을 묘사했고, 이들이 "자신들의 피, 언어, 사유습관을 커다란 가마솥에" 쏟아부었다고 서술했으며, 중세 스페인의 다양성을 강조했다. 영화에 유색인종 배우를 캐스팅하거나 비디오 게임에 유색인종 캐릭터를 넣는 것은 인종주의자의 인습을 또한 비판하고 있으며, 제작자가 정치적 목적을 구체적으로 명시하지 않거나 부정하는 경우에도 그러하다. 하지만 이 사례들은 견고하게 인종주의화된 역사를 재생산하는 사례에 비하여 상대적으로 매우 적다. 즉 중세 유럽을 인종으로서의 '백인만의' 공간이었다고 보는 방식을 와해시키기가 쉽지 않다. 앞서 언급된 사례 등과 BBC 드라마 〈마법사 멀린〉

---

* 1916~1991. 『해로Harrow의 여우들』을 간행하여 미국 최초의 흑인 베스트셀러 작가 반열에 올랐으며, 다수의 역사 소설을 집필하기도 했다.

(2008~2012)에서 그웬(기네비어) 역에 엔젤 콜비Angel Coulby[*]를 캐스팅한 것이나 BBC 드라마 〈할로우 크라운: 장미의 전쟁〉(2016)에서 잉글랜드의 군주 헨리 6세의 왕비 마거릿 앙주 역에 소피 오코네도Sophie Okonedo[**]를 캐스팅한 사례는 모두 어느 정도 비난에 직면했다. 하지만 이들 유색인종의 증가는 중세주의자의 매체에 등장하는 오늘날의 문화가 인종주의자의 인습, 비유 및 기대감의 수동적인 반복에서 적극적으로 벗어나고 있다는 신호일 수 있다.

대중문화는 우리가 부분적으로 알고 있는 역사에 관한 우리네 사유를 형성하고 있다. 학교에서 역사 수업을 듣기 훨씬 전에 우리가 역사를 접했기 때문이다. 대중문화는 수세기 동안의 토대를 종종 지니고 있고, 폭넓게 자리를 잡은 인식을 반영하고 재생산한다. 예를 들어 유럽에서 영감을 받은 중세주의자의 대중문화 환경에서 유색인종 캐릭터를 포함시켜서 그러한 아이디어가 도전을 받을 때, 독자의 반응을 이해하기 위해서는 그러한 심오한 토대에 대한 이해가 필요하다. 중세 유럽 및 비판적인 인종 연구라는 창을 통한 중세의 수용에 대한 접근은 오늘날의 인종에 관한 인식이 특정한 방식으로 표출된 과거에 의존하고 있다는 사실을 보여준다. 중세 유럽에 관한 대중문화의 인식이 유색인종을 친숙하게 표상하게 되자, 이들 유색인종의 존재는 오늘날의 백인 인종주의자의 정체성의 일부 토대에 문제를 제기하고 있다. 이런 이유로 일부 독자, 심지어 백인 정체성 내지 인종주의적 정치에 적극 가담하지 않고 있다고 스스로 생각하는 독자조차 중세주의자의 텍스트에서 유색인종이 왜곡되고 무례하게 표현되고 있는 것을 발견하기도 한다.

---

[*] 1980~. 영국 출신의 배우이자 가수로서, 텔레비전과 연극, 영화 등에서 폭넓게 활동하고 있고, BBC에서 방영된 시트콤 〈오리블〉을 통해 배우로서의 입지를 다졌다. 2000년 로런스 올리비에상을 수상했다.
[**] 1968~. 영국 출신의 배우로서 〈젊은 영혼들의 반란〉(1991), 〈호텔 르완다〉(2004)를 통해 배우로서 강렬한 인상을 남겼다.

더 읽을 자료

Geraldine Heng, *The Invention of Race in the European Middle Ages*(Cambridge: Cambridge University Press, 2018)는 비판적인 인종이론 및 근대성과 중세적인 것에 관한 인식에 대한 유용한 입문서로서, 중세학과 인종 연구 간의 대화를 시도한다. 이 책은 인종에 관한 중세 유럽의 형성물을 탐구하고 있으며, 제4장은 아프리카 사하라 사막 이남 출신 사람들이 중세 유럽에 존재했다는 사실에 대한 증거를 제시한다.

Patrick Geary, *The Myth of Nations: The Medieval Origins of Europe*(Princeton: Princeton University Press, 2002)[*]은 유럽 중세주의자들의 민족주의가 19세기에 대두했다는 사실을 보여주며, 이러한 중세주의자들이 의존하는 인종적·문화적 순수성에 관한 개념에 도전한다.

논문 Cord Whitaker, "Race-ing the Dragon: The Middle Ages, Race, and Trippin' into Europe," *postmedieval*, 6, no. 1(Spring): 3~11은 아프리카계 미국인이자 중세 사가인 한 학자의 경험담을 소개하면서, 중세 유럽에 인종적으로 '타자화된' 이 학자의 경험과 이에 대한 저항을 보여준다. 논문 Kathryn Wymer, "A Quest for the Black Knight: Casting People of Colour in Arthurian Film and Television," *The Years Work in Medievalism*, 24(2012)는 중세주의자들의 영화 및 텔레비전 프로그램에서 유색인종의 캐스팅이 백인의 중세 유럽이라는 가상의 세계에 도전하고 있음을 언급하고, 과거 및 오늘날의 인종의 권력 구조에 의문을 제기한다.

Helen Young, *Race and Popular Fantasy Literature: Habits of Whiteness* (New York: Routledge, 2016)에서 처음 제1, 2장은 인종 및 인종적 중세주의에 관한 19세기의 인식이 어떻게 20세기의 대중문화에서 단단하게 자리를 잡게 되고 21세기에도 존속하게 되었는지를 판타지라는 장르를 중심으로 보여준다. 제3장은 21세기 대중문화에서의 인종, 진정성 및 중세주의의 연관성을 규명하고 있다.

---

[*] 패트릭 J. 기어리, 『민족의 신화, 그 위험한 유산』, 이종경 옮김(지식의풍경, 2004).

3.5

바이킹 시대의 진정한 남자들

월 체르보네

헤비메탈 음악, 비디오 게임 및 마블 코믹스의 바이킹을 생각해 보라. 황금빛 내지 불타는 듯한 붉은 머리털 및 그에 상응하는 턱수염, 다수의 적의 머리를 베었던 말도 안 되는 전투용 도끼를 들어 올리는 근육질의 팔을 가진 극기심이 강한 고독한 사람을 상상해 보라. 피로 얼룩져 있는 뿔이 있는 헬멧 밑으로 나오는 강렬한 눈빛, 상처투성이 우락부락한 얼굴의 바이킹. 이방인이 곁눈질만 해도, 바이킹은 자신의 명예를 지키기 위해 벌컥 화를 낼 것이다. 바이킹은 주먹과 도끼로 생활하고, 신을 외경하는 유럽 사람들을 죽음과 더불어 공포에 떨게 하며, 자신의 이교 신들의 영광을 위해 약탈을 자행한다. 전투에서 토르*의 망치 모양의 부적은 트롤**의 마법으로부터 바이킹을 보호하며, 오딘

---

* 북유럽 신화에 등장하는 천둥의 신. 목요일Thursday이라는 말은 토르에서 유래했다.

** 북유럽의 신화와 전설에 등장하는 초자연적인 존재. 흔히 거구에다 흉측한 모습을 한 괴물로 묘사된다.

일러스트 3.5.1
마노워의 앨범 〈영국 만세〉 (1984)의 표지. 켈 랜드그라프 그림. 영국 국기를 들고 있는 어색한 모습을 보라. 영국 국기는 여러 지역에서 공포에 떨며 종속되고 복속된 여러 왕국의 후손임을 주장하는 한 나라를 상징하기 위해, 여러 스칸디나비아인들이 1600년대에 채택했다.

의 축복을 달라고 외친다. 세상을 떠날 때에, 그의 영혼이 작은 쇠사슬로 만든 갑옷 비키니를 입고 가슴이 풍만한 발키리*의 북극광 말을 타고 발할라**로 향하는 동안 그의 몸은 그 자신의 긴 배에서 불살라진다.

우리는 이 바이킹이 만화(☞일러스트 3.5.1) 속의 인물임을 어느 정도 알고 있다. 가벼운 역사가들은 바이킹이 습격이나 영토 정복을 위해 탐험한 경우는 극히 일부일 뿐이고, '바이킹'이라는 어휘가 교역업자, 탐험가, 상인, 고래사냥꾼 및 변경 지역의 농민을 묘사하기 위해 사용된 것임을 알고 있다. 레이프 에릭슨Leif Eriksson***의 북아메리카 여행에 관한 지식을 가진 사람들은, 남성뿐만 아니라 여성도 바이킹의 여행 자금을 마련했고 심지어 바이킹의 탐험마저 주

---

* 전사자를 선택하는 사신으로, '전쟁의 처녀'로 불린다.

** '전사자戰死者의 큰 집' 또는 '기쁨의 집'. 아이슬란드 및 노르웨이 신화의 서사 모음집인 『에다Edda』에 따르면 신들의 세계인 아스가르드에서 가장 아름다운 궁전.

*** 아이슬란드 태생의 탐험가로, 약 1000년경에 북아메리카를 최초로 발견했다.

도했다는 것을 알게 될 것이다. (적이 잡기에는 손잡이가 큰) 뿔이 달린 투구가 (적어도 리하르트 바그너Richard Wagner* 이전에는) 고고학적 증거로 등장하지 않는다는 사실과 바이킹이 전투에서 어떻게 공포를 조장했는지를 대중은 재미있는 이야기 서술방식을 통해 오랫동안 알아왔다. 바이킹은 국제적이었다! 배를 불태우는 장례식의 이미지는 유럽의 관찰자로부터가 아니라 아바스 시대의 무슬림으로부터 유래했다(그리고 이븐 파들란Ibn Fadlan** 의 서술은 마이클 크라이턴Michael Crichton의 1976년 소설 『시체를 먹는 자들Eaters of the Dead』을 통해 드라마화한 것이 아니며, 이는 분석할 충분한 가치가 있다).

그럼에도 만화 바이킹은 심미의 중심이자, 상상력, 예술적 표현 및 연극의 현장이다. 르네상스 축제에서 모든 보석상은 토르의 망치 부적을 판매하며, 백랍 내지 문신용 잉크로 그려진 상징(물)은 마블 영화 팬, 새로운 이교도, 헤비메탈 광팬, 테이블톱 롤플레잉 게이머, 전문 중세연구자 그리고 (나머지 중세주의자들이 고심해야 하듯이) 백인 우월주의자가 착용하고 있다(2011년 〈스바스티카의 그림자〉에서 스스로 신neo나치 팬들과 거리를 두려고 했던 페로스의 포크메탈 밴드 티어르Tyr의 시도가 이에 대한 증거이다). 비록 그것들이 판타지에서 도출되었다고 해도, 팬들은 영감을 제공하는 이국적인 과거에 보다 접근함으로써 역사적 사실성을 추구한다. 이들 보석상은 고고학적 원형으로부터 디자인의 단서를 자랑스럽게 취한다. 메탈 밴드는 중세의 신화와 민요를 채택한다. 팬들은 고대 노르드어의 몇 단어를 독학하거나 룬 문자를 해독하는 법을 배운다. 이들 팬은 실제로 바이킹의 세계관이 무엇인지를 알아보기 위해 『에다Edda』***

---

* 바그너의 오페라 〈리벨룽의 반지〉에서 바이킹의 뿔이 달린 투구가 등장한다. 1876년 화가 되플러C. E. Doepler는 〈리벨룽의 반지〉가 공연될 때 일부 캐릭터에 뿔 달린 금속 투구를 사용한 이후, 뿔이 달린 투구는 바이킹의 상징처럼 되었다.
** 10세기경 아랍의 여행가로 로스로 불린 바이킹족에 관한 여행기를 저술했다.
*** 중세 아이슬란드의 문학작품으로, 아이슬란드와 노르웨이 신화의 중요한 중세적 원천으로 간주된다.

와 영웅 전설을 찾는다. 이 원천들은 폭력과 공격(및 그 결과)으로 가득 차 있으나, 그와 같은 폭력이 난무하던 시대와 장소에서의 삶은 어떠했던가? 바이킹이 싸우고 약탈하고 죽인 이유가 무엇이었던가? 그리고 우리는 이를 어떻게 알 수 있는가?

노르웨이 문학과 신화는 바이킹 시대가 종말을 고한(11세기와 그 이후 시대) 이후 아이슬란드에서 작성되거나 복제된 필사본을 통해 주로 우리에게 전해 온다. 각각의 시와 영웅 전설의 역사성은 (실제 사건을 묘사하든 종교적 신념을 표현하든) 논쟁의 대상이지만, 여기서는 이 같은 문학이 세계에 대한 일반적인 태도를 반영하고 있다고 언급하는 것으로 충분할 것이며, (아이슬란드에서 일어난 사건을 묘사하는 영웅 전설Islendigasögur은, 개략적으로 그리고 예술적으로 아이슬란드의 사회 구조를 자유롭게 묘사하는 것으로 보인다. 유럽의 민족주의자들은 17세기부터 (다른 텍스트들 가운데) 이 텍스트들을 새롭게 형성 중인 국민 국가를 통합할 수 있는 독창적인 이야기로 간주했으며, 다른 시대와 장소에서 나온 여러 텍스트와 더불어 이 텍스트들을 '게르만' 문학으로 만들었다. 아돌프 히틀러는 아리안족의 우수성에 관한 사악한 인식을 역사적으로 변론하기 위한 시도로 이 같은 문학을 차용하여 추종했다. 히틀러와 그 추종자들은 그러한 동기가 부여된 독서를 통해 억제되지 않은 공격성과 약탈, 과도한 영토욕을, 그리고 폭력 애호를 통해 세계를 지배한 용감한 정복자들을 발견했다. 즉 이는 파시스트 국가가 그 시민에게 모방하기를 부추겼던 자질이다.

하지만 이 이야기들을 기록한 아이슬란드인들은 폭력적인 파시스트가 아니었으며, 이들은 누군가가 약탈을 하면 다른 사람이 반드시 약탈당한다는 사실을 인식했다. 영웅 전설에는 친구도 동맹도 필요 없으며 결과를 고려하지 않고 원하는 것을 쟁취하는 강한 남성이 반드시 포함되어 있지만, 그런 자질을 지닌 것은 비극적인 악인, 끔찍한 이웃, 원시적인 괴물이다(포스트브레슈라전설Fóstbroeðrasaga*과 같은 몇몇 영웅 전설은 그 영웅이 이러한 엄격한 원형에서 벗어나 변형된 구원 이야기이다). 노르웨이 문학에서 유래한 사악한 인간의 잘못된 모방은 오늘날까지 지속되고 있으나 그 원천, 즉 영웅 전설, 법전 및 해가 갈수록 규모가 커지고 정교해지는 고고학적 증거는 바이킹 시대로까지 거슬러 올라가는 과도한 남성성, 폭력적인 행동에 대해 깊은 모순을 보여준다. 특히 역사적인 시기의 아이슬란드인들의 영웅 전설은 만화 바이킹에서 존중을 받는 남성성의 폭력적이고 반사회적인 표출을 통제하기 위한 하나의 수단으로 법률에 대한 존중을 묘사하고 있다.

바이킹 시대에 대한 직접적인 증거는 희소하고, 파편적이며, 해석하기도 쉽지 않다. 이에 관한 우리네 지식은 주로 무덤 발굴, 불가사의한 룬 문자가 새겨진 돌 그리고 그것들이 묘사하는 사건보다 몇 세기 더 지난 문헌 사료에 보존된 세부 사항을 통해 주로 나온다. 바이킹 시대의 폭력에 대한 태도를 이해할 수 있는 하나의 창은 문헌에서 베르세르크berserkr*(복수형은 베르세르키르berserkir)에 대한 언급이다. 베르세르크(아마도 '곰 가죽을 입고 있다' 또는 '옷 없이 맨몸[즉 비무장 상태]'이라는 의미)는 격분하여 (분노 폭발을 통제하기 위해 자신의 방패를 물고) 목숨도 아랑곳없이 전투에 돌입하는 무시무시한 전사이다. 베르세르크는 아스가르드의 왕이자 전쟁과 마법의 달인 오딘Óðinn: Odin 신에게 봉헌되었다. 오딘은 종말의 날의 전투인 라그나로크Ragnaro_kr 전투에서, 로키Loki**와 파멸의 군대를 물리칠 신들의 군대를 이끈다. 오딘은 베르세르크에게 그 칼과 불꽃의 열기에 죽지 않는 몸을 축복으로 내린다. 오딘의 마법적인 기예를 통달한 베르세르크는 전투에서 늑대나 곰으로 변신하게 된다. 큰 까마귀들은 심지어 전투의 열기에서 베르세르크에게 약초를 갖다 주기도 한다.

베르세르크는 뛰어난 바이킹이라고 보기 쉬우나, 대중적인 상상력에서는 정확히 퇴행적인 의미를 지니고 있다. 즉 이 전사는 반사회적 행위로 인해 욕

---

* '서약한 형제의 전설'로도 알려진 아이슬란드의 영웅 전설의 하나. 11세기 초엽 전사였던 형제의 행위를 묘사하고 있다.
* 게임을 좋아하는 사람들 사이에서는 광전사狂戰士로도 알려져 있다.
** 북유럽 신화에서 자신의 모습과 성을 바꿀 수 있는 교활한 신.

을 먹는 인물이다. (반신화적이고, 역사 이전으로 거슬러 올라가는) 영웅 전설에서 군주들은 베르세르크와 오딘의 창을 휘두르는 늑대 인간들úlfhéðnar 모두로부터 봉사를 받지만, 진정한 영웅이 그들을 제압할 수 있을 때만 그러하다. 아서 왕의 기사들이 야수 같은 거인을 살해함으로써 그 땅을 교화시켰듯이, 군주 흐롤프 크라키Hrolf kráki*의 전사들은 군주의 전당에 도착하여 군주의 전사들로부터 모욕을 당하자, 그들을 쫓아내고 그 자리를 차지한다. 다른 이야기들에서 베르세르크는 숲속에서 혼자 지내고, 그렇게 해야 할 뚜렷한 이유도 없이 숲을 차지하며, 주인공을 잠시 방해하기 위해 기다리는 것처럼 보인다. 『베어울프Beowulf』에 등장하는 늪에 사는 괴물 그렌델Grendel은 내심 베르세르크이며, 그렌델은 아이슬란드의 무법자 전설에 나오는 주인공, 특히 그레티르 아스문다르손Grettir Ásmundarson 등이 가진 다수의 자질을 공유한다. 아스문다르손은 전쟁에서 보인 용맹함으로 존경을 받은 것만큼이나 심지어 경멸을 받은 인물이다.

전쟁 신들의 왕이 선택한 무적의 전사들에 대한 이 같은 부정적인 인식은 오늘날의 독자에게는 놀라울 수 있으나, 오딘에 대한 명백한 존경은 시대착오적이다. 우리가 그것을 재구성할 수 있는 (그리고 그 과정에서 방향을 많이 잘못 잡게 되는 힘든 작업인) 노르웨이의 종교에서, 오딘은 폭력의 화신이다. 이 같은 역할을 맡은 오딘은 의심할 여지없이 강력하지만, 변덕스러운 그의 축복은 두 가지로 해석될 수 있다. (전투 그 자체와 마찬가지로) 오딘은 결국 전사들이 위대해지도록 축복을 하지만, 오딘은 그들이 종말의 날인 라그나로크를 기다리기 위해 발할라에 머물 수 있도록 전투에서 죽을 위대한 전사들을 필요로 한다. 심지어 바이킹의 심성에 이보다 좋지 않은 것은, 오딘이 변신에 능한 자로서, 자신에게 유리하면 기꺼이 여성으로 변신한다는 점이다. 무엇보다 오딘은 매우 위험한 마법에 통달한 자이다. 즉 남성들이 마법을 행할 때, 비록 그들이

---

* 앵글로·색슨족 및 스칸디나비아 반도에서 등장하는 6세기 덴마크의 전설적인 군주.

신이라도, 그들은 에르기ergi를 끌어들인다.

에르기는 '연약함' 내지 심지어 '남녀 구분이 없음' 등으로 번역될 수 있다(이를 통해 일부 학자들은 마법을 행하는 것에는 다른 성의 옷을 입는 것이 포함되어 있고, 그에 따라 다른 성이 되는 것이라고 추론했다). 그러나 에르기는 명백히 성적인 의미의 수치심을 뜻하는 생생하고 다면적인 용어이며, 바이킹 사회의 세계관에 중요했다. 에르기는 바이킹 시대 사회에서의 동성애. 근친상간, 성 역할에 관한 몇몇 타부와 매우 강력하게 결부되어 있으며, 에르기의 해결책으로서의 남성다움에 대한 집착은 바이킹 시대로부터 아이슬란드인들의 영웅 전설이 기독교화된 시대에 이르기까지 사회의 핵심적인 동인이었다. 마법과 에르기 간의 정확한 관계를 이해하기 위한 온갖 책이 집필되었으나(이 장의 말미에 있는 '더 읽을 자료'에서 한 권이 언급되었다), 오딘 및 그의 마법을 행사한 전사들, 즉 베르세르크와 늑대인간을 비롯하여 마술사와 지그문트 등의 영웅이 심각한 불명예를 안게 되었다는 것은 명백하다. 오딘의 마법에 대한 불신과 폭력으로 남성성을 입증하는 개인의 역설적인 여성화는 목적을 달성하기 위한 하나의 수단으로서 폭력에 대한 폭넓은 경계심에서의 단지 하나의 지적인 가닥일 뿐이다.

이 같은 불신의 실제적인 토대는 아이슬란드인의 영웅 전설에서 명확하게 나타난다. 독립적인 아이슬란드의 관습에서는 특정 상황에서 무력으로 자신의 의지를 주장하는 것이 수용되었는데, 그 같은 조건이 지속되는 한, 폭력에 대한 마지막이자 유일한 참된 방어는 그것에 상응하는 폭력의 위협이었다. 스스로를 방어하겠다는 의지와 방어할 수 있는 능력은 다른 어떤 것과 마찬가지로 하나의 흐름이 되었다. 즉 그것은 하나의 코드화된 남성성이 되었고, 영어의 단어 '명예'를 환기하고 있다. 만약 누군가가 자신을 방어할 수 있다면(또는 자신을 보호할 친구나 아들이 있으면) 도둑과 강도는 그 사람의 명예를 존중하고 그를 비켜가게 된다. 하지만 명예는 취약하다. 그것은 본성적인 자질이 아니라 주관적이고 역동적인 무엇으로서, 사회의 집단적인 판단에 의해 모호하게 결정된다. 그 같은 취약성은 본성적인 피드백 회로를 도입하게 된다. 즉 명예는 폭력에 대항하여 방어할 수 있는 능력이다. 폭력에 대한 소질을 입증하는 것은 인간이 명예를 누적하는 방식이다. 심지어 사회 조직에 피해를 입힐 때조차도 폭력을 기꺼이 사용하려는 사람, 그리하여 개념상 방어적인 폭력일 때조차도 폭력을 남용하려는 사람은 남성성이라는 자산을 가장 많이 가지게 된다.

더욱이, 개인의 남성성은 사회적 합의이기 때문에, 그것은 자기 방어의 실패에 의해서뿐만 아니라, 그 같은 실패가 가능하다고 시사하는 모욕에 의해서도 손상을 입게 된다. 사내답지 못한 무능이라는 함의를 지닌 에르기는 기독교 시대에도 매우 심한 모욕이 되어, 에르기 혐의에 대한 답변을 하지 않으면 모욕의 희생자에 대한 법률적 보호의 접근이 제한될 수 있다. 법전에는 누군가가 "여성이 매 9일째 되는 날 밤에 트롤을 위해 행동하는 것처럼 행동한다"라는 비난과 같은 화려한 비방을 묘사하고 있지만, 에르기에 대한 두려움은 사회적 일상생활의 상호작용을 훨씬 다양하게 한다. 매우 극명한 사례 중 하나인 '포스트브레슈라 전설Fóstbroeðrasaga'은 그것의 주인공 소르게이르Thorgeir가 '여성들과 관련이 없다'고 진술함에 따라 야기되는 세계관을 묘사하거나 경멸하고 있다. 왜냐하면 소르게이르는 "여성과의 성관계는 자신의 남성성에 대한 모욕"이라고 생각하기 때문이다.

중상모략에 대해서는 지속적인 경계가 필요하지만, 지속적인 경계는 과민반응을 야기한다. 일단 모욕이 발견되면 급속도로 불상사와 죽음으로 확대될 수 있기에, 숨어 있는 모욕을 찾아내기 위해 많은 영웅 전설이 쏟아져 나온다. 거친 말 내지 어떤 말이 가혹하게 의도되었다는 강한 의구심으로 우정이 유혈사태로 종결될 수 있거나, 종결된다. 친족 집단에는 집단적인 명예가 있기 때문에, 애초의 모욕에 대한 보복은 폭력으로 나타나게 마련이며, 사태는 통제가 불가능한 유혈사태로 소용돌이칠 수 있다.

손상을 입은 명예를 비폭력적으로 회복하고, 그리하여 손상을 입은 명예가 갈등으로 비화될 가능성을 차단하는 것은 중세 아이슬란드 사회의 고유한 제도인 강력하고 민주적인 법정 제도의 핵심 목표였다. 법률의 설명과 소송의 청취를 위한 연례 모임인 알싱기Alpingi*는 공적 생활의 중심이었고, 따라서 영웅 전설에서 광범위하게 다루어졌다. (영웅 전설 문학의 보석인)『불에 탄 뉴알라 전설Brennu-Njáls saga』은 법적 절차에 그리고 만화 바이킹의 강력한 남성들이 폭력을 통해 자신의 길을 가는 능력을 제한하는 것에 따른 그들의 성공과 실패에 각별한 관심을 가지고 있다. 영웅 전설의 비극적 힘은 그 법률이 얼마나 단명했는지를 입증하는 것으로부터 유래한다. 다시 말하자면 법률적 사회를 건설하려는 세대 간의 시도가 있음에도 권력자의 힘은 억제되지 않으며, 불화는 위대한 가문을 집어삼키게 된다.

영웅 전설의 명백한 영웅들, 개별적인 갈등의 절정에서 자신의 집에서 살해된 두 영웅은 군나르 흘리다렌드Gunnar of Hlidarend와 그의 친구이자 조언자였던 얄 소르게이르손Njal Thorgeirsson으로서, 이 전설에서는 왜 이 두 사람이 존경받을 만한지에 대해 중얼거리지 않는다. 군나르가 얄의 도움에 힘입어 소송에서 이기고 해적을 습격하고 싸우는 데 시간을 보낸 후, 친구들은 자신들의 신념을 설명하기 위해 재회한다.

> 얄이 말했다. "이제 너는 시험을 잘 이겨냈고 ……
> 많은 사람들이 너를 부러워하는군."
> "나는 모든 사람과 사이좋게 지내고 싶어"라고
> 군나르가 말했다.

이는 애정이 깃든 정서이지만, 얄은 영웅 전설의 세계에서 그것이 적절하지 않다

---

* 알싱기는 10세기 초엽 아일랜드에 도입된 대의 기구로, 아일랜드의 자유민이면 누구나 참석이 가능했고, 입법과 재판을 담당했다.

고 재빨리 이렇게 덧붙인다.

"너는 종종 자신을 보호해야만 할 거다."

"그렇다면 정의가 내 편이 되도록 하는 것이 중요하겠군"이라고
군나르는 말했다.

군나르의 이상주의자적인 정서, 특히 이같이 성공한 전사로부터 유래하는
정서는 칭찬을 받을 만하지만 완전히 잘못되었다. 정의는 명확히 군나르의 편
이 아니었다. 말하자면 이들이 논의한 사건에서 얄의 능숙한 법률적 술수가
거의 성공을 거두었으며, 군나르는 상대를 공격함으로써 그 소송에서 이겼다.
이 영웅 전설은 얄이 아이슬란드의 살아 있는 최고의 법률가라고 강조하고 있
으나, 그의 도움을 받았더라도 정의는 아이슬란드의 살아 있는 가장 위대한
전사의 용맹을 통해서만 구현될 수 있었다. 이는 영웅 전설의 핵심에 있는 중
요한 비판이다. 즉 아이슬란드의 법전은 폭력을 통제하기 위해 폭력에 의존한
것이다.

이 시기 아이슬란드는 유럽 대륙의 군주들 및 법률을 강제하는 이들의 권력
의 손길이 닿지 않는 사람들이 간헐적으로 정착한 변경이었다. 설령 군나르가
소송에서 승리를 했다고 해도, 그가 받을 배상금을 확보할 경찰이나 재정 당
국도 없었다. 다른 모든 원고와 마찬가지로 군나르는 피해를 배상받을 권리가
있었다. 아이슬란드에서는 오늘날의 관찰자에게 형사적인 문제로 보이는 사
건을 처벌하려는 감옥이 활용되지 않았다. 그 소송에서는 누군가에게 피해를
입힌 사람이 또한 금전적 피해를 배상하게 될 것으로 기대되었다. 반복적인
범죄와 참으로 용서하기 어려운 범죄의 가해자는 범법자로 선언될 수 있었으
나 (법률적인 제재를 받지 않고서 살해될 수 있었다). 그 범법자를 살해하는 것은
여전히 원고의 책임이었다(만약 그 소송이 여성을 대신하여 진행되었다면, 여성의
권리에 의해 남성 친척은 그 살인을 할 수 있었다. 영웅 전설에서 이는 물론 상투적으로
이루어지던 모욕을 활용하는 일상적인 장면으로, 보잘것없는 명예와 취약한 남성성이

여기에 있었다). 요컨대 그 법률은 손상을 입은 명예 및 법률이 제한하고자 한 보복성 폭력이라는 제도로부터 스스로를 분리하는 데 실패했다. 손해에 대한 배상이 보복에 대한 위협을 통해서만 이루어지고, 무법자에 대한 합법적인 살해는 복수가 될 수도 있었으며, 합의는 거부될 수 있었다.

법률은 폭력, 모욕 및 복수에 대한 회복적 사법* 정의를 포함하는 기회를 제공했으나, 닐과 군나르와 같은 친사회적 개인에게 분쟁이 압박을 받을 때만 가능했다. 폭력을 선호하는 당사자가 『불에 탄 뉴알라 전설』의 결말에서처럼 연루되었을 때, 그 법은 이 같은 분쟁을 막을 수 없었다. 영웅 전설에서 분쟁은 얄의 아들 스카프 헤딘이 호스쿨드라는 소년을 고아로 만든 이후에 시작되었다. 얄은 분쟁을 피하기 위해 최선을 다했고, 호스쿨드를 입양하여 법률 및 법률의 사회적 안정이라는 약속을 고귀하게 여기도록 양육했다. 호스쿨드는 이들과의 첫 만남에서 완벽한 학생이었다.

"네 아버지를 죽음에 이르게 한 이유가 무엇인지 너는 알고 있니?"
얄이 물었다.
"샤프-헤딘이 아버지를 살해했다고 알고 있습니다."
그 소년은 답했다. 그러나 그것을 또 다시 재론할 필요가
없다. 왜냐하면 완전한 배상과 더불어 모든 것이
해결되었기 때문이다.

악한들은 먼저 호스쿨드에게 그의 새 형제들(얄의 아들들)이 보복을 두려워하고 그를 죽이려고 음모를 꾸민다고 말함으로써 평화 정착을 방해하려고 시도한다. 호스쿨드는 신뢰와 합의의 정신을 고수하면서 흔들림이 없이 그리고

---

* 회복적 사법이란 범죄 행위로 인해 발생한 피해와 책임에 대해 피해자, 가해자, 사회공동체가 함께 참여하여 자발적인 합의를 통해 피해를 바로잡고 관계를 회복시키는 것이다.

"어떤 해를 끼치느니 차라리 이들의 손에 죽음을 맞이하겠다"라고 대답한다. 이들 악한은, 호스쿨드가 자기들을 배신하려 한다고 쉽게 믿으며 공격적이고 명예를 의식하는 얄의 아들들에게 의존한다. 호스쿨드는 그 같은 음모에 참여하기를 거부하고, 자신의 목숨보다 불화를 미연에 방지하는 것을 중시한다. 즉 "오히려 나는 다른 사람에게 고통의 원인이 되기보다는 나에 대한 보상이 이루어지지 않기를 바란다"라고 그는 말한다.

얄의 친아들들이 매복하여 호스쿨드를 살해한 이후, (호스쿨드는 신이 이들을 용서해 주기를 기도하고), 얄은 아들들의 새 형제인 호스쿨드에 대해 폭력을 행사함으로써 합의를 깨뜨리기보다는 이들 중 둘이 죽기를 바라면서 한탄을 하고 있다. 알싱기 회합에서 얄은 자신의 아들 **모두가** 죽기를 원한다는 점을 명확히 했다. 중재자들이 합의를 깨뜨리는 것이 고려될 수 없을 정도로 매우 비용이 많이 드는 합의를 설계했고, 이들은 모든 참석자에게 돈을 기부하라고 요구한다(이는 합의를 강제하는 것에 대해 공동체가 지지한다는 표시일 것이다). 얄은 좋은 부츠 한 켤레와 외투 한 벌을 선물하는 것으로 이 거래를 확정한다.

불가사의하게도, 청구인 플로시는 선물로 제공된 그 외투를 모욕으로 간주한다. 일부 비평가는 합의를 수용하는 것이, (비록 이 같은 해석에 의문이 제기되기는 했지만), 남성답지 않다는 의미에서 그것을 남녀공용의 옷으로 간주하고 있다. 여하튼 플로시가 (수염이 자라지 않았던) 얄의 양성성을 비난한 이후, 스카프-헤딘은 "[플로시와는 달리] 우리는 친척 중 그 누구도 복수하지 못하도록 하지 않는다"라고 플로시가 합의를 수용한 것을 강조해서 조롱한다. 그리고 다른 사람에게 합의 없이도 그의 죽음을 용서한다고 말하면서 자신의 명예를 버리기까지 한 얄의 위대한 제자 호스쿨드는 평화주의자 얄과 그의 대가족이 불에 타 죽는 원인이 되었다. 이들의 죽음은 합의가 아니라 살인으로 보상되었다. 그것은 남성적이고, 명예에 사로잡힌 전사가 저지른 복합적인 비극이다.

폭력은 무섭다. 폭력을 목격하는 것은 끔찍하며, 그것을 참는 것은 더욱 못할 일이다. 그러나 폭력이 멀어지거나 흔하지 않은 일이 된다면, 마치 오늘날의 산업화 사회에서 우리에게 대부분 그렇듯이, 폭력은 낭만이나 신비를 지닐 수도 있다. 이 노르웨이 문학들에 낭만적인 정서를 부여하는 것은 오류이다. 원래 바이킹 시대에 폭력은 혼돈과 배신으로 얽혀 있었으며, 그것을 헌신적으로 실행하는 신이나 인간은 모두 반사회적인 괴물로 여겨지기도 했다. 영웅 전설의 작가에게 개인의 남성다운 명예를 제공하거나 수호하는 수단으로서의 폭력은 실제적이고 빈번한 위험이었으며, 갈등의 공포를 통해 사회 질서를 전복시킬 수 있는 위협이었다. 노르웨이의 문학 작품을 읽을 때, 우리는 그것이 무차별적인 폭력을 단순히 조장하지는 않는다는 점을 기억해야 한다. 그것은 취약한 남성성의 손상과 관련하여 문화적으로 깊은 불안을 드러내며, 남성다운 공격성과 폭력을 적절하게 통제할 수 있는 세력, 즉 외국의 군주, 올바르고 현명한 여성과 남성 그리고 무엇보다 법률에 복속시키려고 한 문화적 프로젝트의 종국적인 실패를 한탄한다.

더 읽을 자료

『얄의 전설Njals saga』의 모든 인용문은 마그누스 마그누손Magnus Magnusson과 헤르만 팔손Hermann Palsson이 번역하여 펭귄 출판사에서 편집 출간한 판본에서 나왔다. 남성성, 권력 및 법률이라는 주제에 관해 언급할 내용이 많은 두 가지 영웅 전설을 지면 관계상 다루지 못한 점에 대해서는 유감으로 생각한다. 그것은 흐롤프스 영웅 전설 크라카(J. Byock, trans., *The Saga of King Hrolf Karaki*(New York: Penguin, 1999)처럼 영어로도 이용이 가능하다), 그리고 『코르마크와 서약한 형제들의 영웅 포스트브레슈라 전설Fóstbroeðrasaga』(L. M. Hollander, trans. and ed., *The Sagas of Kormák and the Sworn Brothers*[Princeton: Princeton University Press, 1949]이다. 여러분은 이 장 앞부분에서 내용을 약간 맛보았다.

노르웨이의 종교에 대한 광범위한 종합은 N. S. Price, *The Viking Way: Religion and War in Late Iron Age Scandinavia*(Uppsala: Department of Archaeology and Ancient History, Uppsala University, 2002)에서 이루어졌다. 영웅 전설 시대의 젠더에 관해서는 C. Clover, "Regardless of Sex: Men, Women, and Power in Early Northern Europe," *Speculum* 68. no. 2(April 1993)가 중요하고 이용 가능한 연구 결과물이다. 남성성과 언어적 공격에 관해서는 P. M. Sórensen, *The Unmanly Man: Concepts of Sexual Defamation in Early Northern Society*(Odense: Odense University Press, 1983)에서 논의되었다.

유혈의 복수 및 남성이 복수를 지속하도록 하는 조롱에 관해서는 William Ian Miller, "Choosing the Avenger: Some Aspects of the Bloodfeud in Medieval Iceland and England," *Law and History Review* 1, no. 2(Autumn, 1983), 159~204를 참고하기 바란다. 퍼블릭 미디벌리스트Public Medievalist사는 시리즈를 시작했다. "Gender, Sexism, and the Middle Ages," and G. Bychowsky, "Where there Transgender People in the Middle Ages?"(https://www.publicmedievalist.com/transgender-middleages/)에는 젠더에 관한 전근대의 개념의 유동성과 젠더의 행위에서 의상의 사회적 힘에 관해 자세한 설명이 나와 있다.

3.6

#신이원하는바이다

애덤 M. 비숍

무슬림에 대한 증오, 폭력 및 무관용에 관한 근년의 많은 담론의 중심에는 두 단어로 된 라틴어 경구 "신이 원하는 바이다Deus vult"가 있다. 소셜 미디어 플랫폼에서 #신이원하는바이다#deusvult는 극우 정치, 특히 반anti-이슬람 메시지와 결부되어 있다. 2016년 10월에 미국 아칸소주州의 모스크가 이 경구로 훼손되었으며, 2016년 11월 서던메인 대학교에는 이 경구가 스프레이로 쓰여 있었다. 유럽에서는 이 경구가 2016년 스코틀랜드의 한 모스크에서 등장했다. 가장 유명한 사건은 2017년 8월에 일어났다. 버지니아주 샬러츠빌의 백인 우월주의자 시위대 일부가 이 구호를 외치고, 이 구호가 적힌 플래카드를 들고 다녔다. 이 사건 관련 뉴스들은 '신이 원하는 바이다'라는 구호가 십자군과 결부되어 있다고 정확하게 전하고 있다. 자구적으로 그것은 '신이 원하는 바이다', '신이 바란다' 내지 '신이 의도한다'이지만, 영어로는 '신의 뜻이다'로 대개 번역된다.

　이 어휘들은 1095년 십자군 운동에서 바로 시작되었다. 1095년 11월에 교

황 우르바노 2세는 프랑스의 클레르몽(지금의 클레르몽페랑) 교회 공의회를 소
집했다. 11월 27일 우르바노가 행한 이 공의회 폐회 연설이 유명하다. 우르바
노는 그 연설에서 서유럽의 기독교도들에게, 당시 무슬림 셀주크튀르크의 공
격을 받고 있던 지중해 동부의 비잔틴 제국에 군사적 원조를 요청했다. 그리
하여 군사적 원정인 제1차 십자군 전쟁은 비잔틴 제국에 약간의 도움을 제공
했으나, 십자군은 훨씬 남진했고, 1099년 예루살렘을 정복했던 것이다.

　클레르몽에서 행한 우르바노 2세의 연설 기록은 일부 상충되는 내용이 있
어서 우르바노의 의도를 정확하게 파악하기 어렵게 되었다. 이를테면 역사가
들은 서로 다른 판본에 기초하여 교황의 원래 의도가 예루살렘 정복을 위한
원정이었는지 아닌지를 놓고 논쟁을 했다. 수도사 로베르의 서술에 따르면,
예루살렘이 처음부터 십자군의 목표였으며 기독교인들이 무슬림들에게 당했
던 것으로 추정되는 잔혹하고 끔찍한 사건의 자세한 내용에 따라, 우르바노의
연설 이후 청중은 자발적으로 "그것은 신의 뜻이다"라고 외쳤다. 클레르몽 공
의회에서의 이 이야기가 사실이든 아니든 간에, 십자군은 제1차 십자군 전쟁
은 물론 그 후 12·13세기의 십자군 전쟁에서도 '신이 원하는 바이다'를 전투
구호로 활용했다.

　오늘날 아마도 십자군 전쟁에 관심을 가진 사람이라면 누구나 이 경구에 친
숙할 것이다. 이 이야기는 대중적 이야기와 학문적 논의 모두에서 언급되고
있다. 이를테면 중세사가 스티븐 런시먼Steven Runciman이 1950년대에 집필한
십자군에 관한 매우 대중적이고 영향력 있는 역사서가 있고, 좀 더 근년에는
조너선 릴레이스미스Jonathan Riley-Smith나 토머스 매든Thomas Madden의 역사서가
있다. 이 경구는 대중문화에도 침투하여, 2005년에 상영된 영화 〈킹덤 오브
헤븐〉*과 매우 인기가 있었던 〈크루세이더 킹즈Crusader Kings〉**라는 비디오

＊　예루살렘 왕국의 기독교 세력과 이슬람의 아유브 왕조 세력이 정면충돌한 1187년 '하틴 전
　　투'의 모습을 영상화한 리들리 스콧 감독의 작품. 이 작품에서는 유럽인들이 난폭하고 잔인

게임 시리즈에서 등장했다.

이 경구는 백인 민족주의자, 백인 우월주의자, 신나치주의자 및 '극우 세력'
의 슬로건으로서 인터넷에서 또한 대중적이게 되었다. 이 집단들은 중세 전반
및 특히 십자군 전쟁을 좋아해 왔다. 지난 몇 년간, 중세 사가들은 이 점에 주
목하기 시작했고, 십자군 및 중세의 이념과 이미지의 남용에 대해 비판적인
목소리를 내기 시작했다. 일부 학자들은 중세 유럽이 백인 기독교도를 위한
유토피아와 같은 고향이었다는 백인 우월주의자의 인식을 비판했다. 오늘날
의 백인 우월주의자가 "한때 순수한 백인만의 유럽이 존재했으며, '다른' 유색
인종과는 대비되는 문화를 구축했다"라고 생각한다는 사실에 역사가 데이비
드 페리David Perry는 주목했다.

중세 유럽이 백인으로 구성된 동종의 사회가 아니었다는 사실은 명확하며,
페리와 '유럽 예술사에서의 유색인종' 텀블러 등은 이 같은 정보를 대중화하는
데 크게 기여해 왔다. 그러나 백인 우월주의자에게는 가상의 백인의 역사보다
"신이 원하는 바이다"라는 경구가 더욱 빈번하게 이용되고 있다. 중세 유럽인
들은 백인에 대해 일관된 인식도, 그리하여 피부색에 기초한 우월성에 대한
인식도 없었으나, 종교에 기초한 구분을 했다. 유럽인들은 유럽 전역에 걸쳐
기독교의 보존, 복원 및 확장에 매우 많은 관심을 기울였으며, 십자군의 시대
에는 근동 및 아프리카에서 기독교의 그 같은 활동에 또한 관심을 가졌다.

십자군 전쟁이 늘 무슬림에 대항하는 단일하고 단선적인 사건이자, 십자군
전쟁이 늘 이슬람교도를 겨냥한 운동이었거나 십자군 모두가 반이슬람적인
단일한 동기를 가지고 있었다는 인식에 대한 학문적인 비판도 일어났다. 유럽

하게 그려진 반면에, 이슬람 세력은 인간의 존엄과 평화를 추구하는 세력으로 묘사된다.
** 1066년부터 1453년까지의 중세 유럽과 중동 등을 배경으로 하는 대전략 게임. 여기에는
잉글랜드의 정복 왕 윌리엄, 이탈리아의 로베르토 기스카르, 비잔틴 제국의 알렉시우스 콤
네누스, 신성 로마제국의 프리드리히 바르바로사(붉은수염왕), 잉글랜드의 에드워드 3세
등의 군주들이 등장한다.

에는 다양한 목표를 가진 다양한 유형의 십자군 전쟁이 있었고, 때로는 다른 기독교도를 비판하는 십자군까지 있었으며, 중동에서의 전투에 참가한 십자군의 참여 동기가 다양했다는 사실은 확실하다.

기독교가 한때 전 로마제국, 즉 유럽, 중동 및 아프리카의 종교였다는 사실을 십자군들은 알고 있었다. 우르바노의 연설이 있기 얼마 전까지 로마 교회와 그리스 정교회는 서로 교감이 있었고, 이 두 교회가 통합되기를 신이 원한다고 십자군들은 생각했는데, 두 교회의 통합은 제4차 십자군 원정의 여파로 (일시적으로) 이루어졌다. 성지 예루살렘의 가장 중요한 기독교 성지들이 십자군 전쟁이 발발하기 거의 500년 전인 7세기에 무슬림에게 정복되었음에도, 십자군들은 한때 기독교인이 그 지역을 지배했다고 기억했다. 그들은 이 성지들이 기독교의 통치로 돌아가야 마땅하다고 믿었다. 그리고 그들은 대부분 유럽에 비기독교인인 적들이 있다고 생각했다. 말하자면 기독교가 전래되기 훨씬 전에 유럽에는 종종 유대인 공동체가, 스페인과 이탈리아 일부 지역에는 무슬림 공동체가, 북유럽이나 동유럽에는 이교도 공동체가 있었으며, 이들은 축출되고 정복되고 약탈되고 개종되어야 한다는 것이었다.

제1차 십자군 전쟁을 요청하면서 우르바노 2세는 자신이 신이 원하는 바를 결정한 유일한 사람이 아니라는 사실을 발견했다. 우르바노는 교회가 레반트 지역의 튀르크족에 대항하기 위한 군사적 원정에 비교적 잘 편재된 부유한 귀족 군대를 지휘하리라 기대했다. 그러나 1096년 제1차 십자군 전쟁에는 '대중 십자군 전쟁'이라는 대중적인 운동이 선행되었다. 이 십자군들은 라인강 남쪽을 따라 이동하면서 발견한 유대인 공동체를 공격하는 것이 신이 뜻이라고 확신했다. 그 이후 거의 모든 십자군 전쟁에 유럽의 유대인에 대한 공격이 필연적으로 수반되었다. 교회와 세속 당국자들은 십자군의 공격으로부터 유대인 공동체를 늘 보호하고자 했으나, 대중 십자군 전쟁의 참가자의 마음속에서 유대인은 무슬림 못지않은 기독교의 적이었다.

'신이 원하는 바' 등의 모호한 인식은 클레르몽 공의회 참석자들이 생각했던 것보다 훨씬 더 많은 사람을 상대로 십자군 전쟁을 시작하는 데 손쉽게 전용될 수 있었다. 십자군 전쟁은, 13세기 프랑스의 이단을 진압하기 위해 교회가 주도한 알비파Albigensian 십자군 전쟁과 같이, 이단으로 간주된 서유럽의 기독교도에 대해서도 요구될 수 있었다. 십자군은 교회에서 비판했던 군사적 행위를 통해서도 비잔틴 제국의 동료 기독교도를 공격할 수 있다고 생각했다. 모든 십자군 전쟁은 비잔틴인과 갈등을 빚었으며, 심지어 제1차 십자군 전쟁에서 애초에 튀르크족에 대항하기 위해 비잔틴 제국을 지원하기로 계획했을 때까지도 비잔틴인들과 충돌했다. 제4차 십자군 전쟁은 비잔틴 제국의 수도 콘스탄티노플을 정복하고, 제국을 일시적으로 파괴할 정도로 경로에서 심각하게 이탈했다.

전문 역사가들에게는 백인 우월주의자가 십자군 전쟁과 중세로부터 이미지를 활용하고 이를 남용하는 것을 비판할 만한 이유가 충분하다. 하지만 백인 우월주의자들이 십자군 전쟁을 참으로 오해하고 있는가? 우리는 이들 백인 우월주의자의 글과 주장을 통해 오늘날 이들이, 전 세계에서는 아니더라도 최소한 유럽과 북아메리카에서 이슬람을 제거하고 싶어 한다는 사실을 인식하게 된다. 2017년 샬러츠빌에서 이들 백인 우월주의자 시위대가 외친 구호를 통해서, 그들은 백인이 아니라고 생각되는 다른 유색인종이 자기들을 어떻게든 '대체'할까봐 두려워한다는 것을 우리는 알 수 있다. 기독교도 백인만으로 구성된 헝가리의 아소탈롬이라는 촌락에서 주택을 판매하는 이른바 '국제 성전 기사단'과 마찬가지로, 전반적으로 백인 우월주의자는 과거에 틀림없이 존재했었다고 믿는 기독교의 유토피아를 재건하고 싶어 한다.

이 같은 의미에서 이들 백인우월주의자는 '신이 원하는 바이다'를 오용하고 있는 것이 아니다. 백인우월주의자가 사용하는 이 경구는 원래의 의미와 완전히 일치하고 있다. 십자군은 무슬림을 살해하고 기독교의 지배를 복원하거나 보존하기를 신이 원한다고 진정으로 생각했다. '신이 원하는 바이다'라는 구호를 외치는 시위대에게는 십자군들이 인식하지 못한 또 다른 의제, 즉 백인 우월주의가 있다는 것은 사실이다. 그러나 "신이 원하는 바이다"라는 슬로건을 활용하고 이해하는 데에서 십자군들은 오늘날의 백인 우월주의자들과 공동의 근거를 확실히 발견했을 것이다.

중세의 유럽인들이 십자군 전쟁에 참여한 진정한 이유가 무엇인지에 대한 학문적 논의가 지난 수십 년간 있었다. 적어도 전문 역사가들 사이에서 이 같은 논쟁은 스티븐 런시먼의 논지에 대한 반발의 성격도 어느 정도 있었다. 런시먼은 십자군이 비잔틴 제국과 이슬람 세계라는 우월한 문명을 파괴하고자 한 야만인일 뿐이라고 묘사했던 것이다. 런시먼 세대의 역사가들은 십자군을 보다 부유한 동방에서 개인적인 이득에만 관심을 가진 폭력적인 광신도이자 용병으로 종종 이해했다. 이는 대중적인 (그리고 지금은 오류로 판명된) 다른 이론과 맞아떨어졌는데, 즉 십자군 전쟁에 매우 빈번히 참여한 중세 유럽인들은 부친의 재산을 상속받을 기회가 없었고, 서로 전쟁을 치르는 것 외에는 기대할 것이 없었던 유럽 귀족의 차남들이었다는 이론이 그것이다. 그러므로 교회는 이들을 규합했으며, 성지 예루살렘을 정복하기 위해 이들을 파견했다는 것이다.

이 시나리오들은 오히려 단순하며, 그리고 십자군에 참여한 진정한 동기를 발견하기 위해 수십 년 이상 이루어진 근년의 연구는 다른 흥미로운 개연성을 제기했다. 십자군 참여자의 동기에 관한 오늘날의 이론은 개인적인 경건함 내지 가족의 전통 등에 초점을 맞추고 있다. 오늘날 종종 주장되듯이, 십자군 운동은 죄의 결과 및 신의 용서의 필요성에 대한 관심을 강조하고 있고, 광범위하게 확산된 종교적 태도와 결부되어 있었다. 그러므로 십자군 전쟁은 순례자로서 종교적 헌신의 행위 및 성지에 헌물을 제공하는 것과 밀접하게 결부되어 있었다. 만약 가족 구성원 한 사람이 십자군 전쟁에 참여했다면, 그 이후 이들의 친척과 후손은 다른 사람들보다 십자군 원정에 더 많이 참여했을 것이다. 일부 사람들은 성지를 상실한 것에 감정적인 괴로움을 느껴서 십자군 전쟁에 가담했다. 십자군 운동은 폭력적인 광신주의 내지 물질적 부의 추구 그 이상의 것으로, 개인적인 헌신에 기초한 중세 기독교도의 매우 전형적인 믿음이자 관행의 연장이었다.

비전문가가 이 글을 읽게 되면, 이 글은 십자군 전쟁과 개별 십자군을 '복원' 시키고, 오늘날의 백인우월주의자 집단이 이를 남용하도록 문을 열어주는 것처럼 보일 수 있다. 오늘날의 중세 사가들이 제기한 '신이 원하는 바이다'의 복원으로부터 유래된 잘못된 신앙의 논쟁은 다음과 같다. 즉 **만약 십자군이 자신의 세계관에 따라 올바른 것을 바로 행하는 기본적으로 경건한 대중이었다면, 그렇다면 그 같은 의구심의 도덕적이고 주관적인 동일한 이점이 신나치주의자에게 확대되어서는 안 되는 이유는 무엇인가?** 우리는 그 같은 의구심의 이점을 기꺼이 나치주의자에게까지 확대하지 않고 있으며, 그래서 우리가 이를 십자군에 확대하는 이유는 무엇인가?

이 같은 논지에 대한 비판은 다음과 같다. 즉 십자군 전쟁과 관련하여 역사가가 아닌 사람에게 모호한 다른 여러 측면이 있다는 것이다. 신나치주의자가 이 양상들을 알지 못하거나 그것들에 관심을 기울이지 않거나, 이들이 단지 이해하지 못하는 그런 측면이 있다. 십자군 원정은 수 세기 동안에 여러 대륙에 걸쳐 일어났으며, 보다 폭넓은 역사적 맥락에서 볼 때 기독교와 이슬람교라는 두 종교 간의 단순한 전쟁을 훨씬 뛰어넘는 사건이었다. 제1차 십자군 전쟁이 가져다준 매우 예외적인 결과 중 하나는 근동에 유럽식의 왕국(이른바 '예루살렘의 라틴 왕국')이 창설된 것이었다. 근동에 머문 십자군들, 그들의 후손 및 그곳에 정착한 유럽인들은 무슬림, 유대인 및 근동의 기독교도라는 훨씬 많은 인구 속에서 제대로 작동하는 사회를 수립하는 데 지속적인 전쟁과 폭력이 유용하지 않다는 사실을 곧 발견했다.

거의 200년간 존속한 예루살렘의 라틴 왕국은 거기에 거주했던 다양한 사람들의 혼합체였다. 이는 결코 서유럽의 고유한 양상이 아니었다. 이를테면 중세의 스페인과 시칠리아에는 라틴 왕국과 마찬가지로 다양한 사람이 살고 있었다. 클레르몽 공의회에 관한 사료 작성자 중 하나인 풀셔 샤르트르*는 제

1차 십자군 전쟁 이후 "서구인이었던 우리가 이제 동방인이 되었다"라는 사실에 주목했다. 이는 십자군이 수립한 국가가 근대적 기준의 다문화적인 유토피아였다고 주장하려는 것이 아니다. 무슬림은 노예가 되었고, 분리는 법률적 규범이었다. 어떤 점에서 십자군이 유럽 식민주의의 매우 때 이른 형태였다는 주장이 제기되었다. 그러나 십자군이 수립한 국가에서 생활하고 거주한 유럽의 후손은 근동의 토착민과 더불어 생활했고, 노동을 했으며, 교역을 했다. 그 후손은 새로운 언어를 습득했고, 동방의 기독교인과 혼인을 했으며, 상대방의 문화를 서로 차용했다. 유럽 정착민은 유럽에서 십자군으로 도착한 새로운 사람과 '신이 원하는 바이다'라는 경구를 다르게 해석하여 발전시켰다. 유럽에서 새롭게 도착한 십자군은 때로 전쟁을 하고 무슬림을 죽이는 것 외에는 아무것도 원하지 않았고, 성지에서 어떻게 혼합된 사회가 발전했는지를 이해할 수 없었다. 심지어 중세에는 다문화 사회에서 생활한 사람과 그 같은 사회를 파괴하려던 새로운 십자군 간에 분열이 있기도 했다.

명백한 이유로, 십자군 전쟁사의 이 요소들은, 십자군이 백인 우월주의자들에 의해 대개 표출되고 수용되듯이, 십자군 이야기의 핵심이 아니다. 사실상 십자군의 중요한 국경 및 정착을 무시하는 오늘날의 증오 집단은 동방의 정착자들이 유럽의 정체성을 상실하고 지나치게 '동방화되었으며' 지나치게 부패했다고 불평을 토로한 중세의 일부 십자군의 태도를 반복하고 있다. 그리고 중세 유럽의 기독교적 서술에서 예루살렘의 라틴 왕국이 서유럽의 기독교적 정체성을 상실했다는 논지는 미국의 백인 우월주의자들의 주장과 유사하다. 이들 우월주의자는 이민 및 진보 정치로 인해 미국이 유럽의 백인 및 기독교 유산을 상실했다고 주장하고 있다. 이는 십자군의 '신이 원하는 바이다'라는 슬로건의 채택에 더 큰 반향을 불러일으킬 수도 있다.

---

* 약 1059~약 1129. 프랑스의 사제로서 제1차 십자군 전쟁에 참여했으며, 제1차 십자군 원정에 관한 중요한 사료인 『예루살렘 원정사』를 집필했다.

십자군 전쟁은 수 세기 이상 세 대륙에 광범위한 영향을 미친 중세사의 복합적인 운동이다. 십자군 전쟁이 단 하나의 이유로 일어난 단일한 전쟁으로 환원될 수 없다는 역사가들의 주장은 옳다. 그러나 십자군 전쟁이 복합적이었다는 사실은 백인 우월주의자가 십자군 이미지를 남용하는 것을 반박하기에 충분하지는 않다. 오늘날의 백인 우월주의자는 십자군 전쟁이 복합적인 운동이었다는 것을 우리만큼이나 잘 알고 있다. 십자군 전쟁을 독려하고 거기에 참여하여 실제로 전투에 참여한 많은 중세인들은 교황으로부터 귀족 출신 군사령관과 대중운동의 지도자에 이르기까지, 십자군 전쟁을 양립할 수 없는 문명 간의 충돌로 간주했다는 것을 우리는 잊으면 안 된다. "신이 원하는 바이다"라는 구호를 외치고 기사 복장을 하고 십자군의 깃발과 현수막을 들며 자신을 무슬림과 싸워 기독교 유럽과 북아메리카의 백인의 유산을 지키는 성전기사단이라고 생각하는 백인 우월주의자들 또한, 우리가 문명의 충돌에 휘말렸다고 믿는다. 중세 십자군과 더불어 훨씬 많은 공통의 근거를 발견하고 있는 이들은 중세의 십자군의 믿음을 전적으로 잘못 표현하고 있는 것이 아니다.

더 읽을 자료

유럽의 십자군 사회였던 성지 예루살렘에서의 다양한 생활상에 관한 정보에 관해서는 *Tolerance and Intolerance: Social Conflict in the Age of Crusades*, edited by M. Gervers and J. M. Powell(Syracuse, N.Y.: Syracuse University Press, 2001)과 Ronnie Elenblum, *Frankish Rural Settlement in the Latin Kingdom of Jerusalem* (Cambridge: Cambridge University Press, 1998)을, 그리고 논문집인 Benjamin Z. Kedar, *Franks, Muslims, and Oriental Christians in the Latin Levant*(Aldershot: Ashgate, 2006) 및 *The Franks in the Levant, 11th to 14th Centuries*(Aldershot: Ashgate, 1993)를 참고하기 바란다.

개별 십자군의 원정 참여 동기에 관한 논의는 Jonathan Riley-Smith, "The motives of the earliest crusaders and the settlement of Latin Palestine, 1095-1100," *The English Historical Review* 98(1983)를 참고하기 바란다.[*]

---

[*] 한국의 저서 및 국역본으로는 아민 말루프, 『아랍인의 눈으로 본 십자군 전쟁』, 김미선 옮김(아침이슬, 2002); W. B. 바틀릿, 『십자군 전쟁: 그것은 신의 뜻이었다』, 서미석 옮김(한길사, 2004); 김능우·박용진, 『기독교인이 본 십자군, 무슬림이 본 십자군』(서울대학교 출판문화원, 2020); 남종국, 「신의 이름으로, 십자군 전쟁」, 『중세를 오해하는 현대인에게』(서해문집, 2022, 103~107쪽) 등이 있다.

3.7

이단이라고 인정하세요

J. 패트릭 혼벡 2세

2015년 10월 미국의 가톨릭 지식인들은 로스 다우덧Ross Douthat과 마시모 파지올리Massimo Faggioli 간의 온라인 언쟁에 관해 정말로 문자 그대로 트위터(재잘거림)였다. 다우덧은 자칭 보수주의자이자 《뉴욕 타임스》 칼럼니스트였으며, 당시 파지올리는 미니애폴리스의 세인트토머스 대학교 신학 교수였다. 다우덧은 「가톨리시즘*을 바꾸려는 음모」라는 칼럼에서, 이혼한 이후 곧이어 세속적으로 재혼한 가톨릭교도의 영성체 참석을 금지하는 가톨릭교회의 불변의 정책을 교황 프란치스코가 변경하려고 시도한다고 비난했다. 다우덧은 "가톨릭교도로서 나는 그 같은 음모가 종국적으로 실패할 것이라 기대한다. 교황과 역사적 신앙이 긴장관계에 있는 것처럼 보이는 곳에서, 나는 신앙의 편에 서 있다"라고 주장했다. 파지올리는 다우덧의 칼럼이 신문에 게재된 날에 응수했다. 그는 그 기사에 대해 "다우덧이 가톨릭 신학의 핵심에 대해 무지하다는 사

---

* 가톨릭교회의 전통과 신앙을 비롯하여 신학, 제식, 도덕, 영성 등을 아우르는 용어이다.

실에 간담이 서늘할 뿐이다"라고 트위터에 글을 남겼다. 고조된 이들 간의 입씨름은 다우덧이 파지올리에게 "이단이라고 인정하세요"라고 말하면서 끝을 맺었다.

진보적인 가톨릭교도들의 격렬한 항의는 신속했다. 파지올리 및 이심전심으로 통한 일군의 신학자들은 《뉴욕 타임스》의 편집자에게 "가톨릭교회의 다른 구성원을 이단이라고 종종 교묘하게 또는 공개적으로 비난하는 것은 그런 비난을 받는 사람에게 중대한 결과를 초래할 수 있는 심각한 문제"라고 주장했다. 예수회 소속의 작가 제임스 마틴James Martin*은 다우덧에게 "이단과 같은 말을 내뱉을 때에는 신중하세요. 이것은 극단적으로 엄청난 비난이자 이번 사례에서의 그 말은 근거가 없습니다"라고 경고를 했다. 이제 우리가 보게 되겠지만, 이단에 대한 초기의 비난에는 화형 집행이라는 직접적인 위협이 내포되어 있었다. 심지어 20세기 및 21세기 초엽에도, 이단 및 종교적 이견에 관한 주장은 신학자의 이력을 파탄 냈고, 남녀 신자가 자신의 소속 교단에서 회원 자격을 잃게 했으며, 가상의 종교적 음모자에게 공개적인 수모를 가했다. 그럼에도 다우덧은 자신의 주장을 철회하지 않았다. 후속 칼럼에서 그는 "때가 되면, 가톨릭적인 거의 모든 무엇이 바뀔 것이다"라는 입장을 취하는 진보적인 가톨릭 신자들을 비난했다. "나는 이단이라는 용어의 합리적인 정의에 의해 그 같은 견해가 이단처럼 들린다고 그대들에게 공개적으로 그리고 명확하게 말하고자 한다"고 다우덧은 이전보다 비난을 배가했다.

하지만 정확하게 무엇이 이단인가? 이단heresy이라는 어휘는 그리스어의 하이레시스hairesis에서 왔는데, 이는 '개인적으로 선택하거나 선정한다'는 뜻의 동사의 명사형이다. 기독교의 초기 두 세기 동안, 이단이라는 어휘는 한 학파

---

* 1960~. 미국 예수회 소속의 신부이자 작가. 『거의 모든 것에 대한 예수회의 지침』, 『예수: 순례자 그리고 성인들과 함께하는 나의 삶』 등의 베스트셀러 작가이기도 하다. 2017년 교황 프란치스코에 의해 교황청 홍보국의 자문위원으로 임명되었고, 성소수자를 위한 활동에도 참여하고 있다.

와 같은 무엇을 지칭하는 중립적인 용어에서 매우 부정적인 함의를 지닌 용어로 발전했다. 2세기 중엽에 하이레시스는 매우 특정한 부류의 선택을 의미했다. 말하자면 잘못된 선택, 즉 교회 당국자들이 공인한 신앙에서 벗어난 신앙의 선택을 지칭하게 되었다. 교회의 이 공식적인 가르침들은 '정통 교리'(문자 그대로 풀면 '올바른 믿음')로 부르게 되었고, 교회 지도자들은 이 가르침들이 예수로부터 초기의 예수 추종자들에게로 전수되었으며 마침내 스스로를 사도들의 후계자로 생각한 당시의 주교들에게까지 전수되었다고 주장했다.

　기독교 초기의 문헌은 이단과 정통 교리 간의 첨예한 갈등을 단호하면서도 때로는 종말론적인 용어로 서술했다. 이를테면 2세기의 주교 이레나에우스 리옹은 『이단 반박론』에서 영지주의와 이단적 신앙의 계보를 비판했다. 정통 교리의 가르침이 예수로부터 당시의 교회로까지 전달되었듯이, 성서의 악한 시몬 마구스Simon Magus*에까지 거슬러 올라가는 이단은 악마적인 계승 과정을 통해 그렇게 전달되었다고 이레나에우스는 지적했다. 비교적 그 실체가 모호한 에피파니우스 살라미스로부터 영향력 있는 아우구스티누스 히포에 이르기까지의 지식인들은 이단 목록을 수집했고, 다양한 부류의 잘못된 믿음을 확인하고 범주화했다.

　그리고 교회 공의회는 경계를 벗어난 몇몇 신학적 견해를 암묵적으로나 명시적으로 규제한 신조를 채택했다. 325년에 개최된 니케아 공의회는 오늘날 대다수 기독교회에서 지속적으로 사용하게 될 신조를 수정된 형태로 수용했다. 어떤 교회도 니케아 공의회가 인증한 최종 결정을 유지하기가 쉽지 않았다. 이를테면 "그러나 '그가 존재하지 않았던 때가 있었다'고 말하는 사람들. 그리고 '만들어지기 이전에 그는 존재하지 않았다'", 그리고 "'그는 무로부터 창조되었다'거나 '그는 또 다른 실체 내지 본질로부터 유래한다'"라거나 "신의

---

* 신약성서 「사도행전」 8장 10절에 등장하는 이른바 '마술사'로서, 그의 교리는 후대에 영지주의로 발전된 것으로 알려져 있다.

아들은 피조되거나 '변할 수 있거'나 '바뀔 수 있다'"라는 등의 이 모든 주장은 거룩하고 사도적인 가톨릭교회에서 정죄되었다. 정통 교리를 신봉하던 교회의 지도자들은 이 모든 견해를 이집트의 사제 아리우스Arius*의 추종자와 결부시켰다. 어느 학자의 표현에 따르면, 아리우스는 '전형적인' 이단이었다.

오늘날의 신학자들은 이단으로 낙인이 찍히게 된 대다수 교리가 논쟁적인 질문에 대해 경쟁적으로 답하는 과정에서 시작된 것이라고 우리에게 반복적으로 환기시켜 준다. 예를 들어 아리우스에 대한 정죄는 3세기와 4세기 초엽에 기독교 사상가들 사이에서 성부 신과 예수 그리스도와의 관계에 관한 대담한 논쟁에서 대두했다. 오늘날 다수의 기독교도에게 그리스도가 성부의 신과 마찬가지로 신성하다는 것은 자명하다. 즉 성부와 예수 그리스도는, 니케아 신조에 천명되어 있듯이, '하나의 본질'에서 유래한다. 그러나 니케아 공의회 이전에 (그리고 심지어 이후에도) 초기 기독교도들은 성부와 성자에 관해 다양한 견해를 가지고 있었다. 아리우스는 매우 논쟁적인 개념을 발전시킨 것으로 보이는데, 그리스도가 성부 하나님의 최초의 피조물이며, 이는 기독교도들이 유대교로부터 유산으로 물려받은 유일신을 보존하고자 하는 열망에서 비롯되었다는 것이다. 아리우스는 소통에 능한 사람이었다. 그는 다수의 추종자를 확보했으며, 반대자에게는 자신의 입장을 보다 명확하게 정의하고, 방어하도록 고무했다. 신학적 요소와 정치적 요소가 결합됨으로써 아리우스는 결국 실패하고 말았다. 이 같은 결합은 4세기에 자신이 법률적으로 인정을 한 기독교라는 새로운 신앙 내에서의 믿음의 통일을 확고히 하려던 로마제국의 황제 콘스탄티누스의 열망과 주로 결부되어 있었다. 이와 마찬가지로 역사에 이단으로 기록된 다른 기독교 사상가들은 대안적인 신학적 견해를 구축했으나, 권력자들은 종국적으로 이를 거부했다.

---

* 250?~336? 아리우스는 그리스도의 신성을 부정하고 인성만을 인정함으로써 가톨릭교회의 3위 일체설에 도전을 했으며, 325년 니케아 공의회에서 이단으로 정죄를 받았다.

중세에는 이단에 관한 논의가 현저히 사법적인 형태, 말하자면 법률적인 성격을 띠게 되었다. 그 성격에서 여전히 신학적인 이단의 범주는 서구 교회에서 교회 법정의 일원이었던 교회법학자들이 주로 정의하고, 감시했다. 교회법학자 중 한 사람인 그라티아누스가 12세기에 편찬한『교회 법령집』에는 이단에 관한 제롬의 정의가 다음과 같이 인용되어 있다. "이단이란 그리스어로부터 유래하는 '선택'을 의미하며, 말하자면 최선의 가르침이라고 여기고 선택한 사람의 선택이다." 13세기의 잉글랜드 신학자이자 주교였던 로버트 그로스테스트Robert Grosseteste는 이단을 "성서에 반하는 인정적 인식으로 선택되고, 공개적으로 선언되며, 완고히 옹호되는 견해"라고 제롬과 유사하게 정의했다.

적어도 11세기부터 프로테스탄트의 종교개혁기에 이르기까지 이단이 오늘날 우리가 로마 가톨릭교회라고 부르는 교회 법정에 기소된 범죄였다는 사실이 과장되어서는 안 된다. 유죄를 선고받은 이들에게 가해진 처벌에는 화형을 포함한 무서운 형벌이 수반되었다. 그 숫자를 정확하게는 알 수 없지만, 이단이라는 죄목으로 중세 유럽인 수백 명이 화형을 당했다(그러나 대중의 상상처럼 수천 명 내지 수만 명이 화형을 당하지는 않았다).

교회 당국과 세속의 지배자는 이단의 기소에 협업을 했다. 교회 법정은 피고의 출석을 강제할 수 있는 국지적 지배자에게 의존할 수 있었다. 이들 피고는 때로는 동료 신자에 의해 법정에 '보고되었으며', 조사로 알려진 심문 과정에서 혐의가 확인되는 경우도 있었다. 피고가 법정에 출석하게 되면, 법정의 관리는 구체적인 혐의 목록을 낭독했다. 아마도 피고는 교회의 가르침에 반하는 무엇을 주장한다는 이야기를 들었을 것이다. 피고는 교회로부터 인정을 받지 않은 가르침이 담긴 문헌을 읽는 등 금지된 관행에 관여한 것으로 아마도 목격되었을 것이다. 아마도 피고는 알려진 이단 무리와 함께 있는 것이 단지 눈에 띄었을 것이다.

피고에게 선택의 여지는 비교적 거의 없었다. 만약 피고가 이전에 이단으로 기소되었다면, '재범의' 이단자로서 곧바로 화형을 당했을 것이다. 초범의 피고라면 자신이 오류를 범했다는 사실을 인정하고, 용서를 구하며, 피고의 인성에 대한 증인으로서 자신을 변론할 몇몇 명사의 이름을 부름으로써 결백을 주장하거나 기소된 이단적인 신조나 관행을 공개적으로 수용했을 것이다. 우선 교회 법정에서 피고에게 한두 가지의 참회를 부과하는 것이 일반적이었다. 그 같은 참회는 공개적인 수치로부터 벌금이나 피고에게 그 지역에서의 이동을 금하거나 다른 사람과 접촉하지 못하도록 하는 규제에 이르기까지 다양했다. 교회 법정은 [이단적 관행을] 고백하거나(당시의 어휘로는 '포기한') 피고에게 이단적 행위를 했다는 사실을 알리기 위해 식별 표를 착용하거나 몸에 낙인을 매우 종종 요구하였다. 일부 피고는 다른 사람의 증언을 통해 자신의 결백을 주장할 수 있었다. 비교적 공개적으로 저항하거나, 거의 확실히 뒤따를 사형을 선고받은 사람은 거의 없었다. 성직자가 피를 흘리게 할 수는 없다고 주장되었기 때문에, 두 번째로 기소되거나 완고한 사람으로 선언된 피고들의 형집행은 세속의 지배자에게 넘겨졌다.

중세 말기 잉글랜드에서의 이단 재판은 전 유럽적인 역동성을 상징적으로 보여주었다. 1370년대 말에, 옥스퍼드 대학교의 철학자이자 신학자였던 존 위클리프는 화체설, 교황권 그리고 프란체스코 탁발 수도회 및 도미니크 탁발 수도회의 지위 등에 대한 비판을 포함한 여러 논쟁적인 주제를 옹호함으로써 널리 알려지게 되었다. 동시에 위클리프는 성서의 영어 번역을 장려했으며, 영국의 농촌 전역에 흩어진 공동체에 교회에 비판적인 이념을 확산시킨 설교자를 고무했다(그러나 성서 번역과 관련하여 위클리프는 프로테스탄트 전설의 세기들과는 달리 개인적으로 성서 번역을 추진하지는 않았으며, 설교자와 관련하여 개인적으로 이들 설교자를 대대적으로 조직하려고 하지 않았다). 유럽의 다른 왕국들에 비해 잉글랜드는 중세에 이단을 기소하는 문제에서 비교적 자유로웠으며, 그리하여 교회 당국자들이 자신의 명성을 보존하기 위해 위클리프와 그 추종자들에게 강제적으로 대응한 것은 일부에 지나지 않았다. 교회 당국자들은 위클리프 추종자들을 '롤라드파'라고 명명했다(이는 모호한 용어의 남용으로서, 이단에 대한 유럽 대륙에서의 군사적 원정에서 유래했으며, 본래 의미는 '배회하는 사람들' 내지 '중얼거리는 사람들'과 유사한 무엇이었다). 교회 승인 없이 평신도를 위한 [유럽 토착어로의] 성서 번역과 종교 관련 문헌의 제작이 금지되었다. 위클리프와 그의 추종자들은 대부분 대학에서 강제로 퇴출되거나 자신의 견해를 철회할 수밖에 없었다. 의회는 이단의 경우 사형을 내리는 법률을 채택했다. 그리고 14세기 말엽과 16세기 초엽 사이에는 약 700건의 이단 재판이 있었다. 아마도 기소된 사람들 열 명 중 한 명만이 자신의 신앙을 포기하지 않고, 화형을 당했을 것이다. 이단 동료들의 절대 다수는 고해와 참회를 선택했고, 단지 이들 중 극소수만이 재판에 두 번째로 회부되었다.

오늘날 단지 종교적으로 극단적인 광신자만이 심지어 자신의 신학적 확신을 위해 한 명의 죽음조차도 많은 것이라고 주장한다. 하지만 만약 중세의 이단 재판이 비교적 드물고 게다가 사형 선고가 이보다 희소했다면, 적어도 영어권 국가들에서의 화형장의 유령이 중세에 관한 대중적 인식에 계속해서 자리를 잡고 있는 이유를 우리는 생각해 볼만하다. 확실히 유럽의 다른 지역들에서 이단에 대한 군사적 진압은 훨씬 폭력적이었다. 즉 13세기 초엽의 알비파* 십자군 전쟁으로 수천 명이 목숨을 잃었으며, 15세기로부터 18세기에 이르는 스페인의 종교재판은 종교사에서 특히 수치스러울 정도로 잔혹했다. 그러나 잉글랜드에서는 이단 피고인으로서 고통을 겪은 사람이 많지 않았던 반면에, 이들의 유산은 중세 이단에 관한 초기 프로테스탄트 역사가들의 매우 효율적인 수사rhetoric로 형성되었다. 이를테면 존 베일**과 존 폭스*** 등은 로

---

* '완전한 자'를 의미하는 카타리파 이단의 추종세력으로, 프랑스의 남부 툴루즈 지방의 알비에 정착하면서 알비파로 알려졌다. 마니교적 이원론에 입각한 알비파는 그리스도를 신적 영으로만 이해했고, 물질을 악으로 간주하여 교회의 재산과 성직자의 권한을 비판했다.

** 1495~1563. 잉글랜드의 주교이자 문인으로 종교개혁 논쟁의 논객이기도 했다.

*** 1516 혹은 1517~1587. 잉글랜드의 역사학자로서, 『순교자 열전』을 썼다.

마 교회의 탄압을 받은 사람들을 개혁 운동의 선구자로 인식하려고 했다. 베일은 위클리프에게 '종교개혁의 샛별'이라는 명예로운 이름을 부여했으며, 폭스의 『순교자 열전』은 중세의 성직자를 피에 굶주리고 탐욕스러우며 악마와 같은 존재이자 복음의 적이라고 묘사했다. 수 세대의 프로테스탄트들은 팸플릿, 설교, 교회 학교에서의 가르침 및 역사 서적에서 로마 교황청 및 로마 교회의 고위성직자에 대한 이 같은 이미지를 만났다(물론 이단에 대한 비난과 처벌 그리고 심지어 사형이 프로테스탄트 교회의 역사에서도 없지 않았다는 사실에 주목할 필요가 있다. 이 같은 맥락에서 볼 때, 17세기 식민지 시대의 미국 매사추세츠주 살렘이라는 도시에서 있었던 유명한 마녀 재판은 초기 미국사의 매우 몽매한 시기의 사건으로 종종 이해되고 있다. 중세적 관점에서 볼 때, 이 재판은 고유의 이단 재판이라기보다는 마법에 관한 재판이었다).

그리하여, 로스 다우덧이 파지올리에게 "이단이라고 인정하세요"라고 비난했을 때, 그는 비난을 받은 사람의 삶에 결과적으로 영향을 주는 이 개념을 환기하고 있었다. 오늘날 로마 가톨릭의 교회법에서는 이단이 죄이며, 이단에 대한 로마 가톨릭교회의 공식적인 정의는 로버트 그로스테스트의 정의와 유사하다. 즉 "이단은 신성한 가톨릭의 신앙으로 믿게 된 어떤 진리의 세례를 받은 후에 [그 신앙을] 완고하게 부정하거나 완강하게 의심하는 것"이라고 가톨릭교회는 정의한 것이다.

다행히도, 이단에 대한 탄압은 근년의 가톨릭의 역사에서는 거의 찾아볼 수 없으며, 1826년 스페인의 종교재판소는 유죄판결을 받은 이단에 대해 마지막 사형 집행 명령을 내렸다. 그러나 잠재적으로 무서운 결과를 지닌 이단 재판이라는 법률적 기재가 폐기되었던 반면에, 이단은 교회의 수사에서 그 나름의 위상을 지니고 있었다. 로마 교황청의 핵심 부서인 신앙교리성은 감찰성성을 대신하게 되었다. 특히 교황 요한 바오로 2세(1978~2005)와 베네딕토 16세(2005~2013) 시대에 신앙교리성은 교회의 가르침을 변론하고 자유주의 신학자들의 견해를 적극 비판했다. 이들 자유주의 신학자 가운데에는 레오나르도 보프,[*] 혼 소브리노,^{**} 윤리학자 찰스 쿠란,^{***} 마거릿 팔리,^{****} 종교 간의 대화 이론가인 자크 뒤피,^{*****} 친親성소수자 활동가인 제닌 그리믹[*]과 로버트 누겐트^{**} 등이 있다. 신앙교리성으로부터 징계를 받은 오스트레일리아의 사제 폴 콜린스^{***}는 신앙교리성을 '현대판 종교재판소'라고 명명하기도 했다. 교황 요한 바오로 2세와 베네딕토 16세 시대에 신앙교리성이 내린 처벌에는 신학교수의 교수직을 박탈하고, 사제와 수녀를 교단으로부터 축출하고, 개인이 가톨릭 단체에서 일할 수 있는 자격을 박탈하는 것 등이 포함되었다.

하지만 현 교황 프란치스코하에서 신앙교리성의 위상은 약화되었다. 현재 신앙교리성은 프란치스코 교황이 신설한 바티칸의 여러 조직보다 그 위상이

---

* 1938~. 브라질 출신의 남미의 대표적인 해방신학자. 『교회, 카리스마 및 권력』(1984)이라는 저술로 저술금지 등의 규제를 받았으며, 1992년 사제직을 포기했다. 그의 저술들 가운데 『해방하는 은총』, 『구원과 해방』, 『성사란 무엇인가』 등이 우리말로 번역 출간되었다.

** 1938~. 스페인 출신의 해방신학자. 레오나르도와 함께 남미의 대표적인 해방신학자로 평가받고 있다. 2007년 신앙교리성은 그의 교리와 가르침이 이단적이라고 선언했다. 그의 저술들 가운데 『해방자 예수 그리스도』가 우리말로 번역 출간되었다.

*** 1934~. 미국의 로마 가톨릭 사제이자 도덕 신학자로서, 서던메소디스트 대학교의 명예 교수. 그는 혼전 성관계, 피임, 이혼 등과 관련하여 로마 가톨릭의 교리를 비판하는 이론과 견해를 개진했다.

**** 1935~. 미국의 가톨릭 수녀로서 예일 대학교 신학부 최초의 여성 교수에 임명되었다. 2006년에 간행된 『바로 사랑』은 성 윤리와 관련하여 신앙교리성으로부터 많은 비판을 받았다.

***** 1923~2004. 벨기에 출신의 예수회 신부이자 신학자. 신앙교리성은 그의 저서 『종교적 다원주의라는 기독교 신학을 향하여』가 타 종교의 진리와 선에 대한 인식에서 심각한 문제가 있다고 비판했다.

* 1942~. 미국의 가톨릭 수녀이자 성소수자의 권리를 옹호하는 '새로운 길 사목New Ways Ministry'의 공동창시자.

** 1936~2014. 가톨릭의 사제이자 성소수자 운동가. '새로운 길 사목'의 공동창시자.

*** 1940~. 오스트레일리아 출신의 가톨릭의 사제이자, 역사가 겸 방송인. 1997년 교황 무오류설을 비판한 『교황권』으로 교황청과 갈등을 빚었다. 『절대권』 등의 가톨릭과 교황청을 비판하는 책들을 저술했다.

낮고, 교리 문서를 거의 간행하지 않고 있으며, 개별 신학자를 비판하는 것은 공식적으로 거의 중단되었다. 2017년 프란치스코 교황은 신앙교리성 장관이자 보수적인 추기경 게르하르트 뮐러를 해임했다. 프란치스코 교황의 여러 결정과 더불어, 뮐러 장관의 사임 및 그 배경을 보고 일부 가톨릭교도가 분노했다. 프란치스코 교황 재임 시절 사건의 반전으로, 역설적이게도 오늘날 바티칸이 아니라 교황이 세상을 향해 교회의 문을 너무 활짝 열었다고 이들은 생각했으며, 이단이라는 수사를 매우 종종 사용했다. 사실상 2017년에 일군의 성직자와 학자는 프란치스코 교황에게 보낸 「이단의 전파에 대한 훌륭한 교정」이라는 라틴어 문서를 공개했다. 이들 학자는 결혼 및 가정생활에 관한 2016년의 교황청 문서에서 이단적인 제안 일곱 가지가 개진되었다고 교황을 비난했다. 교황이 이론적으로 이단이라는 죄를 범할 수 있다고 교회법학자들이 수세기 동안 주장한 반면에 현직 교황에 대한 공개적인 비판은 극히 드물었고, 「이단의 전파에 대한 훌륭한 교정」은 지지를 거의 얻지 못했다.

다우덧의 비판자들이 인식했듯이, 반대자에게 이단이라고 '인정하라'는 요구를 하는 것은 사소한 문제가 아니다. 기독교도 세대들에게 이단은 현세적 삶과 죽음의 문제일 뿐만 아니라 내세의 문제이기도 하다. 교회 당국자들은 일반 신자와 지식인 엘리트를 모두 단련시키기 위해 이단이라는 도구를 활용했고, 종교적 반대자들이 신학적으로 오류를 범하고 있을 뿐만 아니라 매우 무서운 징벌도 받게 된다는 점을 확인하게 되었다. 하지만 이는 교회 제도의 명성에 상당한 대가를 치르지 않고는 불가능한 일이었다. 그 같은 개념 그리고 이단에 관한 수사가 교회에 어느 정도로 지속적으로 기여할지는 명확하지 않다. 그러나 이단에 관한 개념과 수사가 선동적이라는 것은 매우 명확하다.

더 읽을 자료

Malcolm Lambert, *Medieval Heresy*(3rd edition, 2002)는 11세기로부터 16세기에 이르기까지의 이단적이라고 선언된 다수의 이념과 집단에 대한 고전적인 지침서이다. 물론 람베르의 결론은 R. I. Moore, *The War on Heresy*(Cambridge: Harvard University Press, 2012)에 의해 많은 비판을 받았다.[*]

Rebecca Lyman, "Heresiology: The Invention of 'Heresy' and 'Schism,'" in *The Cambridge History of Christianity*, Volume 2(Cambridge, UK: Cambridge University Press, 2007), 296~313는 초기 기독교의 배경을 강조하고 있으며, Rowan Williams, *Arius: Heresy and Tradition*, 2nd edition(London: SCM Press, 2001)은 아리우스파 논쟁에 관해 각별한 통찰력을 제공하고 있다.

중세 말기의 잉글랜드에서의 이단에 관한 필자의 *A Companion to Lollardy*(Leiden: Brill, 2016)는 이단의 핵심 인물, 논쟁이 된 신앙 및 사회적 맥락을 살펴보고 있다.

필자는 이 글의 초고를 읽고 건설적인 제안을 해준 익명의 독자에게 감사를 표하고자 한다.

---

[*] 이단에 관해서는 유희수, 「이단자」, 『낯선 중세』(문학과지성사, 2018), 257~261쪽을 참고 하기 바란다.

후기

중세주의자들과 욕망의 교육

제럴딘 헹

오늘날 전문가이자 유럽 중세주의자[1]인 우리는 대부분 우리네 과거의 중요한 순간들로부터 전근대에 관한 연구를 하게 되었다. 텍사스 대학교의 원로 교수이자 앵글로·색슨 시대 연구자인 톰 케이블Tom Cable은 [존 키츠의] 『무자비한 미녀La Belle Dame sans Merci』를 읽었으며, 19세기의 중세주의에 사로잡혀 중세주의의 시원적 문화를 연구하기로 결심했다. 어린 시절 라틴어로 진행된 미사에 참석한 경험에 사로잡힌 일부 사람들은 유럽보다는 유럽이 기독교 사회가 되었던 시점을 연구하려고 했을 수 있다. 필자는 아서 왕의 전설이 900년간 존속한 이유를 알고 싶어 했다.

중세의 지중해 세계 또는 필자가 지구적 중세[2]라고 부르는 것을 연구하는 사람들이 활기찬 순간이란 기도를 알리는 목소리나 일본의 사무라이 역사에 대한 일별 내지 유라시아 스텝 사회에서의 칭기즈칸의 생애에 관한 지적 호기심에 있을 수도 있다. 아마도 서사시 「순디아타Sundiata」*를 처음 읽은 사람은 아프리카주의자가 되었을 것이다. 왜냐하면 할리우드 영화 제작사가 아프리카의 가상의 와칸다*를 판타지 작품으로 만들 필요성을 느끼기 수백 년 전에 말리와 가나의 제국, 짐바브웨 왕국 및 스와힐리 해안이 문화적으로 번성했고, 도시가 번창했으며, 세계와 활발한 교역을 했기 때문이다.

마치 고백록적인 자서전으로부터 학문적인 글쓰기를 해서는 안 된다고 우리가 관례적으로 배웠듯이, 학자들이 그것에 관해 좀처럼 서술하지 않는 동력처럼, 전문 중세주의자로서 우리네 삶의 호기심과 욕구는 그리하여 수년간의 학업과 학위 취득 및 뒤이은 삶의 이력에 활력을 불어넣는다. 그러나 오늘날 이 같은 한 권의 책이 필요하다는 사실은 우리가 티핑 포인트**에 도달했음을 촉구한다. 누군가는 이 책의 제목이 왜 '누구를 위한 중세인가?'냐고 질문한다. 즉 학문적 욕구와 공적 욕구의 성격을 평가하고, 필요하다면 욕구에 대한 **재교육**을 시작해야 할 시점에 이른 것이다.

이 책의 집필진은 우리 시대의 역사의 활용, 즉 공적 담론에서 불명확하거나 명확한 욕망의 흐름으로 작동하는 도구 조작으로 인해 어려움을 겪고 있다. 프레드 도너는 이슬람의 법률에 내재된 다양성을 치밀하게 분석함으로써 오늘날의 공적 문화에서의 이슬람에 대한 편집증적인 단순화를 비판한다. 판타지를 만들 수 있는 자유로 용과 마법의 대리인에게 찬사를 보내지만, 그것들이 창조한 세계에서 유색인종의 존재를 용인하지 않는 대중적인 비디오 게임임을 헬렌 영은 강하게 비판한다. 매기 윌리엄스는 인종주의자의 의도에 사로잡힌 무지와 망각 때문에, 신파시스트들이 그것을 자랑스럽게 달고 다닐 정도

---

* 13세기에 말리 제국을 창설한 영웅 순디아타에 관한 전설. 구전으로 된 이 전설은 13세기로까지 거슬러 올라가며, 이와 관련하여 여러 가지 설화가 전해져 온다.
* 미국의 마블 코믹스사가 간행한 코믹한 책에 등장하는 가상의 나라로, 사하라사막 이남에 소재하며, 슈퍼히어로로 블랙 팬서의 고향이기도 하다.
** 티핑 포인트tipping point는 직역하면 '갑자기 뒤집히는 점'이며, 때로는 엄청난 변화가 작은 일에서 시작될 수 있고 대단히 급속하게 발생할 수 있다는 의미로 사용된다. 맬컴 글래드웰의 저서 『티핑 포인트』는 2021년에 한국어판이 번역 출간되었다.

로 중세의 켈트족의 상징물이 어떻게 왜곡되는지를 보여준다.

샌디 바드슬리는 인종주의와 이슬람 혐오에 계급 비판을 추가한다. 즉 농민이 중세 인구의 90~95퍼센트를 차지하지만, 대중을 의미 있게 복원하는 과정에서 농민이 의도적으로 부재하게 되었다고 바드슬리는 비판한다. 캐서린 윌슨은 특히 태피스트리 생산에서 눈에 띄지 않는 장인 노동자를 눈에 띄지 않는 농민에 추가한다. 이들 노동자는 자신들이 담당한 노동의 불안정성으로 인해 오늘날의 '긱gig 경제' 노동자 내지 일용 노동자와 유사하다는 것이다. 기독교 공화국은 경건한 사람들이 생각하는 것보다 또한 형편없는 사회였다. 즉 수도원이 토지의 절반을 소유했고 부유한 사람들과 이윤 관계를 강화했다고 로런 맨시아는 신랄하게 비판했다. 이 책은 근년에 일어난 역사적 사실들을 무시하지 않고 있다. 즉 코드 휘터커는 미국 남부의 플랜테이션을 노예제 옹호자들이 어떻게 중세의 목가적 공간으로 이상화하는지를 감동적으로 회상하며, 윌리엄 디볼드는 권위 및 자기 검증을 위해 중세 독일의 제국에 대한 제3제국의 술수를 비판한다.

어떤 글은 간과된 중세의 본성적인 타자성을 드러내며, 다루기 쉽지 않고 다원적인 문서고를 복원한다. 다문화 및 다인종 사회였던 이베리아반도의 정치에 관한 인식을 수정한 데이비드 왝스는 중세 유럽의 인종의 역사의 눈가림을 비판하면서, 그 같은 문서고를 일소하는 것을 어떤 경우에도 거부한다. 리언 슈피에흐는 우리가 토머스 제퍼슨의 쿠란을 이슬람의 경전에 관한 논쟁적인 비방이라는 오랜 역사에서 바라본다고 주장한다. 즉 "이슬람에 대한 논쟁의 거부와 [후대에] 이슬람이 탄생시킨 문명에 대한 인문주의자들의 찬사 모두를 보여주고 있는 제퍼슨의 쿠란은 …… 오늘날 과거 역사에 대한 우리네 관여의 중심에 있는 혼재된 의도와 명백한 모순의 적절한 구현물이다." 그리고 세라 게랭은 오늘날 환경보호론자 정치의 역설을 지적한다. 즉 공공 미술관에서 상아 공예품을 금지하는 것이 중세의 국제 교역에서 아프리카의 역할에 유럽이 오랜 기간 의존해 온 역사를 지우게 될 것이며, 이 같은 역할이 이미 빈번

히 지워지고 있다고 게랭은 지적한 것이다.[3]

집필진 모두는 일종의 교정을 추구하고 있다. 즉 시대에 역행하는 정치 운동, 대중 매체와 디지털 매체에서의 과거 역사의 왜곡 및 우리 집필진의 고유한 연구 분야에서의 맹점에 대한 교정을 모색한다. 말하자면 집필진은 과거의 역사가 조작의 대상으로서 어떻게 오용되고 있는가를 시정하고자 한다. 과거 역사의 미래에 관해 경각심을 가지게 된 집필진은 과거의 어떠한 복원도 우리가 서 있는 시간과 장소에 의해 왜곡되거나 [과거를] 복원하는 개인이나 공동체의 영향을 받는다는 사실을 각자의 방식으로 인정을 하고 있다.

집필진 모두는 핵심적인 이해로서 과거 그 자체의 비타협성을 가정한다. 즉 격론의 종식을 위한 공공성 회복에서와, 우리가 용인하는 것보다 다루기 힘들고 다양한 문서고에 대해 우리 전문가들이 방치한 것에서 모두 이 글들이 충분하게 존중받지 못해왔다고 부르짖는 비타협성이 그것이다. 달리 말하자면, 이 책에 게재된 모든 글은 과거와 현재와의 모든 만남이라는 전문적인 성격을 각자 나름대로 재편하고 있으며, 과거와 우리 사이의 상호작용이, 어떤 특정 시기의 대중의 욕구와 학자의 욕구의 특성으로 인해, 불가피하게 지속적으로 재수정되고 있다는 사실을 포착하고 있다.

이 책은 과거에 대한 조작과 오용을 비판하면서, 오늘날의 시대를 위해, 필자가 집필진의 의도를 제대로 이해하고 있다면, 과거와의 보다 **윤리적이고 책임적이며 그리고 상호 주체적인** 관계를 추구하고자 한다. 다양한 문서고에 말을 걸고, [특정 목적을 위해] 오용하지 않고 올바로 탐구하는 이 같은 관계는 욕망 및 상호 주체적인 관행의 부류에 관한 탐구이다. 우리는 과거와 윤리적인 관계를 형성하기를 원한다. 즉 우리는 현재의 긴급한 현안들에 반응할 수 있는 상호작용을 하는 반면에 (그리하여 시간과 공간 속에 있는 우리네 상황을 인식하고), 동시에 문서고에서 충분히 들을 수 없었던 것을 동시에 **들을 수 있어야 한다**(그리하여 과거 역시 들을 수 없었던 요구를 가지고 있음을 우리는 인정해야 한다).

현재에 대한 우리의 책임을 동시에 이행하도록 하는 과거와의 관계, 즉 반응을 하고, 상호 주체적인 관계의 추구는 필자가 이 글을 쓰게 된 동력이었다. 중세주의자들은 중세 유럽의 유대인들의 문제를 다루면서 그 도구가 불충분해 어려움을 겪었다. 즉 잉글랜드에서 배지를 달았던 인종적 소수자였고 감시를 받으면서 도시에 모여 살았던 유대인들은 화폐 거래 범죄로 집단적으로 수감되었고, 자신들을 향해 이루어진 설교에서 개종을 강요받았으며, 기독교도와의 사회적 가정적 교제도 금지되었다. 그리고 유대인들은 기독교도 어린이들에게 악행을 저질렀다는 조작된 이야기로 법률적인 살해를 당했고, 조세에 허덕이느라 극도의 곤궁에 처했으며, 그리고 마침내 쓸모가 없게 되자 집단으로 추방을 당했던 것이다. 필자는 이 같은 잔혹 행위에 대한 적절한 증거가 될 수 있는 전근대에 적절한 인종의 정의를 찾았다. 즉 인종이라는 어휘가 하나로 통합되기 전에 인종차별적인 대우를 인식 가능하도록 하고, 그것이 무엇인지를 정의하고자 했다. 그렇게 함으로써 중세주의자들이 분석을 위해 근대의 비판적인 인종 이론의 예리한 자료에 접근할 수 있을 것이다.[4]

남아프리카 공화국의 아파르트헤이트와 제2차 세계대전 중 미국에서의 일본인 강제수용소 등에서 자행된 오늘날의 국가 인종주의는 중세 잉글랜드에서의 국가 기구가 근대의 국가 기구와 많은 공통점을 지니고 있음을 강요했으며, 근대의 타자와 중세의 타자의 관계의 동일성을 촉구했다. 그리하여 중세 잉글랜드라는 인종주의적인 국가의 문서고가 눈에 띄게 되었고 최초의 인종주의 국가라는 이름이 잉글랜드에 붙게 되었다.[5] 근대 국가와 중세 국가에 대한 비약적인 식별은 종국적으로 7장으로 된 책의 간행으로 이어졌다. 이 책은 루마니아인, 몽골인, 무슬림, 흑인, 아프리카인 및 미국의 원주민 및 유대인에 관한 인종적 문서고의 다양성을 보여주며, 일독을 요한다.

오늘날 긴급한 현안으로 떠오른 인종주의로 인해 이 책(*The Invention of Race in the European Middle Ages*)의 여러 장이 중세의 인종에 할애된 것은 놀라운 일이 아니다. 패멀라 패튼은 중세 유럽에서 (추가적으로 오늘날에도) 백인들이 피부색뿐 아니라 의복, 제스처 및 신체적 크기 등으로 어떻게 표식이 되없는지를 보여준다. 즉 그때나 지금이나, 문화는 인종의 지위와 귀속에 관한 결정에서 생물 정치와 만난다. 인종이 피부색에 국한되지 않는다는 것이다.

패트릭 혼벡은 인종에 관해 언급을 하지 않았지만, 중세의 이단의 문제에서 공포에 질린 그는 인종차별을 하려는 기재가 종교에 의존할 수 있었고, 심지어 기독교도가 인종차별을 받을 수 있었다는 사실을 환기한다. 마치 근대의 과학이 계몽주의라는 인종주의가 고조된 시기의 핵심 담론이었듯이, 종교는 중세 유럽의 핵심 담론이었다는 것이다. 중세의 이단은 낙인이 찍혔고, 자신의 정체를 알리는 배지를 착용했으며, 재판을 받고, 자신의 신앙 때문에 처형을 당했다. 과거를 언급하는 프레드 도너의 글과 스테퍼니 멀더의 글은, 인종적 배경이 무엇이든 국가가 어디이든 언어적 공동체가 무엇이든 불문하고, 무슬림이 공항 검색대를 통과해야 하는 사실상의 인종으로 언론이나 대중적인 정치 담론에서 인식되는 오늘날의 긴급한 현안에 대한 답이기도 하다.

심연의 시간에서 인종에 관한 문서고가 연구되고 전면에 등장하면서, 그것은 한때 백인이라는 동일인종으로 구성되었을 것이라는 유럽에 대한 오늘날의 유해한 향수를, 그리고 중세에 가장 강력하게 지배했을 것이라고 생각된 논쟁의 여지가 없는 기독교를 비판한다(물리학에서 차용된 '심연의 시간'이라는 용어는 와이치 디목Wai-Chee Dimock*이 사용한 시적 용어이다). 순수한 백인으로 구성된 유럽이라는 이같이 위험한 정치적 판타지는 과거에 대한 자의적인 망각인 과거 지우기에 기초하고 있다. 중세의 문서고는 유대인이 유럽의 모든 국가에 사실상 거주했으며 기독교 공화국의 핵심 지역의 대도시와 소도시에 친밀하게 자리를 잡았음을 우리에게 보여준다. 스페인의 안달루시아와 남부 이탈리아의 이슬람 정착자들은 유럽의 무슬림이 근년의 현상이라는 주장이 허구임

---

* 1953~. 미국 예일 대학교의 문학평론가. 인간과 비인간 간의 공생 관계에 관해 초점을 맞춘 *Weak Planet, Through Other Continents: American Literature Across Deep Time*을 저술했다.

을 알려준다.

그리고 사하라 사막 이남의 아프리카인이 중세 유럽의 도처에서 생활한 것으로 보인다. 즉 이들 아프리카인은 로마제국하의 브리튼에, 무슬림의 침략 이후에 알안달루스에, 프리드리히 2세 치세하의 루케라에, 심지어 기베르 노장이 활약한 12세기의 프랑스에도 있었다.[6] 11세기 인도에서 온 로마니족('집시')의 디아스포라 또한 검은색 피부를 지닌 아시아인이 서부 유럽에 걸쳐서 확산되는 것을 목격했고, 이들은 19세기까지 남동부 유럽의 수도원과 장원의 엘리트를 위해 노예로 일했다.

중세 이탈리아인들이 특히 이 분야에서 탁월한 능력을 발휘했고 번성하던 교역이었던 인신밀매는 튀르크족, 아프리카인, 몽골족, 인도인 및 다른 사람들이 지중해 주변 지역의 가정과 경작지에서 그리고 상업노동으로 확고히 확산해 나갔다. 인종에 관한 문서고를 조사한 필진은 심지어 중세 유럽이 이른바 백인으로만 구성된 사회였다는 주장이 실제로 '백인'만의 사회가 아닌 허구였음을 알게 되었다. 생식가능 연령인 젊은 여성 노예에 지불되는 값비싼 가격, 노예 시장에서 이들 여성의 불균형한 대표성과 남성 노예를 넘어선 판매 기록은 오늘날의 '백인' 유럽인(원주민 포함)의 불가해한 숫자가 서로 혼재된 인간 DNA에서 유래되었음을 보여준다. 역사가들이 강조해서 증명했듯이, 가사 노동이나 가정에서 일한 절대 다수의 젊은 여성 노예는 자신의 주인에게 성적 유희를 제공했으며, 새로운 혼혈아를 출산했다.[7]

놀랍게도 과학자들은 심지어 아메리카 원주민과 아이슬란드인 사이에서 공유된 DNA를 발견하기도 했다. 세계의 모든 인종 가운데, C1e 유전자 요소는 오직 아이슬란드인과 아메리카 원주민만이 공유한다. 이 같은 발견은 우리 중에 빈랜드* 지역의 영웅 전설을 연구한 학자들에게는 아마도 놀라운 일이 아닐 것이다. 이 전설은 북아메리카 대륙 출신의 두 원주민 소년의 납치 및 유

---

* 북미 동부, 캐나다의 뉴펀들랜드섬과 미국 버지니아주 사이의 한 지역.

괴를 전해준다. 이 두 소년은 강제로 유럽으로 끌려갔고, 노르웨이어를 배웠으며, 기독교도가 되었다는 것이다.[8]

인종에 관한 중세의 문서고에 대한 연구는 초기의 유럽이 세계의 여러 지역 출신의 사람들 및 다양한 신앙을 가진 오늘날의 유럽과는 상이했다는 판타지를 부정하는 다인종적이고 다종교적인 모습을 보여준다. 중세 유럽에는 이미 다양한 지역에서 온 사람들이 살았고, 여러 종교가 있었다. 즉 유대인, 아랍인, 튀르크인, 아프리카인, 몽골인, '집시', 초원지대 출신 사람들 및 다른 인종들이 거주했으며, 다루기 쉽지 않은 중세의 문서고는 단일하고, 동질적이며, 공히 백인이라는 하나의 인종만이 유럽 대륙에 거주했다는 판타지를 부정하고 있다. 유럽의 백인만이 심지어 유일한 백인이 아니었던 것이다. 역사적인 유산으로서 존재했던 백인의 유럽에 대한 향수는 오늘날의 유럽의 정치와 정파들의 교묘한 판타지로 노정되고 있다. 이 같은 향수는 정체성을 열정적으로 구축한 세기들에서 만들어진 인식이 아니었다. 심원의 시간에서의 인종에 관한 문서고는 작금의 유럽의 인종적 정치에 대해 생산적인 해답을 제공한다.

만약 중세 유럽 내에서의 대내적인 이질성에 대한 관심이 현재를 이해하는 데 핵심적이라면, 유럽의 중세적인 지평을 뛰어넘어 초기의 지구적 연구에서 성취되었어야 할 긴급한 작업이 남아 있다. 요컨대 지구화는 오늘날 우리네 세계가 피할 수 없는 한 조건이다. 21세기의 세계에서는 새로운 기술, 초국가적인 노동력이라는 새로운 방식과 포드주의자 이후의 산업화 그리고 정치경제적인 상호의존이 국제정치의 특징을 변모시켰다. 하지만 지구화 그 자체는 수백 년 된 현상으로서, 만약 우리가 세계와 그 속에서의 사회문화적이고 역사적인 관계를 보다 잘 이해하고자 한다면, 초기의 지구적 연구라는 맹아적인 분야가 확대·심화되고 역동적으로 되기를 희망한다.

물론 세계체제 이론가들은 경제적으로 상호 연계된 근대 세계를 상정했으며, 재닛 아부 루고드가 이들 이론가의 경제 모델을 13세기 세계에 적용한 것은 의미가 있었다.[*] 그러나 세계체제 이론가들은 기본적으로 **경제** 모델을 제시함으로써 문화, 사회, 종교, 기후, 동식물, 박테리아, 생태계의 유기적 형태, 건축, 예술, 음악, 교과, 젠더, 섹슈얼리티, 인종, 도시, 이야기의 깊이 있는 이해를 저해한다. 이러한 인간 삶의 주기와 환경적 습관은 여러 학문을 전공한 중세주의자들이 잘 훈련받은 분야이다. 지구 남반부에 위치한 학자들은 세계체제의 경제 모델이 경제적 중심부와 주변부라는 전제에 어떻게 의존하는지에 대해 그리고 중요하고 핵심적인 지위와 더불어 특권을 지닌 세계의 다른 문명의 주변부에 자신들의 지역을 항구적으로 예속된 상태로 분류한 방식에 대해 예외를 두었다.

유럽 및 지중해라는 경계를 뛰어넘어 지구적인 과거 역사에 폭넓은 관심을 기울인 필자는 이를 통해 얻게 될 것이 결코 적지 않다는 점을 부연하고자 한다. 이를테면 이른바 신세계와 필리핀에 대한 스페인의 식민화라는 세계적 맥락에서 유대인 및 기독교로 개종한 무어인에 대한 스페인의 탄압과 추방은 민족주의와 식민주의가 공동의 정체성 형성에 두 축으로서 이 둘이 결합되어 어떻게 작동했는지 이해의 창을 제공하고 있다. 스페인인이 된다는 것이 어떤 의미인지를 정의하는 순간은 스페인의 초기 국가의 구성 요소였다. 가톨릭 군주 지배하의 스페인이 스페인 사람이 아니라 세계의 다른 지역의 사람들이라고 생각한 사람들을 강제로 추방시켰듯이, 세계의 도처에서 그 지배를 또한 활짝 꽃피웠다. 외국인으로 분류된 사람들을 추방한 것이 바람직하지 않았음에도, 스페인이 지구적 식민주의적 야심에서 스페인의 유대인과 무슬림보다 훨씬 많은 외국인들을 받아들였기에, 전 세계에 걸쳐 그 국경을 **확장**하면서 스페인의 이 같은 **모순**이 동시에 존재하게 된 것은 역설이 아닐 수 없다. 전 세계에 걸쳐 스페인화한 식민지의 통합을 통한 해외 국경의 팽창은 서로 맞물리고 구성요소가 되는 스페인의 국가적 정체성과 지구적 정체성을 확증한다. 물

---

* 재닛 아부-루고드, 『유럽 패권 이전 13세기 세계체제』, 박흥식·이은정 옮김(까치, 2006)를 참고하기 바란다.

론 스페인의 정체성을 창출하는 민족주의와 식민주의-지구주의 힘의 복합성은 사람들을 동화될 수 없는 외국인과 동화될 수 있는 외국인으로 선별하였다. 이는 민족주의-식민주의 프로젝트를 가동하는 인종 분류라는 기재의 정치적 우선순위에 기초한다.

과거의 스페인과 근대의 스페인을 잘 살펴보게 되면, 유럽이 전 세계에 해상 제국을 형성하던 시기에 나란히 작동하고 공모한 민족주의와 식민주의 세력 간의 유사한 역동성을 우리는 발견하게 된다. 유럽의 국가들이 인도, 아프리카, 인도네시아, 말레이반도, 버마, 베트남, 카리브해, 이집트, 알제리 등을 식민지화하면서 영국인, 프랑스인, 네덜란드인, 포르투갈인, 스페인인이 된다는 의미를 공고히 했다. 매우 오래된 과거가 근대 세계와 무관한 정치 이전의 시대였고, 따라서 의고주의에 동요되지 않는 학자들에게 관심의 대상이 되지 않는다고 무시하기보다는, 탈식민주의 연구로 알려진 학문 분야가 중세 역사에 대한 정교한 지식으로 현저히 풍요롭게 될 것이라고 필자는 주장하였다("Reinventing Race, Colonization, and Globalisms across Deep Time: Lessons from the "Longue Durée"").

심원의 시간에서의 지구적 인식이 근대성('초기의 지구성')에 관한 우리네 인식은 물론 시간 그 자체에 대한 이해를 변모시킬 것이라고 필자는 주장했다. 이를테면 근대성에 관한 여러 표식은 전근대라고 간주되는 시기에 이미 출현했으며, 그리하여 우리는 지구적으로 인식함으로써 근대성이 다양한 속도로 움직이는 세계의 여러 경로에 그 족적을 남긴 반복적이고 보편적인 현상임을 이해하고 있다. 중국의 철강 산업이 대표적인 사례이다. 즉 중국학자인 로버트 하트웰의 자료에 따르면, 서유럽에서 '산업혁명'이 일어나기 700년 전에 중국 송나라 시대(960~1279)의 철강 산업 분야에서 연간 석탄 사용량이 "18세기 초엽 영국의 모든 금속 노동자가 사용한 석탄 총사용량의 대략 70퍼센트"에 이르렀다는 것이다(Hartwell, 1967: 122; 1962).

일찍이 당나라 시대(약 618~907)에 도자기가 시장에 판매하기 위해 대량 생산된 것은 서구에서의 이와 유사한 상업적 생산보다 1000년이나 앞서 중국산 도자기가 국제 교역 시장에서 이미 대유행했음을 또한 시사해 준다.[9] 중국의 전근대 시대에 지폐, 이동식 활자, 인쇄, 화약이 유통된 것은 오랫동안 우리에게 잘 알려져 있다. 그러므로 과학혁명과 산업혁명이 서구에서만 시작되었다거나, 산업혁명 내지 과학혁명이 **단 한 번만** 있었다고 주장하는 것은 무엇을 의미하는가? 거시사적 시간을 뛰어넘어, 세계에서 일어나고 재발한 **혁명들**에 관해 우리는 언급해야 하지 않겠는가?

2004년 이래 필자가 지구적* 중세라고 명명한 이 같은 인식은 우리에게 역사가 단순하고 일직선인 것이 아니라 비문碑文, 파열 및 다시 새기는 금석문 사이에서 왔다 갔다 하고 '근대적' 내지 '전근대적'이라는 이름으로 장기 지속에 걸쳐 재현되는 현상이라는 관점을 제공하고 있다. 이 같은 역사적 인식에 따르면, 세계에서 각각의 시간은 차이가 있으며 이전처럼 동일하지 않다. 심원의 시간에서의 지구적 역사에 대한 연구는 현재에 관한 중요하지만 진부한 이야기에 대해 비판적인 성격을 띠게 된다. 이런 진부한 이야기는 학교에서나 대중의 생활에서 끊임없이 반복되고, 이른바 '서구의 부상'에서 운명을 주도한 유럽 고유의 창의성, 정수, 기후, 수학적 능력, 과학적 성향 내지 다른 환경적·사회적 인지 매트릭스cognitive matrix라는 집요한 주장을 부정하고 있다. 이 같은 주장이 서구를 제외한 세계의 '나머지 지역'을 항상 낙후된 곳이라고 오랫동안 여겨지게 했던 것이다.

오히려 전근대 중국의 역사는 반복된 영토 침략과 정치사회적 혼란이라는

---

* 근대성과 식민성으로 대변되는 유럽중심주의를 대체할 새로운 언어와 논리구조, 역사관을 추구하면서 등장한 것이 지구사global history이다. 세계사가 상호연관성의 역사를 반드시 필요로 하지 않는 반면에, 지구사는 상호연관성의 역사를 강조하고 있다. 세계사가 주로 유럽중심주의에 갇혀 있었던 진정한 세계사가 아니었다는 비판적 인식이 지구사에 깔려 있다. 지구사에 관해서는 조지형·김용우·임상우·제리 벤틀리·아리프 딜릭, 『지구사의 도전 어떻게 유럽중심주의를 넘어설 것인가』(서해문집, 2010) 등을 참고할 수 있다.

맥락에서 기술적 과학적 혁신에 기초한 지속적인 [문명] 구축의 어려움을 증언하고 있다. 중국의 사례는 인류 문명사의 형성에 유효한 힘으로서의 **역사적 우연**, 즉 **무작위와 기회**의 역할을 복원한다. 창의성이 서구의 고유한 현상이라고 보기보다는 개연성을 문명사의 형성에 유효하고 중요한 힘으로 복원하는 것이 아마도 과거 역사와의 윤리적인 관계 및 특정한 목적을 위해 남용되지 않는 관계라는 학문적 요청을 보다 존중하는 것이 될 것이다. 더욱이 전근대성 내에서의 중국의 근대성은 우리가 시간의 복수성을 이해하도록 유용한 지침을 제공하기도 한다. 즉 이는 상이하고 심지어 상충하는 시간성이 겹쳐질 수 있고, 역사적인 한순간에 공존할 수 있음을 보여준다. 그리고 이는 전근대의 [여러] 세계는 물론 근대적이고 포스트모던적이며 동시에 전근대적인 오늘날의 세계의 [여러] 사회에 대한 이해에 일조하고 있다.

필자의 지구적 연구가 세계 및 지역 전반에 걸쳐 상호 연계된 과거의 역사에 대한 단순한 서술 그 이상을 요구하고 있다는 점이 지적되어야 한다. 이 책의 필진은 과거에 대한 학문적인 검토가 늘 이루어지고 있다는 사실을 분명히 한다. 말하자면 관심을 기울일 만한 사안과 그렇지 않아도 될 사안이 무엇인지에 대한 결정이 이루어지고 있는 것이다. 특히 강조되어야 할 부분을 위해 자료에 대한 면밀한 조사와 평가가 이루어지고 있다. 그리고 도출된 연구 결과의 매우 광범위한 함의 내지 최소한의 함의가 학문 공동체에 전달된다.

필진은 어떤 부류의 학문이 다양한 과거에 대해 공감하고, 윤리적인 관계를 지지하는지에 대한 이해를 보여준다. 그리고 그것이 오늘날의 현안들에 대한 책임이 있는 자세가 될 것임을 알려준다. 우리가 현 프로젝트를 지속하든 보다 거대한 지구적 프로젝트를 발전시키든 간에, 학문적 욕구를 재교육하기 위해서는 이와 같은 유형의 정교한 인식이 필수적이다.

결론적으로, 필자는 과거와의 윤리적인 관계를 새롭게 하려는 시도에 덧붙여, 국가를 초월한 지구적 연구를 기꺼이 감당하기로 한 필진에게 자기 주도적 학습 및 새로운 협업을 시도할 수 있는 용기가 필요할 것이라는 사실을 고백하고자 한다. 오랜 학습 과정을 마치고 학위를 취득했으며 그 절대 다수가 유럽 중세주의자들인 필진에게는, 말하자면 거대한 프로젝트 수행을 위해 위구르어-만주어 내지 팔리어를 습득하는 데 수년간의 시간을 투여하여 이를 필요한 학문적 자산으로 추가할 여유가 거의 없었다. 일상적인 대화 상대가 아닌 전근대주의자들과의 협업의 증가, 새로운 협력 모델의 추구, 인문주의를 뛰어넘어 드넓은 미래로 이끌 대학 학문의 새로운 모델을 추구하고 발견할 필요가 있다. 이 점에서, 오늘날 우리가 발견하고 있는 과거 역사의 오용을 시정할 수 있는 노력과 마찬가지로, 우리의 욕구에 대한 재교육이 절실하다.

주석

1   학자들이 '중세'라고 언급할 때 보통 이는 유럽의 중세를 의미한다. 물론 근년에 유대인 및 이슬람의 지적·사회적·상업적 문화로부터 유럽이 영향을 받았으며, 유럽과 이슬람 및 유대 세계와의 상호연관성이라는 폭넓은 인식이 대두하기는 했다. 이는 F. 브로델의 '중세 지중해'라는 개념의 부활을 통해 종종 인식되었다. 필자는 유럽의 중세를 연구하는 학자들을 인도 연구자, 중국 연구자, 아프리카 연구자, 유라시아 연구자들로부터 구분하기 위해 이 용어를 사용하고 있다. 이들 연구자는 전근대시기를 연구하며, 그리하여 때로는 이 시기를 중세적이라 동일시하고 있다.

2   '지구적 중세'라는 불완전한 용어는 우리가 동료 학자들과 소통하기 위해 사용해야 하는 어휘의 정치적이고 인식론적인 부담을 드러내고 있다. 2007년 미네소타 대학교에서 열린 창립 워크숍 및 그 이후 간행물에서 사용된 이 용어의 자기비판은 유럽적인 시간 개념이 적용될 때 야기되는 논쟁적인 성격을 보여주며, 그리고 (진정성과 권위의 시대인 고대의 그리스와 로마 및 르네상스기 사이의 시대를 명명하기 위해 르네상스기의 역사가들이 고안한 또 다른 논쟁적인 용어이자) 유럽의 시간 개념으로서의 '중세'라는 용어를 세계의 나머지 지역에 적용하고 있다. 이 나머지 지역들에서는 동시에 발생하지 않는 시간성이 존재한다. 하지만 자기비판은 보편적으로 수용된 이름을 대안으로 제공해야 한다. 그리하여 필자가 창설하여 주도하고 있는 지구적 중세 프로젝트G-MAP의 공동 책임자들은 보다 나은 대안적인 용어가 등장할 때까지 이 용어를 사용하고 있지 않다. 우리는 동시에 존재하지 않는 시대들을 세계의 전근대주의자들이 연구하고 있다는 점을 강조해서 환기하고자 한다. 우리 자신이 '중세의' 내지 '중세'라는 용어를 다양하고 상이한 시간성, 사회 및 문화와 더불어 세계의 다른 권역들에 우선적으로 적용하지 않은 반면에, 다른 지역의 학자들이 자신들의 역사를 서술하기 위해 때로는 '중세적' 내지 '중세'라는 용어를 **스스로** 사용하고 있는 것

은 서로 연관되어 있다. 말하자면 이들 학자는 '중세 인도' 내지 '중세 일본' 혹은 '이슬람의 중세' 내지 '북미의 중세'라고 언급한다. 그리하여 비유럽학 연구자들이 자신들의 지리문화적 권역과 시간성으로 이같이 적용하면서 유럽의 중세주의자들이 중세 유럽의 전형적인 어휘를 수출하는 것이 되고, 세계의 나머지 지역에 대해 무비판적으로 서술하게 되면서 때로는 그 의미가 달라지며, 언어를 통한 경솔한 지적 식민화의 위험을 또한 회피하고 있다.

3 지면 관계상 필자가 이 책에 기여한 분들의 이름을 모두 인용하지 못한 것에 대해 양해를 구하고 싶고, 필자는 이 후기를 작성할 즈음에 모든 자료에 접근할 수도 없었다는 점을 밝히고자 한다.

4 필자가 이 글에서 정의하고 있는 것은 다음과 같다. 핵심적인 용어 중 하나인 '인종'은 권력과 지위를 인간 집단에 배분하기 위해, 인간 집단들 간의 차이를 통해 선별적으로 정의되는 인간을 구별하기 위해 매우 중요하게 반복되는 경향을 가리키는 것이다. 인종 형성에서 전략적인 실재론은 여러 관행을 통해 자리를 잡고 할당된다. 즉 이는 인종이 실질적인 내용이라기보다는 인간의 차이에 대한 관리를 위한 구조적인 관계임을 시사해 준다.

중세 유럽의 권위의 핵심 원천인 종교가 중세에 사회문화적으로 그리고 생물학적이고 정치적으로 모두 기능했다는 사실을 인식하는 것이 중요하다. 이를테면 혐오하는 신앙을 가진 사람들을 전 공동체에서 상호 연계된 집단의 행동 방식에서 절대적으로 그리고 본질적으로 다른 존재라고 생물학적으로 규정하고, 정의하며, 본질을 추출하는 정치 신학에 복속시키는 것이다. 그리하여 중세의 인종 형성에서 본성과 문화는 각각의 영역으로 분리되지 않는다.

5 이 같은 작업은 중세 잉글랜드에서의 유대인에 관해 수세대에 걸쳐 누적된 학문적 성과에 의해 가능하게 되었으며, 이 같은 학문 위에 서 있다. 누적된 학문적 성과가 중세의 유대인을 그 자체로 인종적인 문제로 다루었든 아니든, 제2장의 참고문헌에 있는 필자의 *The Invention of Race in the European Middle Ages*, 제2장을 참고하기 바란다. 중세 잉글랜드의 유대인 및 유럽의 유대인에 관한 자료를 보관하는 문서고가 점점 더 주목을 받는 반면 집시, 남부 프랑스와 스페인에서 탄압을 받았던 소수파 신자들 내지 심지어 몽골인 등에 관한 자료를 소장한 문서고는 아직 학자들의 손길이 닿지 않고 있어 학자들의 관심이 필요하다.

6 필자의 *Invention of Race*, 제4장을 참고하기 바란다. 옴로드M. Ormrod가 작성한 해외로의 이주에 관한 글은 또한 '인도의 흑인 제임스'를 발견했다. 중세 말기의 잉글랜드의 기록에 따르면, 제임스는 1434년에 데본의 다트머스에 거주했다(그 책에 있는 옴로드의 글을 또한 참고하기 바란다).

7 중세의 노예무역에 관한 문헌으로는 *Invention of Race*, 제3장을 참고하기 바란다.

8 Ebeneserdóttir ed al. 및 *Invention of Race* 제5장을 참고하기 바란다.

9 Heng, "An Ordinary Ship"을 참고하기 바란다. 이는 신간인 *Early Globalities: The Interconnected World, 500-1500 CE*라는 프로젝트의 한 부분으로서, 중국 당나라 시대의 수출용 도자기의 대량 생산을 논하고 있다.

인용한 자료

Dimock, Wai-Chee. *Through Other Continents: American Literature Across Deep Time*(Princeton: Princeton University Press, 2006).

Ebenesersdóttir, Sigíður Sunna, Ásgerir Sigurðssibm, Frederico Sánchez-Quinto, Carles Lalueza-Fox, Kári Stefánsson, and Agnar Helgason, "A New Sbuclade of mtDNA Haplogroup C1 Found in Icelanders: Evidence of Pre-Columbian Contact?" *American Journal of Physical Anthropology*, 144(2011): 92~99.

Hartwell, Robert. "A Cycle of Economic Change in Imperial China: Coal and Iron in Northeast China, 750-1350." *Journal of the Social and Economic History of the Orient*, 10(1967): 102~159.

_____. "A Revolution in the Chinese Iron and Coal Industries During the Northern Sung, 960-1126 A.D." *Journal of Asian Studies*, 21, no. 2(1962): 153~162.

Heng, Geraldine, "Early Globalities and Its Questions, Objectives, and Methods: An Inquiry into the State of Theory and Critique," *Exemplaria*, 26, nos. 2-3(2014): 234~253.

_____. *The Invention of Race in the European Middle Ages*(New York: Cambridge University Press, 2018).

_____. "An Ordinary Ship and Its Stories of Early Globalism: Modernity, Mass Production, and Art in the Global Middle Ages." *The Journal of Medieval Worlds*, 1, no. 1(2019): 11~54.

_____. "Reinventing Race, Colonization, and Globalisms Across Deep Time: Lessons from the Lougue Durée." *PMLA*, 130, no. 2(2015): 358~366.

So, Billy K. L. *Prosperity, Regions, and Institutional in Maritime China: The South Fukien Pattern, 947-1368*(Cambridge: Harvard University Press, 2000).

1. 유형별 강의안

『누구를 위한 중세인가』는 목차 및 부에 따라 교재로 활용될 수 있다. 하지만 이 책을 통해 다른 여러 학문 분야와 유형별 강의안을 표로 그릴 수 있으며, 각각은 다른 독자층, 강의 방식 내지 학습에 그 나름의 강점을 지니고 있다. 아래에 그 대안적인 분류를 제시했다. 먼저 글을 대략적인 유형별로 분류하고, 그다음에는 특정 과정에서 활용할 수 있는 특정 주제에 관한 일군의 글을 강조했다.

예술사

- 현대의 기사, 중세의 달팽이 그리고 외설적인 수녀 __ 메리언 블리크
- 상아로 연결된 두 대륙 __ 세라 M. 게랭
- 중세 유럽의 예술에서 흑, 백과 인종에 대한 인식 __ 패멀라 A. 패튼
- '켈트' 십자가와 백인 신화 __ 매기 M. 윌리엄스
- 중세 유럽 예술의 숨은 이야기 __ 캐서린 A. 윌슨

역사

- 눈에 띄지 않는 농민 __ 샌디 바드슬리
- #신이원하는바이다 __ 애덤 M. 비숍
- 바이킹 시대의 진정한 남자들 __ 윌 체르보네
- 나치의 중세 __ 윌리엄 J. 디볼드
- 태고 이래로 중동 사람들은 싸우지 않았다 __ 스테퍼니 멀더
- 중세 말기 잉글랜드의 이주자들 __ W. 마크 옴로드
- 현대의 무관용과 중세의 십자군 전쟁 __ 니컬러스 L. 폴
- 피의 비방, 거짓말 그리고 그 유산 __ 마그다 테터
- 누구의 스페인이란 말인가? __ 데이비드 A. 왝스

법률

- 누가 샤리아법을 두려워하는가? __ 프레드 M. 도너

문학

- '브루난버 전투'에서 제국과 국가 사이에 있던 잉글랜드 __ 엘리자베스 M. 타일러
- 할렘 르네상스와 중세 __ 코드 J. 휘터커

대중문화

- 대중 매체에 '실재하는' 중세의 눈가림 __ 헬렌 영

신학

- 이단이라고 인정하세요 __ J. 패트릭 혼벡 2세
- 베네딕트라면 무엇을 할까? __ 로런 맨시아
- 성생활과 죄악의 중단 __ 앤드루 리브
- 토머스 제퍼슨의 쿠란에 대한 세 가지 오독 __ 리언 슈피에흐

2. 지역별 및 강의안

미국학

- 베네딕트라면 무엇을 할까? __ 로런 맨시아
- 토머스 제퍼슨의 쿠란에 대한 세 가지 오독 __ 리언 슈피에흐
- 할렘 르네상스와 중세 __ 코드 J. 휘터커
- '켈트' 십자가와 백인 신화 __ 매기 M. 윌리엄스

지역학(미국 이외)

독일   • 나치의 중세 __ 윌리엄 J. 디볼드
        • 피의 비방, 거짓말 그리고 그 유산 __ 마그다 테터

중동   • 누가 샤리아법을 두려워하는가? __ 프레드 M. 도너
        • 태고 이래로 중동 사람들은 싸우지 않았다 __ 스테퍼니 멀더

아일랜드 • '켈트' 십자가와 백인 신화 __ 매기 M. 윌리엄스

스페인 • 누구의 스페인이란 말인가? __ 데이비드 A. 왝스

영국   • 중세 말기 잉글랜드의 이주자들 __ W. 마크 옴로드
        • '브루난버 전투'에서 제국과 국가 사이에 있던 잉글랜드
          __ 엘리자베스 M. 타일러

커뮤니케이션 이론

- 피의 비방, 거짓말 그리고 그 유산 __ 마그다 테터
- 할렘 르네상스와 중세 __ 코드 J. 휘터커
- 대중 매체에 '실재하는' 중세의 눈가림 __ 헬렌 영

현안

- #신이원하는바이다 __ 애덤 M. 비숍
- 나치의 중세 __ 윌리엄 J. 디볼드
- 누가 샤리아법을 두려워하는가? __ 프레드 M. 도너
- 베네딕트라면 무엇을 할까? __ 로런 맨시아
- 중세 말기 잉글랜드의 이주자들 __ W. 마크 옴로드

- 현대의 무관용과 중세의 십자군 전쟁 __ 니컬러스 L. 폴
- '브루난버 전투'에서 제국과 국가 사이에 있던 잉글랜드 __ 엘리자베스 M. 타일러

젠더

- 현대의 기사, 중세의 달팽이 그리고 외설적인 수녀 __ 메리언 블리크
- 바이킹 시대의 진정한 남자들 __ 윌 체르보네

지구사

- 누가 샤리아법을 두려워하는가? __ 프레드 M. 도너
- 상아로 연결된 두 대륙 __ 세라 M. 게랭
- 태고 이래로 중동 사람들은 싸우지 않았다 __ 스테퍼니 멀더
- 중세 말기 잉글랜드의 이주자들 __ W. 마크 옴로드
- 현대의 무관용과 중세의 십자군 전쟁 __ 니컬러스 L. 폴
- 누구의 스페인이란 말인가? __ 데이비드 A. 왝스

역사와 인종 이론

- 중세 유럽의 예술에서 흑, 백과 인종에 대한 인식 __ 패멀라 A. 패튼
- 할렘 르네상스와 중세 __ 코드 J. 휘터커
- '켈트' 십자가와 백인 신화 __ 매기 M. 윌리엄스
- 대중 매체에 '실재하는' 중세의 눈가림 __ 헬렌 영

유대학

- 피의 비방, 거짓말 그리고 그 유산 __ 마그다 테터
- 누구의 스페인이란 말인가? __ 데이비드 A. 왝스

중세인의 생활

- 눈에 띄지 않는 농민 __ 샌디 바드슬리
- 바이킹 시대의 진정한 남자들 __ 윌 체르보네
- 이단이라고 인정하세요 __ J. 패트릭 혼벡 2세
- 중세 말기 잉글랜드의 이주자들 __ W. 마크 옴로드

사회 계급

- 눈에 띄지 않는 농민 __ 샌디 바드슬리
- 현대의 기사, 중세의 달팽이 그리고 외설적인 수녀 __ 메리언 블리크
- 중세 유럽 예술의 숨은 이야기 __ 캐서린 A. 윌슨

전쟁

- #신이원하는바이다 __ 애덤 M. 비숍
- 바이킹 시대의 진정한 남자들 __ 윌 체르보네
- 베네딕트라면 무엇을 할까? __ 로런 맨시아
- 현대의 무관용과 중세의 십자군 전쟁 __ 니컬러스 L. 폴
- '브루난버 전투'에서 제국과 국가 사이에 있던 잉글랜드 __ 엘리자베스 M. 타일러

서구 문명

- 이 책은 역사에서 중세의 위상에 대한 대중의 인식을, 특히 중세가 '서구의 문명' 강
  좌에서 종종 존재하기 때문에, 역동적으로 이해하기 위해 구상되었다. 이 책 전체
  와 각 각의 글은 '서구'를 구성하고 '서구'에 관해 성찰하기 위해 우리가 중세사를
  어떻게 활용하고 있는가에 대한 비판적인 질문을 제시하고 있다.
- 독자 여러분은 또한 별첨 I의 '역사' 분야를 참고할 수 있다.

찾아보기

만든 사람들

지은이(수록순)

데이비드 페리 David Perry ｜ 2006년부터 2017년까지 미국 도미니칸 대학교의 중세사 교수를 지냈다. *Pacific Standard Magazine*의 칼럼니스트이자 정치·역사·교육 및 약자의 권리에 관한 프리랜서 저널리스트이다. 학문적으로는 베네치아, 십자군 및 지중해 세계에 관해 연구했다. 저술로는 *Sacred Plunder: Venice and the Aftermath of the Fourth Crusade*(Penn State, 2015)가 있다.

샌디 바드슬리 Sandy Bardsley ｜ 미국 펜실베이니아주 베들레헴의 모라비안 대학교에서 중세사 교수로 재직 중이다. 주요 관심사는 중세 말기 잉글랜드의 여성 및 젠더이다.

캐서린 A. 윌슨 Katherine Anne Wilson ｜ 영국 체스터 대학교의 중세사 부교수이다. 사회 변동과 문화 변동의 관계, 중세 말기의 물질문화의 활용에서 양식의 변화 등에 관심을 기울이고 있다. 중세의 궁정 및 주요 도시의 물품의 생산자와 소비자에 관해 그리고 중세 유럽 전역에 걸쳐 물품의 유통에 관해 연구를 하고 그 성과물을 간행하고 있다.

니컬러스 L. 폴 Nicholas L. Paul ｜ 미국 포덤 대학교 사학과 부교수이다. 영국 케임브리지 대학교에서 중세사 전공으로 석사 및 박사 학위를 취득했다. *Follow in Their Footsteps: The Crusades and Family Memory in the High Middle Ages*(Cornell, 2017)을 저술했고, *Remembering the Crusades: Myth, Image, and Identity*(Johns Hopkins, 2021)를 공동 편집했다. 로라 K. 모레알레Laura K. Morreale와 더불어 *The French of Outremer: Communities and Communications in the Crusading Mediterranean*(Fordham, 2018) 등을 간행하기도 했다.

마그다 테터 Magda Teter ｜ 미국 포덤 대학교 슈비틀러 유대학부 부장이자 사학과 교수이다. 2000년 컬럼비아 대학교에서 박사학위를 취득했다. 학문적 관심사는 근대 초기의 종교사 및 문화사로서 특히 유대교와 기독교의 관계, 종교의 정치학, 그리고 근대 초기의 유럽에서의 유대인들과 기독교도 간의 문화 전파이다. 저술로는 *Jews and Heretics in Catholic Poland*(Cambridge University Press, 2005), *Sinners on Trial*(Harvard University Press, 2011) 등이 있다.

프레드 M. 도너 Fred M. Donner ｜ 1982년 이래 학생들을 가르치고 있는 미국 시카고 대학교의 피터 B. 리츠마 근동사 석좌교수이다. 1975년 프린스턴 대학교에서 박사학위를 취득했고, 초기 이슬람의 역사, 이슬람의 역사서술 및 쿠란에 관해 많은 연구를 하고 다수의 글을 집필했다.

W. 마크 옴로드W. Mark Ormrod, 1957~2020 ｜ 영국 요크 대학교의 사학과 명예교수를 지냈다. *Political Life in Medieval England, 1300-1450*(Macmillan, 1995), *Edward III*(Yale, 2011) 등 중세 말기 잉글랜드의 정치와 정치 문화에 관한 책과 논문을 다수 저술했다. 영국의 국립문서고와 더불어 중세 사료 수집의 카탈로그 작업과 편집 작업에 광범위하게 참여했다. 2012~2015년 영국 인문학연구위원회가 지원한 '잉글랜드의 이주자들, 1330-1550'이라는 주요 프로젝트의 핵심 연구자였으며, (바트 램버트Bart Lambert 및 조너선 맥먼Jonathan Mackman과 더불어) *Immigrant England, 1300-1550*(Manchester University Press, 2019)을 공동으로 간행하기도 했다.

코드 J. 휘터커 Cord J. Whitaker ｜ 미국 웰슬리 대학 영문과 조교수로, 듀크 대학교에서 석사학위와 박사학위를 취득했다. 중세 말기 잉글랜드의 문학, 특히 제프리 초서와 로망스를 가르치고 연구하고 있으며, 중세의 종교적 갈등과 인종의 역사 연구에도 관심을 갖고 있다.

리언 슈피에흐 Ryan Szpiech ｜ 미국 앤아버에 있는 미시건 대학교의 부교수이다. 최근에 *Conversion and Narrative: Reading and Religion Authority in Medieval Polemic* (University of Pennsylvania, 2012)를 간행했으며, 저널 *Medieval Encounters*의 편집장이기도 하다.

윌리엄 J. 디볼드 William J. Diebold ｜ 미국 리드 대학의 제인 뉴베르거 굿셀 예술사 및 인문학 교수이다. 중세 초기에 관해 *Word and Image: An Introduction to Early Medieval Art*(Routledge, 2001) 등을 포함하여 여러 주제로 저술을 간행했다. 1987년부터 리드 대학에서 학생들을 가르쳐왔고, 리드 대학 인문학 프로그램에 참여하고 있으며, 고대 지중해 세계와 근대 유럽에 관해 강의를 한다.

로런 맨시아 Lauren Mancia ｜ 미국 브루클린 대학 사학과 조교수이다. 중세 유럽사를 전 공하고, 특히 중세의 기독교, 정서의 역사, 중세의 수도원 운동을 연구하고 있다. 전문 학술지는 물론 보다 폭넓은 대중을 위한 학문적인 관심사를 책으로 출간했다.

스테퍼니 멀더 Stephennie Mulder ｜ 미국 오스틴에 있는 텍사스 대학교의 이슬람 예술 및 건축사 부교수로 재직 중이다. 전공 분야는 이슬람 예술, 건축사 및 고고학이며 연구 관 심사는 시아파의 예술, 이슬람의 건축, 건축, 공간성, 종파주의와의 관계, 문화인류학적 예술 이론, 물질문화, 장식 및 모사 이론, 장소 및 조경학 등이다. 전쟁 및 불법적인 인신 매매 등으로 야기된 고대의 유적지 및 문화유산의 보존에 관해 연구를 하고 있다.

세라 M. 게랭 Sarah M. Guérin ｜ 미국 펜실베이니아 대학교 중세 예술사 조교수로 재직 중 이다. 중세의 상아 조각을 연구하고, 교환이 가능했던 지역 간의 교역 네트워크에 연구 를 집중하고 있다. *Journal of Medieval History, al-Masaq, The Medieval Globe* 등의 학 술지에 이 주제들에 관한 논문을 게재했다. 현재 *Ivory Palaces: Material, Belief, and Desire in Gothic Sculpture*라는 초기 고딕 상아에 관한 저술을 집필 중에 있다.

패멀라 A. 패튼 Pamela A. Patton ｜ 미국 프린스턴 대학교의 중세예술색인 데이터베이스 프로젝트[*] 총책임자이다. *Pictorial Narrative in the Romanesque Cloister*(Peter Lang, 2004), *Art of Estrangement: Redefining Jews in Reconquest Spain*(Penn State, 2012) 를 저술했고, *Envisioning Others: Race, Color, and the Visual in Iberian and Latin America*(Brill, 2016)을 편집했다. 학술지 *Studies in Iconography*의 공동 편집자이자 *Oxford Bibliographies in Art History*의 지역 편집자로 활동하고 있다. 현재 진행하는 연구 및 간행될 저술은 모두 인종적이고 다문화적인 지중해 세계를 배경으로 중세 이베 리아반도에서의 피부색에 관한 묘사와 그 함의에 관한 것이다. 2015년 색인 프로젝트에 참여하기 전에는 서던메소디스트 대학교 예술사 교수를 지냈다.

---

[*] 약 2만 6000개 이상의 중세의 도상을 크게 ① 역사, ② 자연, ③ 종교, ④ 사회, ⑤ 문화, 상 징과 개념 등의 다섯 가지로 대분류하고, 이를 데이터베이스화하여 서비스하는 프로젝트 이다.

엘리자베스 M. 타일러 Elizabeth M. Tyler ｜ 영국 요크 대학교의 중세 문학 교수이다. 9세기부터 12세기까지, 즉 알프레드 대왕으로부터 윌리엄 맘즈베리와 제프리 몬마우스 시대의 잉글랜드의 문학 문화 연구와 강의를 집중하고 있다. 지성사, 사회사 및 정치사와 더불어 문학 연구의 교차점에 위치해 있는 타일러의 연구는 잉글랜드 문학의 국제적인 성격을 강조하며, 중세 초기 및 전성기에 걸쳐 유럽 문학의 문화적 개화에서의 잉글랜드의 역할에 지적 관심이 맞춰져 있다.

데이비드 A. 왝스 David A. Wacks ｜ 미국 오레곤 대학교 스페인어과 교수이다. 저서 *Framing Iberia: Frametales and Maqamat in Medieval Spain*(Brill, 2007)으로 코로니카 학술상을 수상했고 *Double Diaspora in Sephardic Literature: Jewish Cultural Production before and after 1492*(Indiana, 2015)로 세파르디 문화 분야에서 미국 유대인 저술상을 수상했다. 미셸 해밀턴Michelle Hamilton과 더불어 *The Study of al-Andalus: The Scholarship and Legacy of James T. Monroe*(ILLEX Foundation, 2018)를 공동 편집했으며, 근년에는 *Medieval Iberian Crusade Fiction and the Mediterranean World* (University Press of Toronto, 2019)를 간행했다. 현재의 학문적 관심사에 관해서는 http://davidwacks.uoregon.edu를 참고하기 바란다.

메리언 블리크 Marian Bleeke ｜ 미국 시카고 대학교에서 예술사로 박사학위를 취득했다. 카본데일에 있는 서던일리노이 대학교 벌로이트칼리지와 프리도니아의 뉴욕 주립대학교에서 학생들을 가르쳤으며, 현재 클리블랜드 주립대학교의 예술사학과 부교수이자 교양 교육 담당 과장이다. 최초 저술은 *Motherhood and Meaning in Medieval Sculpture: Representation from France, c. 1100-1500*(Boydell and brewer, 2017)이다.

앤드루 리브 Andrew Reeves ｜ 2009년 캐나다 토론토 대학교의 중세학연구소에서 박사학위를 취득했고, 미들조지아 주립대학교의 사학과 및 정치학과 부교수로 재직 중이다. 주 관심사는 중세 말기의 평신도와 하위 성직자의 상호 접촉이다. 저작 *Religious Education in Thirteenth-Century England: The Creed and Articles of Faith* (Brill, 2015)에서 그는 성직자가 평신도에게 기독교의 핵심 교리를 어떻게 가르쳤는지를 보여준다.

매기 M. 윌리엄스 Maggi M. Willams ｜ 미국 뉴저지의 윌리엄패터슨 대학교에서 학생들을 가르치고 있다. 자료 공유Material Collective의 공동 창설자이자 핵심 위원회 회원이며, 티니 컬렉션의 펑크텀북스 출판사에서 나온 공유출판 시리즈의 편집자이다. 중세 아일랜드의 돌 십자가에 관해 연구한 바 있고, 2012년에 간행한 *Icons of Irishness from the Middle Ages to the Modern World*(Palgrave Macmillan, 2012)에서 19세기와 20세기에 이 같은 이미지가 활용되는 것을 분석했다. 최근에는 이른바 '켈트' 십자가에 대한 백인 우월주의자의 활용에 관해 연구하고 있다.

헬렌 영 Helen Young ┃ 오스트레일리아 디킨 대학교의 문학 조교수이다. 학문적 관심사는 중세주의와 비판적인 백인학이다. 최근에 *Race and Popular Fantasy Literature: Habits of Whiteness*(Routledge, 2016)을 간행했다.

윌 체르보네 Will Cerbone ┃ 캐나다 토론토 대학교 중세학연구소에서 석사학위를 취득했다. 작가로서 뉴욕에서 학술서적 편집자로 일하고 있다.

애덤 M. 비숍 Adam M. Bishop ┃ 2011년 캐나다 토론토 대학교에서 중세학 박사학위를 취득했다. 현재 독립적인 연구자로서 십자군 예루살렘 왕국의 법률 제도를 연구하고 있다.

J. 패트릭 혼벡 2세J. Patrick Hornbek II ┃ 미국 포덤 대학교 신학과 과장 및 교수이다. *What Is a Lollard?*(Oxford University Press, 2010), *A Companion to Lollardy*(Brill, 2016), *Remembering Wolsey*(Fordham, 2019) 등을 저술했고, *More Than a Monologue: Sexual Diversity and the Catholic Church*(Fordham, 2014), *Europe After Wyclif* (Fordham, 2016) 등을 공동 편집했다.

제럴딘 헹 Geraldine Heng ┃ 미국 오스틴에 있는 텍사스 대학교의 영문 및 비교문학과 중세 중동학, 여성학 석좌교수로 재직 중이다. *Empire of Magic: Medieval Romance and the Politics of Cultural Fantasy*(Columbia, 2003; 2004; 2012), *The Invention of Race in the European Middle Ages*(Cambridge, 2018), *England and the Jews: How Religion and Violence Created the First Racial State in the West*(Cambridge, 2018) 등을 저술했다. 지구적 중세 프로젝트(www.globalmiddleages.org)의 창설자이자 책임자로서 현재 *Early Globalisms: The Interconnected World, 500-1500 CE*를 집필 중이다.

엮은이

앤드루 앨빈 Andrew Albin │ 미국 포덤 대학교 영문과 및 중세학 조교수이며, 포덤 대학교 중세학연구소 교수이기도 하다.

메리 C. 에를러 Mary C. Erler │ 미국 포덤 대학교 영문과 석좌교수이며, 포덤 대학교 중세학연구소 교수이기도 하다.

토머스 오도널 Thomas O'Donell │ 미국 포덤 대학교 비교문학과 공동학과장이자 영문학 및 중세학 부교수이며, 포덤 대학교 중세학연구소 교수이기도 하다.

니컬러스 L. 폴 Nicholas L. Paul │ 미국 포덤 대학교 사학과 부교수로, 영국 케임브리지 대학교에서 중세사 전공으로 석사 및 박사 학위를 취득했다. *Follow in Their Footsteps: The Crusades and Family Memory in the High Middle Ages*(Cornell, 2017)을 저술했고, *Remembering the Crusades: Myth, Image, and Identity*(Johns Hopkins, 2021)를 공동 편집했다. 로라 K. 모레알레Laura K. Morreale와 더불어 *The French of Outremer: Communities and Communications in the Crusading Mediterranean*(Fordham, 2018) 등을 간행하기도 했다.

니나 로 Nina Rowe │ 미국 포덤 대학교 예술사학과 부교수이며, 포덤 대학교 중세학연구소 교수이기도 하다.

옮긴이

이희만 │ 숭실대학교 사학과 및 동 대학원을 졸업하고(문학박사) 미국 하버드 대학교 대학원에서 수학했으며, 미국 애리조나 주립대학교 겸임교수를 지냈다. 현재 국사편찬위원회 연구위원이다.
저서로는 『알자스 문화예술』(공저)이 있고, 역서로는 『12세기 르네상스』(대한민국학술원 우수도서), 『종교개혁의 시대, 1250~1550』, 『중세 유럽의 정치사상』 등이 있다.

한울아카데미 2404

누구를 위한 중세인가
역사의 오독과 오용에 대한 비판

엮은이 **앤드루 앨빈·메리 C. 에를러·토머스 오도널·니컬러스 L. 폴·니나 로** | 옮긴이 **이희만**
펴낸이 김종수 | 펴낸곳 한울엠플러스(주) | 편집책임 최진희

초판 1쇄 인쇄 **2022년 12월 21일** | 초판 1쇄 발행 **2022년 12월 30일**

주소 10881 경기도 파주시 광인사길 153 한울시소빌딩 3층
전화 031-955-0655 | 팩스 031-955-0656
홈페이지 www.hanulmplus.kr | 등록번호 제406-2015-000143호

Printed in Korea.
ISBN 978-89-460-7404-0 93920 (양장)
     978-89-460-8223-6 93920 (무선)

* 책값은 겉표지에 표시되어 있습니다.
* 무선 제본 책을 교재로 사용하시려면 본사로 연락해 주시기 바랍니다.